近代稀见旧版文献再造丛书

民国中国文化史要籍汇刊（影印本）

侯杰 主编

第十五卷

雷海宗 中国文化与中国的兵

蒋星煜 中国隐士与中国文化

南開大學出版社

图书在版编目(CIP)数据

民国中国文化史要籍汇刊. 第十五卷 / 侯杰主编
. —影印本. —天津 ：南开大学出版社，2019.1
(近代稀见旧版文献再造丛书)
ISBN 978-7-310-05714-6

Ⅰ. ①民… Ⅱ. ①侯… Ⅲ. ①文化史－文献－汇编－中国 Ⅳ. ①K203

中国版本图书馆 CIP 数据核字(2018)第 278080 号

南开大学出版社出版发行
出版人:刘运峰
地址:天津市南开区卫津路 94 号　　邮政编码:300071
营销部电话:(022)23508339　23500755
营销部传真:(022)23508542　　邮购部电话:(022)23502200
*
北京隆晖伟业彩色印刷有限公司
全国各地新华书店经销
*
2019 年 1 月第 1 版　　2019 年 1 月第 1 次印刷
148×210 毫米　32 开本　11.375 印张　4 插页　326 千字
定价:140.00 元

如遇图书印装质量问题,请与本社营销部联系调换,电话:(022)23507125

出版说明

一、本书收录民国时期出版的中国文化史著述，包括通史性文化著述、断代史性文化著述和专题性文化史著述三大类；民国时期出版的非史书体裁的文化类著述，如文化学范畴类著述等，不予收录；同一著述如有几个版本，原则上选用初始版本。

二、个别民国时期编就但未正式出版过的书稿如吕思勉的《中国文化史六讲》和民国时期曾以文章形式公开发表但未刊印过单行本的著述如梁启超的《中国文化史·社会组织篇》，考虑到它们在文化史上的重要学术影响和文化史研究中的重要文献参考价值，特突破标准予以收录。

三、本书按体裁及内容类别分卷，全书共分二十卷二十四册；每卷卷首附有所收录著述的内容提要。

四、由于历史局限性等因，有些著述中难免会有一些具有时代烙印、现在看来明显不合时宜的内容，如『回回』『满清』『喇嘛』等称谓及其他一些提法，但因本书是影印出版，所以对此类内容基本未做处理，特此说明。

南开大学出版社
二〇一八年十一月

总序

侯 杰

中国文化，是世代中国人的集体创造，凝聚了难以计数的华夏子孙的心血和汗水，不论是和平时期的锲而不舍、孜孜以求，还是危难之际的攻坚克难、砥砺前行，都留下了历史的印痕，闪耀着时代的光芒。其中，既有精英们的思索与创造，也有普通人的聪明智慧与发奋努力；既有中华各民族儿女的发明创造，也有对异域他邦物质、精神文明的吸收、改造。中国文化，是人类文明的一座巨大宝库，发源于东方，却早已光被四表，传播到世界的很多国家和地区。

如何认识中国文化，是横亘在人们面前的一道永恒的难题。虽然，我们每一个人都不可避免地受到文化的熏陶，但是对中国文化的态度却迥然有别。大多离不开对现实挑战所做出的应对，或恪守传统，维护和捍卫自身的文化权利、社会地位，或从中国文化中汲取养料，取其精华，并结合不同历史时期的文化冲击与碰撞，进行综合创造，或将中国文化笼而统之地视为糟粕，当作阻碍中国迈向现代社会的羁绊，欲除之而后快。这样的思索和抉择，必然反映在人们对中国文化的观念和行为上。

中国文化史研究的崛起和发展是二十世纪中国史学的重要一脉，是传统史学革命的一部分——传统史学在西方文化的冲击下，偏离了故道，即从以帝王为中心的旧史学转向以民族文化为中心的新史学，又和中国的现代化进程有着天然的联系。二十世纪初，中国在经受了一系列内乱外患后，千疮百孔，国力衰微；与此同时，西方的思想文化如潮水般涌入国内，于是有些人开始对中国传统文化产生怀疑，甚至持否定态度，全盘西化论思潮的出笼，更是把这种思想推向极致。民族自信力的丧失既是严峻的社会现实，又是亟待解决的问题。而第一次世界大战的惨剧充分暴露出西方社会的弊端，其文化取向亦遭到人们的怀疑。人们认识到要解决中国文化的出路问题就必须了解中国文化的历史和现状。很多学者也正是抱着这一目的去从事文化史研究的。

在中国文化史书写与研究的初始阶段，梁启超是一位开拓性的人物。早在一九〇二年，他就深刻地指出：『中国数千年，唯有政治史，而其他一无所闻。』为改变这种状况，他进而提出：『历史者，叙述人群进化之现象也。』而所谓『人群进化之现象』，其实质是文化演进以及在这一过程中所进发出来的缤纷事象。以黄宗羲『创为学史之格』为楷模，梁启超呼吁：『中国文学史可作也，中国种族史可作也，中国财富史可作也，中国宗教史可作也。诸如此类，其数何限？」从而把人们的目光引向中国文化史的写作与研究。一九二一年他受聘于南开大学，讲授「中国文化史」，印有讲义《中国文化史稿》，后经过修改，于一九二二年在商务印书馆以《中国文化史稿第一编——中国历史研究法》之名出版。截至目前，中国学术界将该书视为最早的具有史学概论性质的著作，却忽略了这是梁启超对中国文化历史书写与研究的整体思考和潜心探索之举，充满对新史学的拥抱与呼唤。

与此同时，梁启超还有一个更为详细的关于中国文化史研究与写作的计划，并拟定了具体的撰写目录。梁启超的这一构想，部分体现于一九二五年讲演的《中国文化史·社会组织篇》中。在这个关于中国文化史的构想中，梁启超探索了中国原始文化以及传统社会的婚姻、姓氏、乡俗、都市、家族和宗法、阶级和阶层等诸多议题。虽然梁启超终未撰成多卷本的《中国文化史》（其生前，只有《中国文化史·社会组织篇》等少数篇目问世），但其气魄、眼光及其所设计的中国文化史的书写与研究的构架令人钦佩。因此，鉴于其对文化史的写作影响深远，亦将此篇章编入本丛书。

此后一段时期，伴随中西文化论战的展开，大量的西方和中国文化史著作相继被翻译、介绍给中国读者。桑戴克的《世界文化史》和高桑驹吉的《中国文化史》广被译介，影响颇大。国内一些学者亦仿效其体例，参酌其史观，开始自行编撰中国文化史著作。一九二一年梁漱溟出版了《东西文化及其哲学》，这是近代国人第一部研究文化史的专著。尔后，中国文化史研究进入了一个短暂而兴旺的时期，一大批中国文化史研究论著相继出版。在二十世纪二三十年代，有关中国文化史的宏观研究的著作不可谓少，如杨东莼的《本国文化史大纲》、陈国强的《物观中国文化史》、柳诒徵的《中国文化史》、陈登原的《中国文化史》、王德华的《中国文化史略》等。在这些著作中，柳诒徵所著《中国文化史》被称为『中国文化史的开山之作』，而杨东莼所撰写的《本国文化史大纲》则是第一本试图用唯物主义研究中国文化史的著作。与此同时，对某一历史时期的文化研究也取得很大进展。如孟世杰的《先秦文化史》、陈安仁的《中国上古中古文化史》和《中国近世文化史》等。在宏观研究的同时，微观研究也逐渐引起学人们的注意。其中，中西文化交流史研究成绩斐然，如郑寿麟的《中西文化之关系》、张星烺的《欧化东渐史》等。一九三六至一九三七年，商务印书馆出版了由王云五等主编的《中国文化史丛书》，共有五十余种，体例相当庞大，内容几乎囊括了中国文化史的大部分内容。

此外，国民政府在三十年代初期出于政治需要，成立了『中国文化建设会』，大搞『文化建设运动』，致力于『中国的本位文化建设』。一九三五年十月，陶希盛等十位教授发表了《中国本位文化建设宣言》，提出『国家政治经济建设既已开始，文化建设亦当着手，而且更重要』。因而主张从中国的固有文化即传统伦理道德出发建设中国文化。这也勾起了一些学者研究中国文化史的兴趣。

同时，这一时期又恰逢二十世纪中国新式教育发生、发展并取得重要成果之时，也促进了『中国文化史』课程的开设和教材的编写。清末新政时期，废除科举，大兴学校。许多文明史、文化史的著作因非常适合作为西洋史和中国史的教科书，遂对历史著作的编纂产生很大的影响。在教科书撰写方面，多部中国史的教材，无论是否以『中国文化史』命名，实际上都采用了文化史的体例。而这部分著作也占了民国时期中国文化史著作的一大部分。如吕思勉的《中国文化史二十讲》（现仅存六讲）、王德华的《中国文化史略》、丁留余的《中国文化史问答》、李建文的《中国文化史讲话》、范子田的《中国文化小史》等。

二十世纪的二三十年代实可谓中国学术发展的黄金时期，这一时期的文化史研究成就是有目共睹的，不少成果迄今仍有一定的参考价值。此后，从抗日战争到解放战争十余年间，中国文化史的书写和研究遇到了困难，陷入了停顿，有些作者还付出了生命的代价。但尽管如此，仍有一些文化史论著问世。此时，综合性的文化史研究著作主要有缪凤林的《中国民族之文化》、陈安仁的《中国文化史》、王治心的《中国文化史类编》、陈竺同的《中国文化史略》和钱穆的《中国文化史导论》等。其中，钱穆撰写的《中国文化史导论》和陈竺同撰写的《中国文化史略》两部著作影响较为深远。钱穆的《中国文化史导论》，完成于抗日战争时期。该书是继《国史大纲》后，他撰写的第一部系统讨论中国文化史的著作，专就中国通史中有关文化史一端作的导论。因此，钱穆建议读者『此书当与《国史大纲》合读，庶易获得写作之大意所在』。不仅如此，钱穆还提醒读者该书虽然主要是在专论中国，实则亦兼论及中西文化异同问题。数十年来，『余对中西文化问题之商榷讨论屡有著作，而大体论点并无越出本书所提主要纲宗之外』。故而，『读此书，实有与著者此下所著有关商讨中西文化问题各书比较合读之必要，幸读者勿加忽略』。陈竺同的《中国文化史略》一书则是用生产工具的变迁来说明文化的进程。他在该书中明确指出：『文化过程是实际生活的各部门的过程』，『社会生产，包含着生产力与生产关系。这本小册子是着重于文化的过程。至于生产关系，就政教说，乃是权力生活，属于精神文化，而为生产力所决定』。除了上述综合性著作外，这一时期还有罗香林的《唐代文化史研究》、朱谦之的《中国思想对于欧洲文化之影响》等专门性著作影响较为深远。

不论是通史类论述中国文化的著作，还是以断代史、专题史的形态阐释中国文化，都包含着撰写者对中国文化的情怀，也与其人生经历密不可分。柳诒徵撰写的《中国文化史》也是先在学校教习之用，后在出版社刊行。鉴于民国时期刊行的同类著作，有的较为简略，有的只可供学者参考，不便于学年学程之讲习，所以他发挥后发优势，出版了这部比较丰约适当之学校用书。更令人难忘的是，柳诒徵不仅研究中国文化史，更有倡行中国文化的意见和主张。他在《弁言》中提出：『吾尝妄谓今之大学宜独立史学院，使学者了然于史之封域非文学、非科学，且创为斯院者，宜莫吾国若。三二纪前，吾史之丰且函有亚洲各国史实，固俨有世界史之性。丽、鲜、越、倭所有国史，皆师吾法。夫以数千年丰备之史为之干，益以近世各国新兴之学拓其封，则独立史学院之自吾倡，不患其异于他国也。』如今，他的这一文化设想，在南开大学等国内高校已经变成现实。正是由于有这样的文化观念，所以他才自我赋权，主动承担起治中国文化史者之责任：『继往开来……择精语详，以诏来学，以贡世界。』

杨东莼基于『文化就是生活。文化史乃是叙述人类生活各方面的活动之记录』的认知，打破朝代观念，将各时代和作者认为有关而又影响现代生活的重要事实加以叙述，并且力求阐明这些事实前后相因的关键，希望读者对中国文化中有一个明确的印象，而不会模糊。不仅如此，他在叙述中，尽力坚持客观的立场，用经济的解释，以阐明一事实之前因后果与利弊得失，以及诸事实间之前后相因的关联。这也是作者对『秉笔直书』『夹叙夹议』等历史叙事方法反思之后的选择。

至于其他人的著述，虽然关注的核心议题基本相同，但在再现中国文化的时候却各有侧重，对中国文化的评价也褒贬不一，存在差异。这与撰写者对中国文化的认知，及其史德、史识、史才有关，更与其学术乃至政治立场、占有的史料、预设读者有关。其中，既有学者之间的对话，也有学者与读者的倾心交流，还有对大学生、中学生、小学生的知识普及与启蒙，对中外读者的文化传播，及其跨文化的思考。他山之石，可以攻玉。二十世纪二十年代日本学者高桑驹吉的著述以世界的眼光，叙述中国文化的历史，让译者感到：数千年中，我过去的祖先曾无一息与世界相隔离，处处血脉流转，气息贯通。如此叙述历史，足以养成国民的一种世界的气度。三十年代，中国学者陈登原不仅将中国文化与世界联系起来，而且还注意到海洋所带来的变化，以及妇女地位的变化等今天看来都亟待解决的重要议题。实际上，早在二十世纪二十年代，就有一些关怀中国文化命运的学者对十九世纪末到二十世纪初通行课本大都脱胎于日本人撰写的《东洋史要》一书等情形提出批评：以外人目光编述中国史事，精神已非，有何价值？而陈旧固陋，雷同抄袭之出品，竟占势力于中等教育界，垂二十年，亦可怜矣。乃者，学制更新，旧有教本更不适用。为改变这种状况，顾康伯广泛搜集文化史料，因宜分配，撰成《中国文化史》，脉络分明，宗旨显豁，不徒国史常识可由此习得，即史学门径，亦由此窥见。较之旧课本，不可以道里计，故而受到学子们的欢迎。此外，中国文化的海外传播、中国对世界文化的吸收以及中西文化关系等问题，也是民国时期中国文化史撰写者关注的焦点议题。

围绕中国文化史编纂而引发的有关中国文化的来源、内涵、特点、价值和贡献等方面的深入思考，耐人寻味，发人深思。孙德孚更将翻译美国人盖乐撰写的《中国文化辑要》的收入全部捐献给因日本侵华而处于流亡之中的安徽的难胞，令人感佩。

实际上，民国时期撰写出版的中国文化史著作远不止这些，出于各种各样的原因，没有收入本丛书，也是非常遗憾的事情。至于已经收入本丛书的各位作者对中国文化的定义、解析及其编写体例、使用的史料、提出的观点、得出的结论，我们并不完全认同。但是作为一种文化产品值得批判地吸收，作为一种历史的文本需要珍藏，并供广大专家学者，特别是珍视中国文化的读者共享。

感谢南开大学出版社的刘运峰、莫建来、李力夫诸君的盛情邀请，让我们徜徉于卷帙浩繁的民国时期中国文化史的各种论著，重新思考中国文化的历史命运；在回望百余年前民国建立之后越演越烈的文化批判之时，重新审视四十年前改革开放之后掀起的文化反思，坚定新时代屹立于世界民族之林的文化自信。

感谢与我共同工作、挑选图书、撰写和修改提要，并从中国文化中得到生命成长的区志坚、李净昉、马晓驰、王杰升等香港、天津的中青年学者和志愿者。李力夫全程参与了很多具体工作，表现出一位年轻编辑的敬业精神、专业能力和业务水平，从不分分内分外，让我们十分感动。

总目

陈国强　物观中国文化史（上、下）

第十三卷　丁留余　中国文化史问答

姚江滨　民族文化史论

缪凤林　中国民族之文化

第十四卷　王治心　中国文化史类编（上、中）

第十五卷　雷海宗　中国文化与中国的兵

蒋星煜　中国隐士与中国文化

第十六卷　孟世杰　先秦文化史

罗香林　唐代文化史研究

第十七卷　陈安仁　中国上古中古文化史

第十八卷　陈安仁　中国近世文化史

第十九卷　朱谦之　中国思想对于欧洲文化之影响

第二十卷

雷海宗《中国文化与中国的兵》

雷海宗（1902—1962），字伯伦，河北永清县人。一九二七年，获美国芝加哥大学哲学博士学位。回国后先后执教于南京中央大学、武汉大学、清华大学和西南联大。一九五二年调任南开大学历史系。民国时期曾主编《今日评论》《战国策》及重庆《大公报·战国》副刊等。代表成果有《文化形态史观》（合著）、《中国文化与中国的兵》和《西洋文化史纲要》等。

《中国文化与中国的兵》是论文集，分为上、下两编。上编在抗战前三年于清华完成，发表在《社会科学》上，侧重历史研究。下编完成于抗战前期，侧重于时论。全书于一九四〇年二月由商务印书馆出版，被列为『文史丛书』第一十本。全书收录《中国的兵》《中国文化的两周》《此次抗战在历史上的地位》等七篇论文，从文化学层面探讨了兵的精神及其演变，提出了独特的中国文化『二周论』：淝水之战以前盛行纯粹的中国汉华文化，是华夏民族创造文化的时期；此后则是『无兵的文化』，也是外族入侵、佛教风行并与古典文化协调同化的时代。抗战的最后胜利将是第二周文化的结束，第三周的开始。该书为战国策派『形态史学』的代表作。

蒋星煜《中国隐士与中国文化》

蒋星煜（1920—2015），江苏溧阳人，古典戏曲研究家。一九四〇年上海复旦大学英文会计专业肄业。民国时期历任中华教育电影厂编辑、中央通讯社记者。中华人民共和国成立后，在上海市军管会文艺处、华东文化部艺术处、华东师范大学、上海师范大学任职。著有《明刊本西厢记研究》《中国戏曲史探微》《西厢记考证》《海瑞》等学术著作或历史小说。

《中国隐士与中国文化》共一册，一九四三年由中华书局首次出版。全书分十个专题研究了中国隐士的形成过程、类型、政治生活、经济生活、社会生活、地域分布及其与中国绘画、诗歌的密切关系，是较早系统研究中国古代隐士的著作，与中国古代大部分士人对隐士所持的赞许态度相反，作者对于隐士持批判的态度。

文史叢書之二十

中國文化與中國的兵

雷海宗著

中華民國二十九年二月初版

㊎中國文化與中國的兵一冊㊎(35603·13)

每冊實價國幣玖角

外埠酌加運費匯費

著作者　雷海宗

編輯者　文史叢書編輯部

發行人　王雲五　上海河南路

印刷所　商務印書館　上海河南路

發行所　商務印書館　上海及各埠

二五四上

(本書校對者滕秉全)

序

本書上編的幾篇文字是抗戰前三年間在清華大學發表的。最晚的中國的家族一篇於二十六年七月一日出版，一週後的夜間著者在寧靜的清華園，就被盧溝橋的砲聲由睡夢中震醒。中國的元首（原名皇帝制度之成立）見於清華學報。中國的兵，中國的家族（原名中國的家族制度，）世襲以外的大位承繼法，無兵的文化，中國文化的兩週（原名斷代問題與中國歷史的分期）都先後見於清華大學的社會科學。除一二字句的修改外，此次合刊仍保留初刊時的原像

下編中，此次抗戰在歷史上的地位一文是二十七年二月十三日漢口掃蕩報的一篇專論。在望的第三週文化與上下兩編前的總論，都是特爲此次合刊而作，前此未在他處發表。

中華民國二十七年十二月，雷海宗昆明國立西南聯合大學。

目錄

中國文化與中國的兵

上編

總論——傳統文化之評價

本編各篇，除附錄的世襲以外的大位承繼法是著者於二十五年與二十六年之間的冬季受特別感觸而寫的之外，都是對於中國舊文化批評估價的文字。前三篇由三個不同的方向探討秦漢以上的中國——動的中國。第四篇專講秦漢以下的中國——比較靜止的中國。第五篇合論整個的中國歷史。五篇文字當初雖曾分別問世，但勉強尚有一貫的線索可尋。內中大半可說是非議與責難，但並不是無聊的風涼話；又有一部份是賞鑑與推崇，但並不是妄自尊大的吹噓。此中自讚的話，已由抗戰的過程證明為眞言；自責的話，至今也無修改的必要。此次抗戰，是抗戰而又建國。若要創造新生，對於舊文化的長處與短處，尤其是短處，我們必須先行了解。中國文化，頭緒紛繁，絕非一人所能徹底解明。這幾篇文字若能使國人對於傳統的中國多一分的明瞭，著者的目的就算達到了。

一　中國的兵

歷代史家關於兵的記載多偏於制度方面，對於兵的精神反不十分注意。本文範圍以內的兵的制度，文獻通考一類的書已經敍述甚詳。所以作者的主要目的是要在零散材料的許可範圍內看看由春秋時代到東漢末年當兵的是甚麽人，兵的紀律怎樣，兵的風氣怎樣，兵的心理怎樣；至於制度的變遷不過附帶論及，因爲那只是這種精神情況的格架，本身並無足輕重。作者相信這是明瞭民族盛衰的一個方法。

一　春秋

西周的兵制無從稽考，後世理想的記載不足爲憑。但西周若與其他民族的封建時代沒有大的差別，那時一定是所有的貴族（士）男子都當兵，一般平民不當兵，即或當兵也是極少數，並且是處在不重要的地位。

關於春秋時代雖有左傳國語內容比較豐富的史籍，我們對於當時的兵制仍是不知清楚，只有齊國在管仲時期的軍制，我們可由國語中（註一）得知梗概，其他各國的情形都非常模糊。按國語：

『管子於是制國以爲二十一鄉，工商之鄉六，士鄉十五。公帥五鄉焉，國子帥五鄉焉，高子帥五鄉焉。』

這段簡單的記載有一點可以注意，就是工商人沒有軍事義務，因為只有十五個士鄉的人纔當兵。

這些『士』大概都是世襲的貴族，歷來是以戰爭為主要職務的。這個軍隊的組織與行政組織是二位一體的。行政的劃分如下：——

(一)國分十五鄉——由鄉良人治理；

(二)鄉分十連——由連長治理；

(三)連分四里——由里有司治理，

(四)里分十軌——由軌長治理；

(五)每軌五家。

與這個行政劃分並行的是管仲所制定的軍政制度：——

(一)每軌五家出五人——五人為伍，由軌長統率；

(二)每里五十人——五十人為小戎，即戎車一乘，由里有司統率；

(三)每連二百人——二百人為卒，合戎車四乘，由連長統率；

（四）每鄉二千人——二千人爲旅，合戎車四十乘，由鄉良人統率；

（五）每五鄉萬人——萬人爲軍，合戎車二百乘；

（六）全國十五鄉共三萬人——全國三軍，戎車六百乘，由國君，國子，高子分別統率。

這是『國』的軍隊，是由三萬家出三萬人組織而成。所謂『國』是指京都與附近的地方，只佔全國的一小部份。『國』中的居民除工商外，都是世襲的『士』，並無農民。工商直到齊桓公時（西前六八五至六四三年）仍無當兵的義務。農民當初有否這種義務雖不可考，管仲變法之後卻有了當兵的責任，但並不是全體農民當兵，而是揀擇其中的優秀分子。據國語，

『是故農之子恆爲農，野處而不暱，其秀民之能爲士者必足賴也。有司見而不告，其罪五。』

可見選擇農民中的特出人才『能爲士者』是有司的一種重要職務。

『國』以外的地方統稱爲『鄙』，『鄙』一定有『士』散處各處，但鄙中多數的人當然是人口中絕對多數的農民。管仲所定的鄙組織法如下：——

（一）三十家爲邑；

(二)十邑爲卒——三百家，

(三)十卒爲鄉——三千家；

(四)三鄉爲縣——九千家；

(五)十縣爲屬——九萬家；

(六)鄙共五屬——四十五萬家。

國中每家出一人鄙中卻不如此；既然規定選擇農民中優秀的爲士當然不能有固定的數目。但國語中說齊桓公有『革車八百乘，』而『國』中實際只有六百乘；其餘二百乘，合一萬人似乎是鄙所出的兵額。這若不是實數，最少是管仲所定的標準。假定四十五萬家中有四十五萬壯丁，由其中選擇一萬人，等於每四十五人出一人當兵。（註二）所以春秋時代的齊國仍是士族全體當兵但農民中已有少數由法律規定也有入伍的責任。

別國的情形如何不得而知。但在同一個文化區域內，各種的發展普通都是一致的，春秋時代各國的情形大概都與齊國相倣。關於秦穆公（西前六五九至六二一年）戰國時代有如下的一個傳說：——

『昔有秦繆公乘馬而車爲敗，右服失而埜人取之。見埜人方將食之於岐山之陽，繆公歎曰：「食駿馬之肉而不還飲酒，余恐其傷汝也！」於是徧飲而去。處一年，爲韓原之戰，晉人已環繆公之車矣……埜人嘗食馬肉於岐山之陽者三百有餘人，畢力爲穆公疾鬭於車下。遂大克晉，反獲惠公以歸。』（註三）

這雖是很晚的傳說，但呂氏春秋是秦國的作品，關於秦國先君的記載或者不至全爲虛搆。由這個故事我們可見韓原一戰秦國軍隊中最少有三百個平民出身的兵。

春秋時代雖已有平民當兵，但兵的主體仍是士族。所以春秋時代的軍隊仍可說是貴族階級的軍隊。因爲是貴族的，所以仍爲傳統封建貴族的俠義精神所支配。封建制度所造成的貴族男子都以當兵爲職務，爲榮譽，爲樂趣。不能當兵是莫大的羞恥。我們看左傳國語中的人物由上到下沒有一個不上陣的，沒有一個不能上陣的，沒有一個不樂意上陣的。國君往往親自出戰，所以晉惠公纔遇到被虜的厄難。國君的弟兄子姪也都習武，並且從極幼小時就練習。如晉悼公弟揚干最多不過十五六歲就入伍因爲年紀太小以致擾亂行伍。（註四）連天子之尊也親自出征甚至在陣上受傷。如周桓王親率諸侯伐鄭，當場中箭。（註五）此外春秋各國上由首相，下至一般士族子弟，都踴躍入伍。當兵不是下賤的事，乃是社會上層階級的榮譽職務。戰術或者仍很幼稚，但軍心的盛旺是無問題的。一般的說來，當時的人毫無畏死的心理；在整部的左傳中我們找不到一個因膽怯而臨陣脫逃的人。當時的人可說沒有文武的分別。士族子弟自幼都受文武兩方面的訓練。少數的史筮專司國家的文書宗教職務，似乎不親自上陣。但他們也都是士族出身，幼年時必也受過武事的訓練，不過因專門職務的關係不便當兵而已。即如春秋末期專門提倡文教的孔子也知武事。論語述而篇記孔子『釣而不綱，弋不射宿，』可見孔子也會射獵，並不像後世白面書生的手無搏鷄之力。又論語季氏篇孔子講『君子有三戒』說：『血氣方剛，戒之在鬭。』孔子此地所講的『君子』似乎不只是階級的，也是倫理的，就是『有德者』。如孔子弟子一類的人。他們要『戒之在鬭，』必有『鬭』的技藝與勇氣，不像後世的文人只會打筆墨官司與研究罵人的藝術。

二　戰國

戰國初期文化的各方面都起了絕大的變化。可惜關於這個時代，史料非常缺乏。左傳國語都已結束；戰國策本身卽不可靠；對戰國初期又多缺略；竹書紀年眞本後世愚妄的士大夫又眼看着它失傳。所以這個轟轟烈烈的革命時代使後來研究的人感到極大的苦悶。我們由史記中粗枝大葉的記載只能知道那一百年間（約西前四七〇至三七〇年間）曾有幾個政治革命，革命的結果國君都成了專制統一的絕對君主，舊的貴族失去春秋時代仍然殘留的一些封建權利。同時在春秋時代已經興起但仍然幼稚的工商業（註六）到春秋末戰國初的期間已進入政治的領域。范蠡（註七）與子貢白圭（註八）諸人的傳說可代表此時商業的發達與商人地位的提高。

傳統的貴族政治與貴族社會都被推翻，代興的是國君的專制政治與貴賤不分最少在名義上平等的社會。在這種演變中舊的文物當然不能繼續維持，春秋時代全體貴族文武兩兼的教育制度無形破裂，所有的人現在都要靠自己的努力與運氣去謀求政治上與社會上的優越地位。文武的分離開始出現。張儀的故事可代表典型的新興文人：——

『張儀已學而游說諸侯，嘗從楚相飲。已而楚相亡璧，門下意張儀曰：「儀貧無行，必此盜相君之璧！」共執張儀，掠笞數百。不服，醳之。其妻曰：「嘻！子毋讀書游說，安得此辱乎？」張儀謂其妻曰：「視吾舌尙在不？」其妻笑曰：「舌在也。」儀曰：「足矣！」』（註九）

這種人只有三寸之舌爲惟一的法寶，憑着讀書所學的一些理論去游說人君。運氣好，可謀得卿相的地位；運氣壞，可受辱挨打。他們並無軍事的知識，個人恐怕也無自衞的武技，完全是文人。

另外一種人就專習武技，並又私淑古代封建貴族所倡導的俠義精神。聶政（註十）與荆軻（註十一）的故事最足以表現這種精神。他們雖學了舊貴族的武藝與外表的精神，但舊貴族所代表的文化已成過去。舊貴族用他們文武兼備的才能去維持一種政治社會的制度，他們有他們的特殊主張，並不濫用他們的才能。他們主要的目的，在國內是要維持貴族政治與貴族社會，在天下是要維持國際的均勢局面。這些新的俠士並無固定的主張，誰出高價就爲誰盡力，甚至賣命，也正如文人求主而事，只求自己的私利一樣。列國的君王也就利用這些無固定主張的人去實現君王自己的目的就是統一天下。歷史已發展到一個極緊張的階段，兵制也很自然的擴張到極端的限度。

可惜關於戰國時代沒有一部像左傳或國語的史籍，以致時代雖然較晚，我們對於那時的政治史與政治制度反不如春秋時代知道的清楚。各國似乎都行軍國民主義；雖不見得人人當兵，最少國家設法鼓勵每個男子去當兵。關於這種近乎徵兵的制度，只荀子中有一段極簡略而不清楚的記載：——

「齊人隆技擊，其技也得一首者則賜贖錙金。……魏氏之武卒以度取之，衣三屬之甲，操十二石之弩，負服矢五十个，置戈其上，冠胄帶劍，贏三日之糧，日中而趨百里。中試則復其戶，利其田宅。……秦人其生民也陿阸，其使民也酷烈，劫之以埶，隱之以阸，忸之以慶賞，陶之以刑罰，使天下之民所以要利於上者非鬬無由也。」（註十二）

這是一段戰國時代好空談的儒家的記載，對於軍事並無同情，所以記載的也不清楚。但看來秦國似乎是行全民皆兵的制度，齊魏兩國最少希望多數的人民都能當兵，定出一定的標準，以重利為誘惑驅逐多數人都努力去達到規定的標準。

戰國時代的戰爭非常慘酷。春秋時代的戰爭由貴族包辦，多少具有一些遊戲的性質。我們看左傳中每次戰爭都有各種的繁文縟禮，殺戮並不甚多，戰爭並不以殺傷為事，也不以滅國為目的，只求維持國際勢力的均衡。到戰國時代情形大變，戰爭的目的在乎攻滅對方，所以各國都極力獎勵戰殺，對俘虜甚至降卒往往大批的阬殺，以便早日達到消滅對方勢力的地步。吳越之爭是春秋末年的長期大戰，也可說是第一次的戰國戰爭。（註十三）前此大國互相之間並無吞併的野心，對小國也多只求服從，不求佔領。吳國仍有春秋時代的精神，雖有滅越的機會，仍然放過，但伍子胥已極力主張滅越。後來越國就不客氣，把橫行東南百餘年的大吳國一股吞併。從此之後，這就成為常事。

阬卒與戰爭時大量的殺傷，據史記秦本紀與秦始皇本紀前後共十五次：——

（一）獻公二十一年，與晉戰於石門，斬首六萬；

（二）惠文王七年，與魏戰，斬首八萬；

(三)惠文王後元七年，秦敗五國兵斬首八萬二千；
(四)惠文王後元十一年，敗韓岸門斬首萬；
(五)惠文王後元十三年，擊楚於丹陽，斬首八萬；
(六)武王四年，拔韓宜陽，斬首六萬；
(七)昭襄王六年伐楚斬首二萬；
(八)昭襄王十四年，白起攻韓魏於伊闕，斬首二十四萬；
(九)昭襄王三十三年，破魏斬首十五萬；
(十)昭襄王四十三年，白起攻韓，斬首五萬；
(十一)昭襄王四十七年，白起破趙於長平，阬降卒四十餘萬；
(十二)昭襄王五十年，攻三晉，斬首六千，晉軍走死河中二萬；
(十三)昭襄王五十一年，攻韓斬首四萬；攻趙，首虜九萬；
(十四)王政二年，攻卷，斬首三萬；

（十五）王政十三年，攻趙，斬首十萬。

秦本紀與秦始皇本紀是太史公根據秦紀所作，事實大致可靠。其中所記都是秦國戰勝後的殺傷數目。此外秦國失利甚至戰勝時的死傷並未記載，其他六國相互間的戰爭當然殺傷也很可觀。這是各國都全民武裝的自然結果。斬首與大規模的阬殺成爲常事，無人認爲奇怪。

後代的人對於戰國時代斬首數目的宏大，尤其對於阬殺至數十萬人的驚人事實，往往不肯置信。這可說都是因爲後代不善戰不肯戰的文人不能想像歷史上會有這種慘酷的時代。秦國以斬首多少定功行賞，斬首的數目不會有誤。別國恐怕也採同樣的辦法。我們不可忘記這是一個列國拚命的時代，戰爭的目的是要澈底消滅對方的抵抗力。戰爭都是滅國的戰爭，爲達到滅國的目的任何手段都可採擇。這是一個文化區域將要統一時的必有現象。羅馬與迦太基的死戰是古代地中海文化區將要統一時的大戰。迦太基是當時的大國，但三戰之後羅馬不只滅了迦太基的國家，並且連它的人民也大多屠戮。這是有可靠的史料可憑的史實。可惜戰國時代完全可憑的材料太少，但關於政治史與戰爭史秦本紀與秦始皇本紀還算是最可靠的資料，我們沒有否認的理由。

這種緊張的空氣當然是不易忍受的。厭戰的心理與軍國主義相偕並進。墨子宋鈃一般人的奔走和平不過是最惹當時與後世注意的厭戰表現。一般的人民，雖然受暗示與羣衆心理以及國家威脅利誘的支配，或者多數樂意入伍，但必有少數是不願參加這種屠宰場式的戰爭的。這種平民的呼聲當然難以傳到後代，但並非全無痕跡可尋。關於吳起有如下的一段記載：——

「起之爲將，與士卒最下者同衣食、臥不設席，行不騎乘，親裹贏糧，與士卒分勞苦。卒有病疽者，起爲吮之。卒母聞而哭之。人曰：「子，卒也，而將軍自吮其疽。何哭爲？」母曰：「非然也！往年吳公吮其父，其父戰不旋踵，遂死於敵。吳公今又吮其子，妾不知其死所矣！」」（註十四）

可見在戰國的死拼局勢之下，當權的人想盡方法去鼓勵人民善戰，戰死的特別多，整個家庭絕滅的例一定也不少；民間自然有厭戰的心理發生，故事中士卒的老母不過是我們由古籍中所僅見的一人而已。

總之，戰國時代雖是戰爭極烈，但由軍心民氣方面看，兩種不健全的現象也萌芽於此時：一是上等階級的文武分離與和平主義的宣傳提倡，一是一般人民中厭戰心理的漸漸發生。在當時的緊張空氣之下這兩種現象好似都不嚴重，不過是狂曲中陪襯的低音，使正曲益發顯得壯烈。但後代軍民隔離社會解體的沒落局面都孕育在這兩種不甚惹人注意的現象中。

三　秦代

秦在戰國時代行徵兵制，大概是無疑問的。情形特別嚴重時，甚至連童子也上陣。例如長平之戰，秦王親自到河內，『賜民爵各一級發年十五以上悉詣長平。』（註十五）不過天下一統之後這種制度就不便不加修改而仍全部的實行。前此徵兵制是因各國競爭需要人人當兵。現在天下一家，內戰理當消滅，對外也不一定需要天下人都去從軍。並且六國雖被武力統一，最少一部份人仍有舊國的留戀，秦始皇對這般人也不敢輕於信任，所以即皇帝位的當年（始皇二十六年，西前二二一年）就大規模的繳械：——

『大酺，收天下兵，聚之咸陽，銷以爲鐘鐻，金人十二，重各千石，置廷宮中。』（註十六）

這幾句輕描淡寫的文字所講的是當時一件富有危險性而辦理十分敏捷的大事。秦漢時代平時禁止人民聚歛：——

『漢律三人已上無故羣飲，罰金四兩。』（註十七）

漢制多承秦舊，這條漢律一定也是秦時的舊法。秦方併天下，於是就表示慶祝，特別許人民隨意聚飲。這是很自然的事，人民當然不疑有甚麼作用。始皇暗中擺佈，很容易的就把民間所藏的軍械查出沒收。雖然全部檢出是辦不到的事，被沒收的一定要佔很大的部份。因爲前此民間都有兵器，並無禁例，所以軍械一定都公開的擺列，沒有藏匿的需要，檢查沒收並無困難。

不過有一點本紀中沒有言明，卻是很關重要的事，就是所謂『收天下兵』的『天下』是否也包括秦國舊地在內。按理秦國人民對新局面不致不滿意，無需繳械。若秦人也繳械，豈非國家就要無兵可用？所以十二銅人與銅器所用的大概都是六國的銅。

但無論如何，天下的重兵都駐在關中，兵士大多必是舊秦國人。此點由秦始皇的馳道政策可以看出。秦始皇併天下的次年，二十七年，就開始治馳道。（註十八）馳道的形勢，據漢初人的傳說，

『爲馳道於天下，東窮燕齊，南極吳楚，江湖之上，瀕海之觀畢至。道廣五十步，三丈而樹，厚築

其外隱以金椎，樹以青松。』（註十九）

文中『東窮燕齊，南極吳楚』兩句話極可注意。只講東與南，不提西與北，可見所有馳道的路線都以秦，尤其是咸陽，爲起發點，直達六國的各衝要地，以便秦兵隨時能迅速的開出平亂。這證明天下的重兵駐在關中，其他各地只有輕兵鎮壓，或者只有郡尉所領地方的保安兵，並非正式的軍隊。始皇相信民間兵器大部沒收，又有馳道可使秦兵隨時開往各地，六國的舊地不致有大問題發生。若地方有兵駐守，我們很難想見秦二世時各地起兵何以那樣容易。

秦代當初要將軍隊限於秦人，但事實上不免有很大的困難。內戰雖已停止，邊患並未消滅。並且從前各國分擔的邊防現在歸秦獨自擔當。同時關中所駐以防六國復起的重兵也不見得比戰國末期秦國所需的兵少得許多。所以按始皇原來的計劃，一定要有感到兵不足用的一天。尤其四邊用兵，與邊疆的防戍，規模太大，只靠秦國人決難辦到。所以始皇三十三年，

『發諸嘗逋亡人，贅壻，賈人，略取陸梁地。』（註二十）

這裏並未說所發的限於秦國，並且秦國逋亡人等恐怕原有當兵的責任，無需特別徵發。所以這次

所發的一定是天下各地的人。此外還有一個證據：秦二世二年，天下大亂，李斯等諫二世：——

「關東羣盜並起，秦發兵誅擊，所殺亡甚衆，然猶不止。盜多，皆以戍、漕、轉、作事苦，賦稅大也。請且止阿房宮作者，減省四邊戍轉。」（註二十一）

由此可見邊疆戍轉是關東大亂的一個重要原因，證明邊疆上的兵並不是秦人，最少秦人不佔多數。由始皇三十三年取陸梁地所發的人，我們可知戍邊人的成分：逋亡人是流民，贅壻都是貧困無賴的人，賈人是抑商政策下所認爲卑賤的人。（註二十二）總而言之，所發的都是社會所認爲下流的人。這些下流人大概沒有留戀舊國的思想，所以將他們發到邊疆並無危險。這是後代只有流民當兵，兵匪不分，軍民互相仇視的變態局面的濫觴。同時，良家子弟漸漸不願當兵，恐怕也是秦代不得不發流民的一個原因。繳天下械，徵發流民，一方面是與秦有利的政策，一方面恐怕也正合乎一般厭戰人民的心理。在這種兩便的局面下，古代健全活潑的社會就被斷送。

四　楚漢之際

六國遺民的復國思想，秦代用民的過於積極，是秦亡的兩個主要原因。各地起兵叛秦的多是烏合之衆。例如陳勝起兵的基本隊伍就是發遣屯戍漁陽的人，彭越起兵時所領的不過是些強盜與流浪少年，黥布也是強盜頭目，酈商是流氓頭目。(註二十三)史記中常常講到這些人到各處「略人」，「略地」，或「徇地」。所謂「略人」云云就是到各處招募流氓的意思。這些初起的都是流氓集團。在起事的人中只有項羽劉邦兩人的兵比較可用。兩人起事的地方（沛與會稽）都是戰國時代楚國的舊地。楚在戰國末期是秦以外最強的國家。各國在亡國的前夕抵抗的能力已經消滅。(註二十四)原故雖然不很明顯，但秦的獎勵戰殺與大規模阬殺降卒恐怕是使列國的靑年與壯丁日愈減少以至抵抗力幾乎消滅的重大原因。所以五國最後吞併時，秦國反倒不覺特別費力。只有楚國情形不同。李信當初率二十萬人攻楚，爲楚所敗。後來老將王翦用六十萬兵纔把楚國解決。(註二十五)可見楚國仍是一個嚴重的問題。六國雖都有散兵游勇，恐怕只有楚國餘的退伍士卒比較盛多，因爲史記與戰國策中都沒有亡國時楚國軍隊爲秦國大批屠殺的記載。在以前二三十年間秦國的兵力多用在北方，無暇顧到楚國，在別國大受痛創時楚國的元氣仍得保全。所以楚國雖亡，可能的實力還是很大。「楚雖三戶，亡秦必楚」的讖語（註二十六）意義雖不清楚，必有事實上的根據。當時的人恐怕都覺得只有楚國將來或有翻身的能力，甚或將秦推倒。所以北方起事的軍隊都不値章邯所領的秦兵一擊，只有楚軍可與秦兵一拚。太史公將這種情形描寫得極爲透澈活現：

「當是時楚兵冠諸侯，諸侯軍救鉅鹿下者十餘壁，莫敢縱兵。及楚擊秦，諸將皆從壁上觀。楚戰士無不一以當十，楚兵呼聲動天，諸侯軍無不人人惴恐。於是已破秦軍，項羽召見諸侯將。諸侯將入轅門，無不膝行而前，莫敢仰視。項羽由是始爲諸侯上將軍，諸侯皆屬焉。」（註二十七）

鉅鹿之戰雖有善戰的項羽爲將，但若無比較強悍的兵，也決難與歷來有勝無敗的秦軍相抗。這次戰爭的結果極爲重要。當時秦國最大的一支軍隊由章邯率領，駐在鉅鹿附近的棘原，與項羽有過幾次小接觸，都不利。但兩方大軍若背水一戰，勝負正不可知。所以項羽雖已擊破鉅鹿的秦兵，對這支大軍能否應付還是問題。章邯若能敗項羽，秦朝的壽命或能延長下去也未可知。章邯與項羽的相拒是歷史上一個緊要的關頭。但最後的結局卻是出乎意外的荒謬可笑。因爲後方有趙高作崇，章邯於是不經大戰就帶二十萬的勁旅向項羽投降，並為諸軍的前導向西攻秦。然而項羽對這支強大的秦軍終不敢信任，於是乘夜把它全部阬殺。這是戰國以來最末次的大批阬殺降卒。這支軍隊代表當時秦國實力的主體，從此秦的命運不卜可知。同時這支軍隊又可說是最後的一支國家軍隊，代表戰國時代所遺留下來徵兵制度下有訓練有組織的正式軍隊。從此以後這類的軍隊在中國歷史上就完全絕跡。各地起事的人雖都打着六國的旗號，實際他們誰都不代表，只代表他們自己。軍隊並不屬於任何國家或任何地方，只屬於他們自己。此後的軍隊都是個人的軍隊。軍隊的品格，紀律，戰鬬力等等都靠主帥一人。主帥若肯忠於國家，他的軍隊臨時就是國家的軍隊。主帥若要反抗國家，十有八九他的軍隊是犧牲國家而擁護主帥的。列國並立時所激盪而生的國家主義到統一之後漸漸衰弱。用六國的名義推翻秦朝，可說是舊日國家主義的迴光返照。在這次的大混亂中，舊的愛國思想就壽終正寢。漢代雖常有內亂，但決不是由地方愛國思想所推動的內亂。愛國思想本由列國競爭所產生，天下一統之後愛國思想既然源泉枯竭，當然要趨於消滅。同時將當初狹義的愛國觀念崇高化，推廣於天下一統的大帝國，在理論上當然是可以辦到，但實際只有極少數想像力較大信仰心較深知識較廣的人或者能了解這種大而無外的理想，大多數人對這種觀念根本不發生興趣。愛國觀念中消極的成分較積極的成分濃厚得多。愛國志士與其說是愛本國，不如說是恨別國，恨惡別國，輕視別國，是愛國觀念的必需條件；要不然，愛國觀念就必漸漸衰弱以至於消滅。秦代與楚漢之際就是中國歷史上這種大轉變的時期。愛國的觀念消滅，愛天下的觀念流產，人民漸多不願入伍，結果就產生了一個麻木昏睡的社會。

五　西漢初期

漢初在理論上又恢復了戰國時代流行而秦代臨時間斷的徵兵制。當時力役與軍役是同一件事。據董仲舒說——

『月爲更卒，已復爲正，一歲屯戍，一歲力役，三十倍於古。』（註二十八）

顏師古注：『更卒，謂給郡縣一月而更者也。正卒，謂給中都官者也。』

在鄉間當差稱『更卒，』在中央當差稱『正卒。』這些正卒實際恐怕就是保衛京師宮殿以及各官署的衛士。同時在地方當差的，除爲地方官署服役外，又是地方的軍隊：——

『漢儀注云「民年二十三爲正。一歲爲衛士，一歲爲材官騎士，習射御騎馳戰陳。」又曰：「年五十六衰老，乃得免爲庶民，就田里。」』（註二十九）

這種種的力役與軍役總稱爲「更」。更又分三種：——

『更有三品：有卒更，有踐更，有過更。古者正卒無常人，皆當迭爲之。一月一更，是謂卒更也。貧者欲得顧更錢者，次直者出錢顧之，月二千，是謂踐更也。天下人皆直戍邊三日，亦名爲更，律所謂繇戍也。雖丞相子亦在戍邊之調。不可人人自行三日戍；又行者當自戍三日，不可往便還，因便住，一歲一更。諸不行者出錢三百入官，官以給戍者，是謂過更也。』（註三十）

這顯然是事實修改理論的現象。天下統一後，無需人民全體當兵，並不是這種新更賦制的主要原因。即或無需全體上陣，在地方受訓練是每人可作也是健全社會每人當作的事。現在有踐更的規定，一定有許多人根本就不再與軍役發生任何的關係。並且這些人既能出僱更錢，多半都是在社會上地位比較高，資產比較厚，知識也比較深的人。春秋時代是上等社會全體當兵，戰國時代除了少數以三寸舌爲生的文人外是全體人民當兵現在上等社會不服軍役而將全部衞國的責任移到貧民甚至無賴流民的肩上。所以漢代稱這種制度爲『更賦，』其中『更』的成分恐怕很少，『賦』的成分卻極重要。『過更』當然完全是一種戍邊稅；『踐更』雖不是直接交納與國家的一種稅，但國家旣正式承認有錢者僱無錢者代替當兵，也等於一種稅。少數『卒更』的人雖可說是直接盡國民當兵的義務，但實際他們恐怕都是終身當兵的，因爲他們自己的期限滿了之後就繼續受僱『踐更』或領餉『過更。』所以漢初在理論上雖仍行徵兵制，實際所行的已是募兵制，不過尙未有募兵的名義而已。秦代發流民的臨時政策到漢代就成了國家法定的制度。

漢高帝出身民間，對一般人民不肯當兵的情形恐怕知道的很淸楚。所以他定制度時已默認徵兵是不能實行的：——

「高祖命天下郡國選能引關蹶張材力武猛者，以爲輕車騎士材官樓船；常以立秋後講肄課試，各有員數。平地用車騎，山阻用材官，水泉用樓船。」（註三十一）

文中的『選』字很可注意，『選』實際就是『募。』不過不被選的人要直接納一種免役稅，名義上算是認爲大家都有當兵的義務。

漢初的兵力極其微弱。楚漢競爭的勞民傷財只能解釋這種情形的一部份。徵兵制破裂，募兵制又沒有完全成立，兵制不定，組織一個可用的軍隊恐怕很不容易。同時又逢邊疆上有強大的部落集團出現，以致大漢帝國只能守而不能攻。漢高帝雖然統一天下，卻被匈奴困於白登，後來賄賂閼氏纔得脫險。高帝算是受了一番教訓，從此知道匈奴不像項羽一般人那樣容易對付，只得委曲求和，行和親的政策。高帝死後，單于冒頓甚至向呂后下求婚書：——

『孤僨之君生於沮澤之中，長於平野牛馬之域，數至邊境，願遊中國。陛下獨立，孤僨獨居，兩主不樂，無以自虞，願以所有，易其所無。』

中國雖受了這樣大的侮辱，呂后雖然怒不可遏，終不敢向匈奴發兵，只得婉詞謝絕冒頓開玩笑的請求：——

『單于不忘弊邑，賜之以書。弊邑恐懼，退日自圖，年老氣衰，髮齒墮落，行步失度。單于過聽，不足以自汙。弊邑無罪，宜在見赦。竊有御車二乘，馬二駟，以奉常駕。』

冒頓還算是好漢，肯認錯，回想自已向呂母求婚未免過於無聊，覆書向呂后謝罪。後來文景二帝時中國雖照舊和親並送重禮，仍不能防止匈奴屢屢寇邊，焚殺刼掠。(註三十二)

漢代最後一次壯丁的全部或大部被徵發，只限於一個地方，就是七國亂時的吳國。吳王濞下令吳國：——

『寡人年六十二，身自將；少子年十四，亦爲士卒先。諸年上與寡人比，下與少子等者，皆發。』

發二十餘萬人。(註三十三)

吳不只徵發壯丁，連老幼的男子凡能勉強上陣的也都發出。除吳外，七國中楚最強，但史籍中沒有楚國兵額的記載。這裏所謂吳楚二國就是戰國末期楚國的地方，也是秦末惟一兵強的區域。楚漢之爭時項羽就是以此地爲根據地，並且由垓下楚歌的故事可知項王的士兵大部都是楚人。七國之亂是舊日楚地武力充實的最後表現，以後就長久的寂寞無聞。天下也不再有徵發全體男子當兵的現象。

六　漢武帝

到漢武帝時（西前一四〇至八七年）兵制上各種不健全的辦法都發展成熟；所以武功雖盛，卻是建在不穩固的基礎之上。因爲一般人不肯當兵，（註三十四）武帝就開始正式募兵。舊日戍邊的制度在人心渙散的局面下極難維持，於是屯田的制度成立。募兵與屯兵仍有時感到不足用，就大批的發囚徒，甚至僱用外族人當兵。一方面由於漢初六十年的養息，一方面由於武帝能牢籠人才，在種種的畸形發展下中國歷史上居然有空前絕後純漢族的大帝國出現。

漢初中央有南北軍。關於南北軍的組織與統制，漢書中沒有清楚的記載。南北軍有多少兵也不可考。在理論上南北軍或者是由郡國的人民輪流番上，但實際上恐怕終身當兵的人必定不少。南北軍的兵額不見得很大，只夠維持京師的治安；國家需用大軍時，多半要靠郡國臨時調發。這種辦法或者可以維持苟安的局面，但若想澈底解決邊疆的問題，非另闢途徑不可。武帝看到這一點，所以即位後就招募精兵維護京師。第一種稱期門，次一等的稱羽林。（註三十五）至於期門羽林從此就代替了當初的南北軍，或與南北軍並立，或與南北軍混合，都不可知。最少由武帝以下南軍的名稱未再提及，似乎期門羽林是代替了南軍。武帝所選的都是關西六郡（隴西、天水、安定、北地、上郡、西河）的良家子，從此六郡多出名將。（註三十六）期門羽林專選強健武勇的子弟。例如元帝時甘延壽是北地人，善騎射，爲羽林，後升爲期門，屢次有功，至於封侯。（註三十七）這雖是較晚的例，甘延壽卻是一個典型的六郡子弟，是以當兵爲職業而起家的。

北軍的名稱武帝以下仍舊，但性質也與以前不同。武帝設置了八校尉——

（一）中壘校尉，掌北軍壘門內，外掌西域；

（二）屯騎校尉，掌騎士；

（三）步兵校尉，掌上林苑門屯兵；

（四）越騎校尉，掌越騎；

（五）長水校尉，掌長水宣曲胡騎；

（六）胡騎校尉，掌池陽胡騎；

（七）射聲校尉，掌待詔射聲士；

（八）虎賁校尉，掌輕車。（註三十八）

北軍的名義雖仍存在，但已被新設的中壘校尉所併。七校統稱北軍，由中壘校尉總管。中壘校尉同時又掌管西域，所謂北軍已不是專衞京師的禁軍。至於這七支軍隊的組成方法，三支外族兵當然是由胡越的降人充當；其他四軍的士兵如何召來，雖不可考，但由期門羽林的例與當時人民不肯當兵的風氣來看，一定是由召募而來，或者也多是六郡的子弟。這是漢武帝時第一種新的兵力。

漢初戍邊的人以一年爲期，但這種辦法並不妥當，文帝時鼂錯已見到此點。胡人游牧爲生，往來不定，乘虛入寇，邊兵防不勝防，中央或鄰地發大兵來援，胡寇早已不知去向。所以邊兵費的糧餉雖多，效力卻微乎其微。戍兵屯邊一年，對邊情方才熟習，就又調回，新來的兵仍是生手。況且戍邊本是苦事，內地人多不願去。鼂錯見到這種種困難，於是想出屯田的方法，專用囚犯與奴婢，不足用時再以厚利高爵召致良民。這些邊兵兼營農業，可省去國家一大筆軍費；都終身甚至世世代代守邊，對邊情必定熟習，防禦邊寇的效率必高。文帝聽信了鼂錯的話，開始在邊境屯田。（註三十九）但大規模的屯田到武帝時纔實行。元狩二年（西前一二一年）在西北置武威酒泉二郡，元鼎六年（西前一一一年）又分兩郡地加置張掖敦煌二郡，徙民六十萬爲屯田。（註四十）元狩四年（西前一一九年）衞青霍去病大敗匈奴漠南空虛，自朔方以至令居（甘肅永登）屯田五六萬人。開發西域以後由敦煌至鹽澤（吐魯番西南）又隨地置屯亭，遠至輪臺渠犂（迪化以南）之地都有田卒數百人有使者校尉負責維持，一方面爲漢在西北的駐防軍一方面又可接濟中國遣往西域的使臣。（註四十一）總理西北屯田事務的並有屯田校尉。屯兵是武帝時第二種軍力。

武帝時第三種重要的軍士就是外國兵。（註四十二）胡越騎上面已經提到。此外尙有屬國騎，是匈奴兵。元狩二年，匈奴昆邪王殺休屠王，帶四萬人來降，武帝劃降地爲武威酒泉郡，並置五屬國使匈奴降人居住。（註四十三）五屬國並不設在原地。昆邪王的舊地置爲二郡，後又析爲四郡，由漢人屯田，漸漸漢化。屬國都設在後方，爲的是便於控制。五屬國就是天水郡的勇士縣，安定郡的三水縣，上郡的龜茲縣，西河郡的美稷縣，五原郡的蒲澤縣，每屬國都有皇帝派的屬國都尉治理。（註四十四）這些地方都在匈奴舊地的河南（河套）與河南以南的地帶，都是原來的漢地或已經漢化的地方。

武帝時第四種軍力就是囚徒。發囚徒為兵並不始於武帝。秦二世二年（西前二〇八年）陳勝勢力澎漲，二世一時來不及調動大軍，於是就赦宥酈山修治始皇陵寢的囚徒，由章邯率領去攻陳勝。這是中國歷史上第一次用囚徒為兵的例。但這是臨時不得已的辦法，後來繼續發兵，所以章邯部下的主體仍是正式的軍隊。（註四十五）第二次用囚徒，似乎是在漢高帝十一年（西前一九六年）英布反時。北軍三萬人與關中巴蜀的材官只足保護關中，不敢出發遠方；漢統一天下不過六七年，對國本重地不敢不慎重。高帝不得已，於是「赦天下死罪以下，皆令從軍，」纔把英布打敗。（註四十六）這次也是臨時救急的措置。此後八十年間，國家似乎沒有再採用這種辦法。（註四十七）到武帝大規模向四方發展時，發囚徒纔成了固定的政策。詳情容待下面再講。

由上述的情形我們可得一個結論，就是兵與民隔離的局面已經非常明顯。募兵是少數或因喜好冒險，或因受厚賞的誘惑，纔入伍的人，是一種職業兵。屯兵有的出於強迫（囚徒），有的出於自願，但到邊疆之後就成了永久固定的邊軍，也是一種職業兵。胡越騎與屬國騎是國家僱用的外族，更是以當兵為職業的。囚徒不是職業兵，乃是國家無辦法時強迫入伍的，但一經入伍之後恐怕也就成了終身的職業。漢武帝雖然也發郡國的民兵，但這四種職業兵的地位比民兵的地位日趨重要。這四種兵從兵的身份上說，都不是直接由民間產生的，大半都是民間的流浪份子，甚至外族的浪人。他們既不直接出於民間，與一般的人民自然沒有多少情感上的聯繫。對於國家他們也很難說有多大的忠心，不過皇帝養他們，他們替皇帝賣死就是了。一般的民衆處在大致安定的大帝國之內，漸漸都不知兵。這些既不肯衞國又不能自衞的順民難免要遭流浪集團的軍人的輕視。由輕視到侮辱，是很短很自然的一步。同時因爲軍人多是浪人，所以很容易遭一般淸白自守的良民的輕視。不過這種輕視沒有武力作後盾，不能直接侮辱軍人，只能在言語上詆毀。『好鐵不打釘，好漢不當兵』的成語不知起於何時，但這種鄙視軍人的心理一定是由漢時開始發生的。

由春秋時代到漢代的發展經過，總括一句，先是軍民不分，後來軍民分立，最後軍民對立。軍民對立之下的軍隊最難駕御。除糧餉充足外，將才是必不可少的條件。當然任何的軍隊都需要有才的人率領，但眞正的民兵，即或主將不得人，頂多也不過是打敗仗，決不至直接禍國殃民。流浪軍卻非有才將率領不可，否則不止要戰敗辱國，並且要行動如土匪，甚至公開的變成土匪。漢武帝的偉大時代就建設在這種軍力之上。武帝個人缺點雖多，卻是認識人才善用人才的明主。他能從社會各階級中找出有才的人，並且能盡量用這些人才。我們可將武帝一代的戰爭列一個表，就可看出他的武功的經緯：——（註四十八）

年	對象	兵	將	結果
建元三年 西前一三八	攻閩越，救東甌	會稽兵	嚴助（會稽人，家貧，舉賢良）	閩越逃生
建元六年 西前一三五	攻閩越，救南越		王恢 韓安國（梁成安人）	閩越人殺其王郢而降
元光六年 西前一二九	攻匈奴	四萬騎	衛青（私生子，生父爲小吏，歸生父收養） 公孫敖（北地義渠人） 公孫賀（北地義渠人，祖父守隴西）	衛青勝，首虜七百級 公孫敖敗，失七千級 公孫賀無功 李廣被虜，逃歸

			李廣（隴西良家子，秦將李信後，善射）	
元朔元年 西前一二八	攻匈奴	三萬騎	衛青（見上） 李息（北地人）	首虜數千級，降人二十八萬，設蒼海郡（三年罷）
元朔二年 西前一二七	攻匈奴		衛青（見上） 李息（見上）	首虜二千三百，俘三千人，畜百餘萬，收河南地置朔方郡五原郡
元朔五年 西前一二四	攻匈奴	十餘萬，多爲車騎	衛青（見上） 李息（見上） 公孫賀（見上） 張次公（河東人） 蘇建（杜陵人） 李蔡（李廣從弟） 李沮（雲中人）	俘虜萬五千人，畜百萬

元朔六年春 西前一二三	攻匈奴	十餘萬騎	衛青（見上） 公孫敖（見上） 公孫賀（見上） 蘇建（見上） 李廣（見上） 李沮（見上） 趙信（降漢之匈奴小王）	虜三千級
元朔六年夏 西前一二三	攻匈奴	十餘萬騎	衛青（見上） 六將軍（同前）	衛青大勝，首虜萬九千級 李廣無功，亡軍，獨身逃還 趙信敗，降匈奴
元狩二年春 西前一二一	攻匈奴	萬騎	霍去病（衛青姊私生子）	斬首九千級
元狩二年夏 西前一二一	攻匈奴		霍去病（見上） 公孫敖（見上）	霍去病大捷，斬首三萬餘， 降人二千五百 公孫敖失道

元狩二年夏 西前一二一	攻匈奴	萬四千騎	張騫（漢中人） 李廣（見上）	張騫後期 李廣殺三千人，但全軍覆沒逃歸
元狩四年 西前一一九	攻匈奴	十萬騎，人民樂從者四萬騎，步卒數十萬（內有樂從者）	衛青（見上） 霍去病（見上） 公孫敖（見上） 李廣（見上） 趙食其（馮翊人）	衛青至漠北，圍單于，斬首萬九千 霍去病與左賢王戰，斬首俘虜共七萬級，漠南空虛 漢軍死者數萬，馬十四萬所餘不滿三萬 李廣後期自殺 趙食其後期贖死
元鼎五年 西前一一二	攻南越及西南夷	天下罪囚，江淮以南樓船，夜郎兵，巴蜀罪人共十萬餘人	路博德（西河平州人） 楊僕（宜陽人） 越侯嚴（越降人） 甲（越降人） 越侯遺（越降人）	南越及西南夷皆平，置郡縣

元鼎六年 西前一一一	攻西羌	隴西天水安定騎士，中尉卒，河南河內卒共十萬人	李息（見上） 徐自爲	平西羌
元鼎六年 西前一一一	攻東越	樓船，步卒	韓說（韓王信後，武帝幸臣） 王溫舒（陽陵人，少時爲盜） 楊僕（見上）	東越降，遷其民江淮間，東越遂虛
元鼎六年 西前一一一	攻匈奴	二萬五千餘騎	公孫賀（見上） 趙破奴（太原人，曾居胡中）	出塞二千餘里，不見虜而還，遂分置西北四郡，徙民實邊
元封元年 西前一一〇	攻匈奴	十八萬騎	御駕親征	匈奴匿漠北，不敢戰
元封二年 西前一〇九	攻朝鮮	募天下死罪	楊僕（見上） 荀彘（太原廣武人）	朝鮮人斬其王降，以其地爲郡縣 楊僕失亡多，免爲庶人 荀彘爭功棄市

元封二年 西前一〇九	平西南夷未服者	巴蜀兵	郭昌（雲中人） 衛廣	平定其地，以爲益州郡
元封六年 西前一〇五	益州昆明反，發兵征討	赦京師亡命	郭昌（見上）	？
太初元年 西前一〇四	征大宛	發天下讁民惡少年十萬左右，屬國騎六千	李廣利（倡家子）	斬大宛王首，得善馬三千 喪師十之八九，至大宛只餘三萬人，還軍時只萬人
太初二年 西前一〇三	伐匈奴	二萬騎	趙破奴（見上）	趙破奴被擄，全軍覆沒
天漢二年 西前九九	伐匈奴	三萬騎，五千步卒	李廣利（見上） 公孫敖（見上） 李陵（廣孫，善騎射）	李廣利斬首萬級，漢兵死約二萬 李陵只率步卒五千，殺匈奴萬人，最後戰敗降匈奴，只四百人逃歸漢

天漢四年 西前九七	伐匈奴	騎六萬，步卒七萬皆天下流民及勇敢士	李廣利（見上）	戰皆不利而還
		騎一萬步卒三萬	公孫敖（見上）	
		步卒三萬	韓說（見上）	
		步卒一萬	路博德（見上）	
征和三年 西前九〇	伐匈奴	騎七萬	李廣利（見上）	李廣利戰敗，降匈奴
		三萬	商丘成	商丘成無所見而還
		騎四萬	馬通	馬通多斬首

武帝在位五十四年間（西前一四〇至八七）前後共大小二十五次對外的戰爭可由上表得一個大概的印象有幾點特別可以注意：——

（一）匈奴是外患中最嚴重的；二十五次戰爭中有十五次是對待匈奴。

（二）關於兵的數目與種類，數目幾乎都有記載，種類可惜多半只記『騎』『樓船』等，對於兵的來源沒有說明。元狩四年衛青霍去病大伐匈奴時，軍隊中有人民自告奮勇代軍士運糧的人。這些人雖不見得都是無賴，但社會上的流浪份子一定佔重要的地位。元鼎五年攻南越與西南夷時，除江淮以南的樓船外，又發罪囚與夜郎兵，這是武帝第一次大規模用囚犯與外國兵的例。元封二年攻朝鮮所用的都是天下死罪的人。元封六年伐昆明，所用的是長安的亡命。太初元年伐大宛，所用的是天下的謫民與惡少年及屬國騎。天漢四年大伐匈奴，所用的軍隊一部份是謫徒與自告奮勇的勇敢士。總之，二十五次戰爭中最少有六次是一部或全部用的囚徒，流民，惡少年，樂從的流浪人，或外族人。此外有三次淸淸楚楚的講明所用的是正常的軍隊：建元三年救東甌，發會稽兵，意思大概是指會稽的樓船；元鼎六年攻西羌，用的是隴西、天水、安定的騎士，河南河內的步卒，與京師中尉所領的步卒；元封二年平西南夷，用的是巴蜀地方的軍隊。其餘十六次軍役所用的到底是甚麼兵我們無從知道。假定都是中央或地方的正式軍隊，二十五次中有六次（百分之二十四）用的是非常的軍隊，仍是一件深可玩味的事。尤其像伐大宛用兵數十萬，除少數的屬國騎外，都是謫民與惡少年，可見中央與地方的正式軍隊不足用或不可用到如何的程度。兵制破裂的情形，沒有比這個再清楚的了。

（三）將軍的出身高低不齊。有的是良家子或古代名將的後裔。有少數甚至是文人出身。但也有來歷極不高明的，如倡家子，私生子，強盜之類。又有的是胡越投降的小頭目。天下一統之後人才的需要較列國並立時並不減少。有才就可擢用，尊崇無比的皇帝並不計較臣子的出身。並且因為尚武的風氣日衰，將才很感缺乏，使皇帝要計較出身也辦不到。

（四）戰爭的結果大半靠將才。衛青與霍去病二人從未打過敗仗，每次都是大勝。李廣利個人雖武藝高強，將才甚為平庸，所以總是打敗，或需重大的代價纔能求得小小的勝利，如伐大宛的一次。這也是兵制破裂的間接證據。當時的邊族無論人力財力都遠在中國之下。文帝時中國投降匈奴的中行說勸戒單于說：

「匈奴人衆不能當漢之一郡。然所以彊者，以衣食異，無仰於漢也。今單于變俗，好漢物，漢物不過什二，則匈奴盡歸於漢矣。」（註四十九）

這種小小的胡人，在戰國分立時趙或燕能毫無困難的單獨應付。戰國時中國內部互相攻伐，戰敗的將很多像趙括一類的笨將也不少。但漢時成爲大患的匈奴對燕趙並不是嚴重的問題。當然到漢時匈奴方才組成一個堅固的帝國，戰國時匈奴內部仍然分裂。但匈奴分裂時中國也分裂，中國與匈奴的統一也同時實現。所以匈奴統一雖或是中國感到威脅的一個原因，但決不是最重要的原因。惟一可能的結論就是戰國時代的兵可用，漢時的兵不可用，只有遇到才將率領時纔能打勝仗。這是軍隊由流浪份子粗成的當然結果。

漢武帝時代武功的偉大是顯然的，是人人能看到的。但若把內幕揭穿，我們就知道這個偉大時代是建築在極不健全的基礎之上。

七　武帝以後——光武中興

武帝後兵制的發展，一日千里的順序退步。例如屯兵的制度仍舊，並且範圍日廣。宣帝時（西前七三至四九年）爲防止西羌內侵，用趙充國的計策，大量的在西北屯田。（註五十）然而邊疆的屯兵第一代或者還是兵第二代以下就有變成邊地農民的危險，對當兵並無特別的熱心。宣帝五鳳三年（西前五五年）匈奴因內部分裂而投降之後，(註五十一)邊疆的大患消滅，所謂屯田更是有名無實。宣帝以下又屢次在西域屯兵，(註五十二)匈奴投降之後本就不強的西域更不敢輕於為亂，所以中國略為屯兵就可維持西域的秩序，並非所屯的兵真正強盛。

武帝以後外族在中國軍隊中的地位日愈提高。昭帝時（西前八六至七四年）開始用羌人。據後漢書，景帝時已有羌人投降中國，遷入邊地。(註五十三)但這個說法不知是否可靠，史記與漢書中都沒有記載。昭帝時所用的羌人也不知道來源。昭帝始元元年（西前八六年）益州反，中國用羌人助戰平亂。(註五十四)推想起來，這大概是武帝威震西北以後投降中國的羌人。神爵元年（西前六一年）西羌反，宣帝所發的兵各色都有——囚徒，羽林，材官，騎士，胡越騎，此外並有羌騎。次年平服羌人之後，降羌很多，於是就設置了金城屬國。(註五十五)前此的降羌大概較少，此次有大批的人投降，纔加置了一個羌族的屬國。五鳳二年呼韓邪單于率匈奴來降，又設置了西河北地兩屬國，仍在河套與河套以南的地方。所以河套一帶雖由秦漢兩次征服並移民，但胡人的勢力始終未曾完全消滅。

囚徒與惡少年的軍隊昭宣二帝時也屢次徵發，(註五十六)並又時常臨時募兵。(註五十七)至於像武帝時調發正式軍隊的例現在極其少見。西南夷與兩粵平定之後樓船似乎無形間廢棄不用。其餘三種正式軍隊一共只發過兩次，並且都在宣帝一朝。本始二年（西前七二年）發關東的輕車與步卒去幫助烏孫攻打奴匈。神爵元年西羌反時，一方面發三河，潁川，沛郡，淮陽，汝南的材官，一方面又發金城，隴西，天水，安定，北地，上郡的騎士。(註五十八)這種情形證明地方的兵一天比一天的不可用，所以國家非萬不得已時不去徵發。愈不徵發兵愈不可用。在這種惡劣的循環關係之下，由戰國時代遺留下來的徵兵制的痕跡就無形間消滅淨盡。

到王莽時所用的就只有募兵，囚犯，與外族兵，舊日正式的軍隊已經絕跡。例如始建國二年（西元一〇年）伐匈奴，『募天下囚徒丁男甲卒三十萬人』，又發高句驪的兵，但高句驪不肯奉詔。(註五十九)此時適逢天災流行各地盜賊蜂起，最著名的是臨淮的瓜田儀，琅琊女匪呂母，與樊崇所率領由琅琊起事的赤眉賊，都於天鳳四五年間（西元一七至一八年）發動。王莽在這種情形

下，於天鳳六年仍要大伐匈奴，所用的仍是『天下丁男及死罪囚吏民奴』這種軍隊王莽大概也覺得不足用，於是

『又博募有奇技術可以攻匈奴者，將待以不次之位。言便宜者以萬數：或言能度水不用舟楫，連馬接騎濟百萬師；或言不持斗糧，服食藥物，三軍不饑；或言能飛，一日千里，可窺匈奴。莽輒試之，取大鳥翮為兩翼，頭與身皆著毛，通引環紐，飛數百步墮。莽知其不可用，苟欲獲其名，皆拜為理軍，賜以車馬，待發。』（註六十）

思用法術一類的把戲去打仗，這是一個兵力墮落不堪的社會纔會發生的事。一個眞正尙武的民族絕不屑於享受這些幼稚的幻想。後來鬧到三輔之地也『盜賊麻起』。遣兵捕勦，『軍師放縱，百姓重困。』（註六十一）現在已到了兵匪不分的時代，這是軍民分立最後的當然結果。兵的行動與匪無異，無告的人民不得已也多起來為匪。（註六十二）一個社會發展到這個階段之後，兵事可說是到了不可救藥的地步，任何理論上可通的方法都不能根本改善這種病態。

我們明白這種情形，對光武帝廢除郡國兵的政策就不致認為難解。建武七年（西元三一年）

詔：——

「今國有衆軍，並多精勇。宜且罷輕車騎士材官樓船士及軍假吏，令還復民伍。」（註六十三）

地方兵現在已全不可用。太平時代，一般所謂好人都不肯當兵；天下一旦混亂，少數流氓與多數饑民就成爲土匪，只能擾亂社會秩序，並不能衞國衞民。這些土匪往往打着軍隊的旗號，但旗號是不能掩蓋實際的。只有善將兵的人經過相當時期的訓練，纔能造出一支眞會打仗的軍隊。詔書中所謂「國有衆軍，並多精勇，」並非一句空話。光武起事時所領的雖也不過是些流氓與饑民，但經過十年左右的汗馬生活，光武帝已鍛鍊出一個很大並且可用的軍隊。地方軍反成了贅疣，在很多地方恐怕實際早已不存在，光武的詔書不過是承認一件既成的事實。隗囂與公孫述是光武的兩個大敵，在建武七年仍未平服，地方軍若有絲毫的用處，光武也決不會在此時一紙公文把它廢掉。

八　東漢

所以東漢只有中央軍，沒有地方軍。中央軍除宮廷的衞士外，北軍的名稱仍然存在，稱北軍五營或五校就是屯騎，越騎，步兵，長水，射聲。每營有校尉一人，五軍由北軍中候總領，就是武帝時的中壘校尉。武帝時七校的兵現在併為五校，胡騎併於長水，虎賁併於射聲。(註六十四)北軍五營中最少有兩營完全是外族人，其他三營中是否有四夷的人加入已不可考。據後漢書注引漢官，五營每營七百人，只有長水營多三十六人，為七百三十六人。所以胡越兵在北軍中佔五分之二以上的地位。北軍平時宿衛京師，四方有事也往往被發。

第二種中央直轄的軍隊就是駐守要地的營伍：——

「光武中興，以幽冀幷州兵騎克定天下，故於黎陽立營，以謁者監之。……扶風都尉部在雍縣，以涼州近羌，數犯三輔，將兵衛護園陵，故俗稱雍營。」(註六十五)

黎陽就是今日河南濬縣，在洛陽東北，所駐的大概就是光武所謂「國有眾軍，並多精勇」的兵，恐怕是東漢初年中央軍的主體。雍營護衛長安與西漢諸帝的園陵，兵數大概也不少。可惜兩營到底有多少兵，史籍沒有記載。

中央第三種軍隊就是屯兵。緣邊各郡都有屯田，明章兩代（西元五八至八八年）發囚徒到邊疆屯田的事前後共有八次。(註六十六)可見從前的屯兵都已變成邊地的土著農民，已不堪當兵，只得再發囚徒去充實國防。明帝向王莽時喪失的西域方面活動也恢復了屯田的事業。(註六十七)同時又在金城一帶屯兵防備西羌。(註六十八)

東漢也有屬國兵可算中央的第四種軍隊。東漢官制，有使匈奴中郎將一人，主護南單于；護烏桓校尉一人，主烏桓胡；護羌校尉一人，主西羌。(註六十九)這三個都是專管邊境屬國的人。匈奴在王莽時反叛大半又都逃出塞外，東漢初年屢次寇邊。建武二十四年(西元四八年)匈奴內部分裂爲南北，南單于自稱呼韓邪，又來投降中國。又把河套以及整個幷州的地方交給降胡。南單于本人居西河，韓氏骨都侯屯北地，右賢王屯朔方，當于骨都侯屯五原，呼衍骨都侯屯雲中，郎氏骨都侯屯定襄，左南將軍屯雁門，栗籍骨都侯屯代郡。(註七十)

烏桓本是東北塞外(今熱河南部)的東胡種，西漢時弱小，投降中國，代中國守邊。王莽亂時與東漢初年屢次寇邊。南匈奴投降的次年，建武二十五年(西元四九年)，烏桓見強大的匈奴投降，自己於是也要求入居中國，光武也就容許他們遷居幽州塞內，爲中國的屬國。(註七十一)北軍五營中長水一營的胡騎多半是烏桓人。(註七十二)西羌本是小族，在西漢時就在涼州邊境與漢人雜居，時常反叛，中國總是用屯田的方法防禦他們。建武九年（西元三三年）光武設立護羌校尉，有事時可領降羌替中國打仗。(註七十三)所以并州由匈奴代守，幽州由烏桓代守，涼州由西羌代守。此外又有些囚徒屯田各地，與外族人共同守邊。整個的北邊，由遼東到敦煌，都不用內地士大夫良家子與一般順民去費力保護，中興盛世的安逸人民大概認為這是又便宜又舒服的事！

總之，東漢只有中央直轄的軍隊，並且外族在這個軍隊中佔很重要的地位。不過廢地方兵並不是簡單的事。最低的限度地方的治安是須有人維持的。所以各郡的太守一定要召募些保安的地方兵。關於這件事，在中興時代我們沒有直接的證據，但東漢末年各地州牧太守紛紛割據，一定原來有兵。然而這都是地方官的私軍，不受中央的調動。所以嚴格講來，仍可說東漢只有中央軍沒有地方兵。

由東漢向外用兵的情形就可知道當時兵的性質。明帝永平十六年（西元七三年）竇固伐北匈奴，這是東漢第一次並且是中興盛世的向外大發動，所用的兵很可玩味：——

『固與忠（耿忠）率酒泉敦煌張掖甲卒及盧水羌胡萬二千騎出酒泉塞；耿秉秦彭率武威隴西天水募士及羌胡萬騎出居延塞；又太僕祭彤度遼將軍吳棠將河東北地西河羌胡及南單于兵萬一千騎出高闕塞；騎都尉來苗護烏桓校尉文穆將太原鴈門代郡上谷漁陽右北平定襄郡兵及烏桓鮮卑萬一千騎，出平城塞。』（註七十四）

這四支軍隊中都有外族兵，祭彤吳棠的一支完全是胡兵。後來竇固的從孫竇憲於和帝永元元年（西元八九年）又大伐匈奴：——

『會南單于請兵北伐，乃拜憲車騎將軍，金印紫綬，官屬依司空，以執金吾耿秉為副，發北軍五校，黎陽雍營，緣邊十二郡騎士，及羌胡兵出塞。明年，憲與秉各將四千騎及南匈奴左谷蠡王師子萬騎出朔方鷄鹿塞；南單于屯屠河將萬餘騎出滿夷谷；度遼將軍鄧鴻及緣邊義從羌胡八千騎，與左賢王安國萬騎出稒陽塞。皆會涿邪山。憲分遣副校尉閻盤司馬耿夔耿譚將左谷蠡王師子右呼衍王須訾等精騎萬餘，與北單于戰於稽落山，大破之。虜眾崩潰，單于遁走。追擊諸部，遂臨私渠北鞮海，斬名王已下萬三千級，獲生口馬牛羊橐駝百餘萬頭。於是溫犢須日逐溫吾夫渠王柳鞮等八十一部率衆降者前後二十餘萬人。憲遂登燕然山，去塞三千餘里，刻石勒功紀漢威德。」（註七十五）

這是東漢規模最大影響最深的一次外征，解決了三百年來的匈奴問題，最少當時的人相信這個問題已經解決。但所用的兵大半是外族人，而實際戰敗北單于的完全是南匈奴的兵。我們對東漢能駕御外族，以夷制夷的政策能收大功，不能不表示欽佩。但軍隊不是漢人的軍隊卻也是不可掩蔽的嚴重事實。

除此次大敗北匈奴外，東漢惟一的對外武功就是班超的平定西域。但班超當初所用的只有三十六個人，後來政府發給他的也不過一千多囚徒與義勇兵。班超所以制服西域的，一方面靠他個人特殊的將才與超人的勇敢，一方面還是靠以夷制夷政策的大規模利用西域各國的軍隊互相攻擊。（註七十六）

這種專靠外族的辦法極其危險。一旦外族不肯受利用，或轉過來向我反攻，自己就要束手無策。這件事後來的確實現，並且就在竇憲大破北匈奴後還不到二十年。東漢初期，西羌屢屢擾邊。塞外的羌人想要向內地刼掠，塞內投降的羌人又常受地方官與邊民的侵害，因而怨恨反叛。建武九年班彪上書：——

『今涼州部皆有降羌。羌胡被髮左袵，而與漢人雜處，習俗既異，言語不通，數爲小吏黠人所見侵奪，窮恚無聊，故致反叛。夫蠻夷寇亂，皆爲此也。』（註七十七）

西羌匈奴雖然強悍，但對中國國家與中國文化似乎十分景仰，對中國一般人民也無惡感。只要中國肯收容他們，他們就樂意移居塞內，爲中國守邊。由竇憲的攻破北匈奴可見他們也很誠懇的爲中國賣力。但中興以後政治日壞，地方官與豪右對這些異族的人不免侵奪壓迫，勉強他們服役。地方無知的人民恐怕也常推波助瀾，因而時常引起叛變。待叛亂一起，地方官與邊民又惶恐無措，敏捷的逃入內地，遲鈍的束手待斃。最大最長的一次羌亂於安帝永初元年開始，直到靈帝建寧二年纔算平服，前後亂了六十多年的功夫（西元一〇七至一六九年）。羌亂的導火線很爲簡單。漢要發羌征西域，羌人不願遠屯，遂發兵反，出塞與塞外羌人聯合，大亂於是開始。羌人在內地居住已久，多無兵器，只持用竹竿木枝爲戈矛，用板案爲楯，甚至手持銅鏡爲兵器。這種易與的叛羌就足以把邊官與邊民的膽驚破，都不敢動。順民已訓順到如何的程度可想而知。中央派兵去勦，總是打敗的時候多。邊官多爲內地人，不願出死力守涼州，就上書勉強邊民內徙逃難。領兵的人「多斷盜牢廩，私自潤入，皆以珍寶貨賂左右。上下放縱，不恤軍事，士卒不得其死者白骨相望於野。」羌人奪取了官軍的兵器之後，勢力更爲浩大。這種種不堪設想的情形王符描寫的最爲活現。王符是西北安定臨涇（今甘肅鎮原縣）人，恐怕他自己的親友戚族就有受禍的人：

「往者羌虜背叛，始自涼并，延及司隸，東禍趙魏，西鈔蜀漢。五州殘破，六郡削迹，周迴千里，野無孑遺；寇鈔禍害，晝夜不止，百姓滅沒，日月焦盡。而內郡之士不被殃者咸云「當且放縱，以待天時」。用意若此，豈人心也哉？前羌始反，公卿師尹咸欲捐棄涼州，卻保三輔，朝廷不聽。後羌遂侵，而論者多恨不從咸議。余竊笑之，所謂媾亦悔不媾亦有悔者爾，未始識變之理。地無邊，無邊亡國。是故失涼州則三輔爲邊，三輔內入則弘農爲邊，弘農內入則洛陽爲邊。推此以相況，雖盡東海猶有邊也。」……

『前日諸郡皆據列城而擁大衆……然皆不肯專心堅守，而反彊驅其民捐棄倉庫，背城邑走。由此觀之，非苦城乏糧也，但苦將不食爾！……

『諺曰：「痛不著身言忍之，錢不出家言與之！」假使公卿子弟有被羌禍，朝夕切急，如邊民者，則競言當誅羌矣！今苟以己無慘怛冤痛，故端坐相仍，又不明脩禦之備，陶陶閒澹，臥委天，聽羌獨往來深入多殺。己乃陸陸相將詣闕，諧辭禮謝退云狀。會坐朝堂，則無憂國哀民懇惻之誠，苟轉相顧望，莫肯違止。日宴時移，議無所定。已且須後，少得小安，則恬然棄忘。旬時之間，虜復為害，軍書交馳，羽檄狎至，乃復怔忪如前。若此以來，出入九載。……一人吁嗟，王道為虧，況百萬之衆號哭泣感天心乎？』（註七十八）

民衆已不是戰國時代人人能戰的民衆，士大夫更不是春秋時代出將入相的士大夫。軍事情形的不堪可謂達到極點。羌亂方平，靈帝中平元年（西元一八四年）黃巾賊的亂事又起。這時雖是方經長期的羌亂，國家仍是忙的手足無措，軍事毫無把握。『詔公卿出馬弩，舉列將子孫及吏民有明戰陣之略者，詣公車。』（註七十九）同時又『詔勑州郡脩理攻守，簡練器械。』（註八十）國家發了五校與三河的騎士（大概就是黎陽營）與召募的義勇兵，靠皇甫嵩與朱儁的將才算是把烏合的黃巾賊捕滅。但兩人（最少朱儁）似乎有「家兵」。雖在國家的軍隊之內，各地的刺史太守都有私軍，朱儁曾作過交阯刺史，這些「家兵」就是作刺史時所召的私軍。國家現在只有羌胡兵與地方官的「家兵」可用，天下的大勢顯然已不可收拾。

黃巾賊的次年中平二年（西元一八五年），漢陽賊邊章韓遂與羌胡聯合東侵三輔。皇甫嵩奉命討賊，就請求發烏桓兵三千人。北軍中候鄒靖認爲烏桓太弱，應當往塞外去召募鮮卑。下公卿大臣討論此事，兩方面都有贊成與反對的人。反對用鮮卑的理由，就是從前征匈奴與西羌曾用過鮮卑，結果並不美滿：

「斬獲醜虜既不足語，而鮮卑越溢，多爲不法。裁以軍令則忿戾作亂；制御小緩則陸掠殘害。劫居人，鈔商旅，噉人牛羊，略人兵馬。得賞既多，不肯去，復欲以物買鐵。邊將不聽，便取縑帛聚欲燒之；邊將恐怖，畏其反叛，辭謝撫順，無敢拒違。」

烏桓鮮卑都不顧用，最後聽了應劭的話，決定用隴西「守善不叛」的羌胡（註八十二）一統天下的公卿大臣公開承認用外兵要忍受外兵的跋扈，但說來說去總是逃不出召募外兵，對於召用漢人始終無人提起一字。連方才平定黃巾威震天下的皇甫嵩也是一樣。可見本國兵只能對付國內烏合的土匪，一牽涉到外族就非用其他的外族不可！

漢人現在並不是完全不會用兵器。但只有保護自己的家鄉纔肯出力，並且還必須有領袖指導。若無勇敢的領袖，即或家鄉被擾，大家也都是馴羊。例如應劭不敢提議用漢人到邊疆打仗，但他於獻帝初平二年（西元一九一年）守太山，復起的黃巾賊入郡界，『劭糾率文武連與賊戰，前後斬首數千級，獲生口老弱萬餘人，輜重二千兩，賊皆退卻，郡內以安。』（註八十二）至於遠離鄉土去冒險，除非是荒年被迫爲盜，沒有人甘心去作。

列國並立時每國都是一個有機體的堅強體系，天下一統之後臨時倘可勉強維持，但不久就成了一盤散沙，永未變成一個大的有機體。這樣的民族是任何內部野心家或外來野心族的戰利品，決難自立自主，自己的命運總不操在自己手裏。董卓之亂將這種情形暴露無遺（西元一八九至一九二年）。董卓雖是漢人，手下所率領的兵最少一部份是羌胡——

『是時洛中貴戚室第相望，金帛財產家家殷積。卓縱放兵士突其廬舍，淫略婦女，剽虜資物，謂之搜牢。人情崩恐，不保朝夕。及何后葬，開文陵，卓悉取藏中珍物。又姦亂公主，妻略宮人，虐刑濫罰，睚眦必死，羣僚內外莫能自固。卓嘗遣軍至陽城，時人會於社下，悉令就斬之，駕其車重，載其婦女，以頭繫車轅，歌呼而還。……

『於是盡徙洛陽人數百萬口於長安，步騎驅蹙，更相蹈藉，飢餓寇掠，積尸盈路。卓自屯留畢圭苑中，悉燒宮廟官府居家，二百里內無復孑遺。又使呂布發諸帝陵，及公卿已下冢墓，收其珍寶。』(註八十三)

遷都長安之後，長安又遭李傕郭汜之亂，受禍不亞於洛陽。車駕於是又遷回東都：——

『自此長安城中盡空，並皆四散，二三年間關中無復行人。建安元年車駕至洛陽，宮闕蕩滌，百官披荊棘而居焉。州郡各擁強兵，而委輸不至。尙書郎官自出採梠，或不能自反，死於墟巷。』(註八十四)

董卓以後各地的太守刺史都擴大私軍，割據自雄。實際上五胡亂華的局面已經成熟。中國社會已經崩潰，只有邊地的屬國還有組織，同時又勇敢善戰。佈滿幽幷涼三州的外族很可向南移動，佔據中國。恰巧當時中國出來幾個特殊的人才，把這種厄運又展緩了一百年的功夫。所謂三國時代，由這個觀點來看，可說是曹操司馬懿幾個善練兵善將兵又有政治謀略的人重新組織散漫的中國以便抵抗外族的時代。曹操曾大破烏桓，並分散幷州匈奴的勢力，(註八十五)可見他明瞭這個問題的嚴重性。但外族的勢力根深蒂固，無從斬除；中國內部的病勢過於沈重，難以根治。幾個特殊人才死後不久，中原終於成了漢代那些屬國的屬國。

九　後言——漢末至最近

漢代的問題實際是中國的永久問題，東漢以下兵的問題總未解決。只有隋及盛唐承襲北朝外族的制度，百餘年間曾實行半徵兵的府兵制，這也是漢以後中國自治的惟一盛強時代。二千年來的情形，骨子裏都與東漢一樣。東晉以下中原陷於外族將近三百年。隋唐的盛期過去之後，由天寶到五代的二百年間是外族第二次擾亂中國的時代。中國常僱用外兵，外族也常擅自行動。宋雖名為統一，中國本部東北的燕雲與西北的河西總未收復，每年與契丹西夏納貢纔得苟安。宋的軍隊中也有番兵，不過地位不像漢唐時那樣重要。後來終於不能自保，中原又喪於女真，最後整個的中國亡於蒙古。明代算是把中國本部完全統一，但只有太祖成祖的極短期間有應付外敵的能力。此後二百餘年間幾乎時時刻刻在勉強支持外侮的進襲。受日本的一度威脅之後，不久就亡於滿洲。道光以下滿漢並衰，中國又感到有被西洋吞併的危險，自己的力量不足，清末以下就又借外力，不過方式隨着時代略有變化。現在借的不是外兵，而是外國的軍器軍火與軍事顧問。正如歷代靠番兵不足抵抗外番，西洋的軍器軍火與軍事顧問也不足以抵抗西洋或徹底西洋化的國家。二千年來中國總是一部或全部受外族統治，或苟且自主而須忍受深厚的外侮；完全自立又能抵抗外族甚至能克服外族乃是極少見的例外。這種長期積弱局面的原因或者很複雜，但最少由外表看來東漢以下永未解決的兵的問題是主要的原因。(註八十六)人類歷史上的政治集團，無論大小，不為刀俎，必為魚肉；若要兩種都不作，是辦不到的事。東漢以下的中國不能作刀俎，當然也不願作魚肉，但實際大半的時候總是任人宰割。

(註一)國語卷六齊語。

(註二)這些數目當然都是大概的成數，並不是精確的實數，但離實數似乎並不甚遠。鄙中四十五萬家，每家若按五口計算，共合二百二十五萬人；若按八口計算，共合三百六十萬人。至於國中人多半是士族，行大家族制，所謂三萬家的『家』字不知何指。但與鄙相較，國在人口數目上可說無足輕重，我們仍可說三百六十萬是齊桓公時齊國人口的最高估計。近代中國人口驟然增加，是與西洋接觸後的變態現象，不足為比較的標準。經過滿清一百五十年的太平盛世，乾隆晚年的人口大概可代表中國歷代人口的最密限度。按清朝文獻通考卷一九戶口考一，乾隆四十八年（此後沒有分省的統計）山東人口為二千二百零一萬二千六百六十一人。這雖也是大概的數目，但自康熙廢了人丁稅之後人口的統計還大致可靠。這個數目與三百六十萬為六與一之比，與二百二十五萬為十與一之比。桓公時齊國的領土界綫不清，但離今日山東面積的六分之一或者相差不遠。即或當時的人口比較後代稀少，國語中的記載也與事實大致相合。

(註三)呂氏春秋卷八仲秋紀第五愛士篇。

(註四)左傳襄公三年。當時悼公自己年只十七歲，揚干幼小可知。

(註五)左傳桓公五年。

(註六)國語卷一四晉語八提到『絳之富商……能金玉其車，文錯其服，能行諸侯之賄，而無尋尺之祿。』可見春秋時已有富商，但在政治上尚無地位。左傳僖公三十三年商人弦高救鄭的故事，也是春秋時代有大規模商業的一個證據。

(註七)史記卷四一越王句踐世家。

(註八)史記卷一二九貨殖列傳。

（註九）史記卷七〇張儀傳。

（註十）戰國策卷二七韓策二。

（註十一）戰國策卷三一燕策三。

（註十二）荀子卷一〇議兵篇第一五。

（註十三）國語卷一九吳語卷二〇越語。

（註十四）史記卷五六吳起傳。

（註十五）史記卷七三白起傳。

（註十六）史記卷六秦始皇本紀。

（註十七）史記卷一〇孝文帝本紀即位之年，集解引文穎注。

（註十八）史記卷六秦始皇本紀。

（註十九）漢書卷五一賈山傳。這是賈山爲諫文帝所作至言中的話。賈山的年歲不可考，至言的年代也無記載，只說在文帝除鑄錢令之前；除鑄錢令據文帝紀，在五年（西前一七五年）秦亡於西前二〇七年，當中只有三十二年的時間。賈山此時年歲最少當在三十左右，所以他個人必曾親見秦的馳道。況且漢時的馳道承繼秦舊，到文帝時還沒有多少改變。所以這種記載今日看來雖像過於鋪張，所講的卻是著者親見的官道，決非文人空弄筆墨的浮詞。

（註二十）史記卷六秦始皇本紀。

（註二十一）同上。

（註二十二）秦的重農抑商政策見秦始皇本紀二十八年琅邪臺刻石文。

（註二十三）史記卷四八陳涉世家，卷九〇彭越傳，卷九一黥布傳，卷九五酈商傳。

（註二十四）史記卷六秦始皇本紀及各世家。只有齊國在被燕一度佔領之後專講和平主義，最後不抵抗而亡。別國亡時都是抵抗力消滅，並不是有兵而不用。

（註二十五）史記卷七三王翦傳。

（註二十六）史記卷七項羽本紀。范增說項梁：『自懷王入秦不返，楚人憐之至今。故楚南公曰：「楚雖三戶，亡秦必楚也。」』南公，據漢書卷三〇藝文志陰陽家有南公三十一篇，自註稱南公為『六國時』人。無論這段讖語是否六國時南公所說，也無論當初的意義如何，但到秦統一天下後仍是楚國民間流行的預言，一方面表示楚民的希望，一方面證明楚國人相信自己終有滅秦的一天。這種信仰的事實根據就是在滅亡的六國中只楚國還有相當的實力。

（註二十七）史記卷七項羽本紀。

（註二十八）漢書卷二四上食貨志上。

（註二十九）漢書卷一上高帝紀上二年，注引如淳說。

（註三十）漢書卷七昭帝紀元鳳四年，注引如淳說。

（註三十一）後漢書卷一下光武帝紀下建武七年，注引漢官儀。關於四種軍隊地理上的分配，史籍中沒有清楚的記載。由散亂的材料中可知巴蜀（漢書卷一下高帝紀下十一年，）三河、潁川、沛郡、淮陽、汝南（漢書卷八宣帝紀神爵元年，）有材官；河東上黨（漢書卷三高后紀五年，）三輔（漢書卷六武帝紀征和元年，）金城、隴西、天水、安定、北地、上郡（漢書卷八宣帝紀神爵元年）有車騎；尋陽（漢書卷六四上嚴助傳）桂陽，豫章，零陵（漢書卷六武帝紀元鼎五年）會稽（漢書卷六四上朱買臣傳，）齊沿海地（漢書卷六武帝紀元封二年）有樓船。

（註三十二）俱見漢書卷九四上匈奴傳上。

（第三十三）史記卷一〇六吳王濞傳。下面吳王告諸侯書又說吳國中有精兵五十萬，恐怕是張大其詞的吹噓二十萬是實數。

（註三十四）武帝向西南夷發展要徵發巴蜀的人，許多人寧可自殺而死，也不願應徵！這或者是極端的例，但也可見出當時的空氣。見漢書卷五七下司馬相如傳下喻巴蜀檄。

（註三十五）漢書卷一九上百官公卿表上。

（註三十六）漢書卷二八下地理志下。當然皇帝的鼓勵提倡並不是六郡以及整個的西北多出名將的惟一原因，也不見得是最重要的原因。普通在安逸地帶的人尙文甚至文弱；在危險地帶的人尙武甚至粗鹵。漢代外患在西北，西北多出名將是很自然的事。

（註三十七）漢書卷七〇甘延壽傳。

（註三十八）漢書卷一九上百官公卿表上。所謂八校尉實際只領有七支軍隊，因為中壘校尉是總領一切的人，並不是一軍的校尉，所以漢書卷二三刑法志說：『至武帝平百粵，內增七校。』晉灼注認為胡騎不常置，所以稱七校，恐怕不妥。七校統稱為北軍。

（註三十九）漢書卷四九鼂錯傳。

(註四十)漢書卷六武帝紀，卷二四下食貨志下。

(註四十一)漢書卷九四上匈奴傳上，卷九六上西域傳序。

(註四十二)鼂錯在文帝時已經提議以夷制夷，用降胡當兵。但文帝似乎沒有採納。見漢書卷四九鼂錯傳。

(註四十三)漢書卷六武帝紀。

(註四十四)漢書卷二八下地理志下。此外中央又有典屬國，或者是屬國都尉的上司。據漢書百官公卿表上，典屬國是『秦官掌蠻夷降者。』但秦時似乎沒有將降人處在內地的事，典屬國的責任恐怕是管理秦所征服的蠻夷土地與人民，並不像漢代的掌理遷處內地的蠻夷。

(註四十五)史記卷六秦始皇本紀。

(註四十六)漢書卷一下高帝紀下。

(註四十七)武帝元鼎五年(西前一一二年)纔又發囚徒，離高帝十一年有八十四年的功夫。

(註四十八)漢書卷六武帝紀，卷五四李廣蘇建傳，卷五五衛青霍去病傳，卷六一張騫李廣利傳，卷九七上孝武李夫人傳，卷六四上嚴助傳，卷六六公孫賀傳，卷九〇王溫舒傳，楊僕傳，卷九四上匈奴傳上，卷九五西南夷兩粵朝鮮傳，卷九六西域傳。

(註四十九)史記卷一一〇匈奴傳。

(註五十)漢書卷六九趙充國傳。

(註五十一)漢書卷八宣帝紀，卷九四下匈奴傳下。

（註五十二）漢書卷九六西域傳。

（註五十三）後漢書卷一一七西羌傳。

（註五十四）漢書卷七昭帝紀元鳳四年詔『度遼將軍明友前以羌騎校尉將羌王侯君長以下擊益州反虜。』

（註五十五）漢書卷八宣帝紀。

（註五十六）漢書卷七昭帝紀元鳳元年，五年，六年；卷八宣帝紀神爵元年。

（註五十七）漢書卷七昭帝紀始元元年，卷八宣帝紀神爵元年，卷一二平帝紀元始二年，卷七九馮奉世傳元帝永元二年『發募士萬人』擊羌。

（註五十八）漢書卷八宣帝紀。

（註五十九）漢書卷九九中王莽傳中。

（註六十）漢書卷九九下王莽傳下。

（註六十一）同上。

（註六十二）王莽時起事的人都是流民土匪出身。除赤眉等以外，如劉玄等人也都不過是土匪頭目。見後漢書卷四一劉玄劉盆子傳，卷四三隗囂公孫述傳。此外甚至有人利用西北屬國的羌胡起兵。見後漢書卷四二盧芳傳。

（註六十三）後漢書卷一下光武帝紀下。

（註六十四）後漢書卷三七百官志四。

（註六十五）後漢書卷五三竇憲傳注引漢官儀。

(註六十六)後漢書卷二明帝紀永平元年，八年，九年，十六年，十七年；卷三章帝紀建初七年，元和元年，章和元年。

(註六十七)後漢書卷一一八西域傳。

(註六十八)後漢書卷一一七西羌傳。

(註六十九)後漢書卷三八百官志五。護烏桓校尉與護羌校尉西漢時已經設立，但西漢時羌兵與烏桓兵還不是中國不可少的兵力。

(註七十)後漢書卷一一九南匈奴傳。

(註七十一)後漢書卷一二〇烏桓傳。

(註七十二)後漢書卷三七百官志四注。

(註七十三)後漢書卷一一七西羌傳。

(註七十四)後漢書卷五三竇固傳。

(註七十五)後漢書卷五三竇憲傳。

(註七十六)後漢書卷七七班超傳。

(註七十七)後漢書卷一一七西羌傳。

(註七十八)王符潛夫論卷五救邊篇第二二，同卷勸將篇第二一，邊議篇第二三，實邊篇第二四也都論述羌禍與邊務。

(註七十九)後漢書卷八靈帝紀。

(註八十)後漢書卷一〇一皇甫嵩傳。

（註八十一）後漢書卷七八應劭傳。

（註八十二）同上。

（註八十三）後漢書卷一〇二董卓傳。

（註八十四）晉書卷二六食貨志。

（註八十五）三國志魏志卷三〇烏丸傳；晉書卷九七北狄傳。

（註八十六）並且大家一向都安於這種墮落的局面，並不覺得這是一個需要解決的問題。只有王安石曾認清這個問題，並提出適當的解決方法。在他上仁宗皇帝言事書（俗稱萬言書）中他認爲只有叫良民當兵，尤其是一般所謂士大夫都人人知兵人人當兵，纔能使中國自立自主。只就這一點來看，王安石已是二千年間特出的奇才。可惜王安石一類的積極人才在傳統的中國決無成功的機會。一般的說來文武兼備的人有比較坦白光明的人格，兼文武的社會也是坦白光明的社會。這是武德的特徵。中國二千年來社會上下各方面的卑鄙黑暗恐怕都是畸形發展的文德的產物。偏重文德使人文弱，文弱的個人與文弱的社會難以有坦白光明的風度，只知使用心計，虛僞欺詐，不澈底的空氣支配一切，使一切都無辦法。中國兵制的破裂與整個文化的不健全其實是同一件事。在這種病態的社會，王安石一流的人物生前必定失敗，死後必留罵名。

二 中國的家族

中國的大家族制度曾經過一個極盛，轉衰，與復興的變化；這個變化與整個政治社會的發展又有密切的關係。春秋以上是大家族最盛的時期，戰國時代漸漸衰微，漢代把已衰的古制又重新恢復，此後一直維持了二千年。

關於春秋以上的家族制度，前人考定甚詳，（註一）本文不再多論，只略述幾句作爲全文的背景而已。戰國以下的發展，一向少人注意，是本文所特別要提出討論的。

一 春秋以上

春秋時代大家族制度仍然盛行，由左傳國語中看得很清楚。並且大家族有固定的組織法則，稱爲宗法。士族有功受封或得官後，即自立一家，稱「別子」。他的嫡長子爲「大宗」，稱「宗子」；歷代相傳，嫡長一系皆爲大宗，皆稱宗了。宗子的兄弟爲「支子」，各成一「小宗」。小宗例須聽命於大宗。只大宗承繼土田或爵位；族人無能爲生時，可靠大宗養贍。但除大宗「百世不遷」外，其他一切小宗都是五世而遷，不復有服喪與祭祀的責任。「遷」就是遷廟。

宗法的大家族是維持封建制度下貴族階級地位的一種方法。封建破裂，此制當然也就難以獨存。所以一到戰國，各國貴族推翻，宗法也就隨着消滅，連大家族也根本動搖了。貴族消滅的情形，因春秋戰國之際的一百年間史料缺乏，不能詳考。但大概的趨向卻很清楚。各國經過一番變動之後，無論換一個或幾個新的朝代（如齊晉）或舊朝代仍繼續維持舊日與君主並立的世卿以及一般士族的特權已都被推翻。各國都成了統一專制的國家。春秋時代仍然殘餘的一點封建制度，至此全部消滅了。

至於平民的情形，可惜無從考知。但以歷史上一般的趨勢而論，平民總是百方設法追隨貴族的。所以春秋以上的平民雖不見得行復雜的宗法制，但也必在較大的家族團體中生活。

春秋以上的大族不只是社會的細胞與經濟的集團，並且也是政治的機體。各國雖都具有統一國家的形態，但每一個大族可說是國家內的小國家。晉齊兩國的世卿最後得以篡位，根本原因就在此點。

經過春秋末戰國初的變革之後，家族只是社會的細胞與經濟的集團，政治機體的地位已完全喪失。至此專制君主所代表的國家可隨意如何支配家族的命運了。

二　戰國

據今日所知，戰國時代最有系統的統制家族生活的就是秦國。商鞅變法，

「令民爲什伍，而相收司連坐。不告姦者腰斬，告姦者與斬敵首同賞，匿姦者與降敵同罰。民有二男以上不分異者，倍其賦。有軍功者各以率受上爵，爲私鬬者各以輕重被刑。」（註二）

商鞅的政策可分析爲兩點。第一，是廢大家族。所以二男以上必須分異，否則每人都要加倍納賦。第

二，是公民訓練。在大家族制度之下，家族觀念太重，國家觀念太輕，因爲每族本身幾乎都是一個小國家。現在集權一身的國君要使每人都直接與國家發生關係，所以就打破大家族，提倡小家庭生活，使全國每個壯丁都完全獨立，不再有大家族把他與國家隔離。家族意識消弱，國家意識提高，徵兵的制度纔能實行，國家的組織纔能強化。商鞅的目的十分明顯。什伍連坐是個人向國家負責。告姦也是公民訓練。禁止私鬭，提倡公戰，更是對國家有利的政策；家族間的械鬭從此大概停止了。

商鞅的政策完全成功，

「行之十年，秦民大說。道不拾遺，山無盜賊。家給人足。民勇於公戰，怯於私鬭。鄉邑大治。」（註三）

漢初賈誼不很同情的描寫，尤爲活現：

「商君違禮義，棄倫理，幷心於進取。行之三歲，秦俗日敗。秦人有子，家富子壯則出分，家貧子壯則出贅。假父耰鉏杖彗耳，慮有德色矣。母取瓢椀箕帚，慮立訊語。抱哺其子，與公併踞。婦姑不相說，則反脣而睨。其慈子嗜利而輕簡父母也，念罪，非有儲理也，亦不同禽獸僅焉耳！」（註四）

賈誼所講的是否有過度處，很能斷定但大概的情形恐怕可靠。舊日父母子女間的關係以及舅姑與子婦的關係完全打破，連父母子女之間互相借貸都成問題，頗有今日西洋的風氣！

可惜關於家族制度的改革我們只對秦國有這一點片面的知識，其他各國的情形皆不可考。但商鞅變法，以李悝的法經爲根據（註五）李悝前曾相魏文侯，變魏國法，魏因而成爲戰國初期最強的國家。秦在七國中似乎變法最晚，並非戰國時惟一變法的國家。這個重要的關鍵，歷來都被人忽略。楚悼王用吳起變法，也在商鞅之前。吳起原與李悝同事魏文侯，對魏變法事或者亦有貢獻。後往楚相楚悼王，

『明法審令，捐不急之官，廢公族疏遠者，以撫養戰鬬之士。』（註六）

此處所言不詳，所謂『明法審令』所包必廣，恐怕也與後來商鞅在秦所行的大致相同。此外申不害相韓，與商鞅同時，『內修政教，外應諸侯，』大概也是在變法。（註七）

關於秦、魏、楚、韓四國的變法，我們能得到這一點眉目已算僥倖；其他各國的情形，連一個字也未傳到後代。但汎觀人類歷史，同一文化區域之內，一切的變化都是先後同時發生的。所以我們可

以假定戰國七雄都曾經過一番澈底的變法。商鞅變法是秦國富強的必需條件，但不是惟一條件。秦併六國更不完全由於變法，因爲變法在當時是普遍的現象。地廣人稀，沃野千里的蜀地的富源，恐怕是秦在列國角逐中最後佔優勢的主要原因。

各國變法之後，家族制度沒落可由種種方面看出。喪服制與子孫繁衍的觀念可說是舊日家族制度的兩個臺柱。淸楚嚴明的喪服制是維持一個人口衆多的家族的方法；子孫繁衍是使大家族繼續存在的方法。但到戰國大家族破裂之後，這兩根臺柱也就隨着倒塌了。

三年喪是喪制的中心。三年喪的破裂象徵整個喪制的動搖。三年喪似乎破壞的很早，春秋末期恐怕已經不能完全實行。孔子的極力提倡，正足證明它的不爲一般人所注意；連孔門弟子宰我都對三年喪表示懷疑，認爲服喪一年已足。（註八）這恐怕是當時很普遍的意見。後來孟子勸滕文公服三年喪，滕的父兄百官無不反對：

『吾宗國魯先君莫之行，吾先君亦莫之行也，至於子之身而反之，不可』（註九）

所謂『先君』到底『先』到甚麼程度很難強解。最少可說戰國初期魯滕兩國姬姓國家已都無形間廢除三年喪實際恐怕春秋末期政治社會大亂開始的時候，這個古制必已漸漸不能成立。墨子倡三月喪必很合乎當時的口味。（註十）在當時提倡並且實行三年喪的只有一般泥古的儒家。但一種制度已經不合時代的潮流，勉強實行必不自然，虛偽的成分必甚濃厚。墨者罵儒家「繁飾禮以淫人久喪偽哀以謾親，」（註十一）或有黨派之嫌，但與實情相離恐不甚遠。許多陋儒的偽善，連儒家內部比較誠懇高明的人也看不過，也情不自已的罵兩句。荀子所指摘的種種「賤儒」必包括一些偽善與偽喪的人。（註十二）禮記各篇中所講的漫無涯際的喪禮，到底有多少是古代的實情，多少是儒家坐在斗室中的幻想，我們已無從分辨。若說春秋以上的人作戲的本領如此高強，很難令人置信。

與三年喪有連帶關係的就是孝道。孔子雖然重孝，但把孝創為一種宗教，卻是戰國儒家，尤其是曾子一派所作的。孝經就是此種環境下所產的作品。

與三年喪同時沒落的，還有多子多孫的觀念與欲望。大家族制度之下，子孫眾多當然是必需的。西周春秋時代的銘刻中，充分的表現這種心理：

「其永寶」

「子孫其永寶」

「其萬年寶用」

「其萬年子子孫孫永寶用」

以上一類的句法，幾乎是每件銅器上必有的文字。後來雖或不免因習慣而變成具文，但在當初卻是整個社會制度的一種表現。孟子「不孝有三，無後爲大」（註十三）的說法，不只是戰國時代儒家的理想，也確是春秋以上的普遍信仰。

但一旦大家族破裂，子孫繁衍的觀念必趨微弱。一人沒有子孫，整個家族的生命就有受威脅的可能。但公民觀念代替了家族觀念之後，一般人認爲一人無子，國家不見得就沒有人民。並且在大家族的集團生活之下，家口衆多還不感覺不便。小家庭中兒女太多，的確累贅。人類的私心，總不能免。與個人太不便利時，團體的利益往往就被犧牲。所以戰國時代各國都有人口過少的恐慌，也多設法增加自己國內的人口。最早的例就是春秋戰國之交的越國。句踐要雪國恥，極力鼓勵國內人口的繁殖：

(1)令壯者無取老婦，令老者無取壯妻；

(2)女子十七不嫁，其父母有罪；丈夫二十不娶，其父母有罪；

(3)將免（娩）者以告公毉（醫）守之；

(4)生丈夫二壺酒一犬，生女子二壺酒一豚；

(5)生三人公與之母，生二人公與之餼。（註十四）

我們讀此之後，幾乎疑惑墨索里尼是句踐的私淑弟子；兩人的政策相同處太明顯了！

關於越國，我們或者還可說它是新興的國家，地廣人稀，所以纔採用這種方法。但北方的古國，後來也同樣作法，就很難如此解釋了。魏居中原之中，也患人少。梁惠王向孟子訴苦：

『寡人之於國也，盡心焉耳矣。河內凶，則移其民於河東，移其粟於河內。河東凶亦然。察鄰國之政，無如寡人之用心者，鄰國之民不加少，寡人之民不加多，何也？』（註十五）

梁惠王以後，秦國也患人少，有人提倡招徠三晉的人民。（註十六）越、魏、秦三國也決非例外，其他各國也必感到同樣的困難。戰爭過烈，殺人太多，或可解釋人口稀少的一部份；但此外恐怕還有其他的因素。小家庭制度盛行多子觀念薄弱之後，殺嬰的風氣必所難免。關於戰國時代雖無直接的證據；但到漢代殺嬰的事卻會惹人注意。

並且再進一步，今日西洋各國所時尚的節制生育方法並非新事，戰國時代的中國已有此風。中國古代稱它爲房中術，又稱玄素術，陰陽術，容成術，或彭祖術。按漢書古代此種的書籍甚多，（註十七）正如今日西洋性學專書與節制生育小冊的流行一樣。戰國西漢間，最重要的有八種：

（1）容成陰道，二十六卷；

（2）務成子陰道，三十六卷；

（3）堯舜陰道，二十三卷；

（4）湯盤庚陰道，二十卷；

（5）天老雜子陰道，二十五卷；

（6）天一陰道，二十四卷；

(7)黃帝三王養陽方，二十卷；
(8)三家內房有子方，十七卷。

這些書可惜已全部失傳無從詳考其內容。單看書名，前七種似乎專講方法。最後一種仍承認『有子』是必需的，但內中必有條件，正如今日西洋節制生育家所提倡的兒女少而優秀的說法。我們從葛洪較晚的傳說中，還可看出房中術的大概性質：

『或曰聞房中之事，能盡其道者，可單行致神仙，并可以移災解罪，轉禍爲福，居官高遷，商賈倍利。信乎？

「抱朴子曰：此皆巫書妖妄過差之言，由於好事增加潤色，至令失實。或亦姦僞造作虛妄，以欺誑世人；藏隱端緒，以求奉事；招集弟子，以規世利耳。夫陰陽之術，高可以治小疾，次可以免虛耗而已。其理自有極，安能致神仙及卻禍致福乎？人不可以陰陽不交，坐致疾患。若乃縱情恣欲，不能節宣，則伐年命。善其術者，則能卻走馬以補腦，還陰丹以朱腸，采玉液於金池，引三五於華梁。令人老有美色，終其所稟之天年。而俗人聞黃帝以千二百女昇天，便謂黃帝單以此事致長生；而不知黃帝於荆山之下，鼎湖之上，飛九丹成，乃乘龍登天也。黃帝自可有千二百女耳，而非單行之所由也。凡服藥千種，三牲之養，而不知房中之術，亦無所益也。是以古人恐人輕恣情性，故美爲之說，亦不可盡信也。玄素諭之水火，水火煞人，而又生人，在於能用與不能耳。大都其要法，御女多多益善；如不知其道而用之，一兩人足以速死爾。彭祖之法，最其要者；其他經多煩勞難行，而其爲益不必如其書。人少有能爲之者。口訣亦有數千言耳，不知之者，雖服百藥，猶不能得長生也。』（註十八）葛洪又謂：『房中之術，近有百餘事焉』；又謂：『房中之法，十餘家。』可見到晉時比戰國秦漢間已又增加了幾種作品；方法也相當的複雜，可以有百餘事。又謂『或以補救傷損，或以攻治衆病，或以採陰益陽，或以增年延壽；其大要在於還精補腦之一事耳。』（註十九）

上面僅存於今日的幾段記載，廢話太多，中肯的話太少。但我們可看出當時對此有種種自圓其說的理論，用以遮掩那個完全根據於個人幸福的出發點。『卻走馬以補腦』或『還精補腦』的一句話，暗示今日節制生育中所有的一種方法，在古代的中國，這大概是最流行的方法。

並且一種潮流，往往不只有一種表現的途徑。戰國時代家族破裂，國家不似家族那樣親切，號召人心的力量也不似家族那樣強大。於是個人主義橫流，種種不健全的現象都自由發展。道家的獨善其身與揚家的任性縱欲是有理論爲藉口的個人主義。房中術是沒有理論的，最少可說是理論很薄弱的個人主義與房中術性質相類的還有行氣導引芝菌按摩等等。（註二十）行氣又稱吐納，就是今日所謂深呼吸。在當時又稱胎息術；

「得胎息者，能不以鼻口噓吸，如在胞胎之中。」（註二十一）

導引又稱步引，就是今日的柔軟體操與開步走之類。本是活動身體的方法，後來漸漸附會爲「步罡踏斗」的神祕把戲。

芝菌近乎今日的素食主義（Vegetarianism）與齋療術（fasting cure）認爲少吃，不吃，或專吃幾種特別食品可以延年益壽。芝菌術又稱避穀術。因爲最激底的實行者不只忌肉食，並且又避五穀，而專吃野生的芝菌。這種本就荒唐的辦法，後來又演化爲煉長生丹與藥餌的說法。據說戰國韓的遺臣而後來成爲漢初三傑之的張良，在晚年曾經學習避穀，（註二十二）可見其流行的程度了。

按摩術，名與事今日都很流行。這種種個人享樂與養生的方法，當初或者都各自獨立發展。但後來合流爲神仙術，象徵個人主義的極頂表現。養生術未可厚非，但太注意身體的健全，本身就是一個不健全的現象，對整個的社會是有妨害的。求長生不老，根本是變態心理的表現。今日西洋少數人要以羊腺或猴腺恢復青春的妄想，若不及早預防，將來也有演成神仙術的可能。戰國時代的人口稀少，與個人養生享樂的潮流必有關係，可惜因史料缺乏，不能斷定關係密切到如何的程度。但自私心過度發展，必至連子女之愛也要犧牲。房中術的主旨是既得性欲之樂，又免兒女之苦，對人口稀少要負一部份的責任，是沒有問題的。

三　秦漢以下

秦漢大帝國初立，戰國時代一般的潮流仍舊。秦皇漢武既爲天子，又望長生，人人皆知的兩個極端例證可以不論。人口稀少仍是國家的一個嚴重問題。房中之風仍然流行。王莽相信黃帝御一百二十女而致神仙，於是遣人分行天下，博采淑女。一直到天下大亂，新朝將亡時，王莽仍「日與方士涿郡昭君等於後宮考驗方術縱淫樂焉。」(註二十三)東漢時此風仍然盛行，王充謂「素女對黃帝陳五女之法，非徒傷父母之身，乃又賊男女之性。」(註二十四)可見這在當時仍是很平常的事，所以王充特別提出攻擊。東漢末有妄人冷壽光，自謂因行容成公御婦人法，年已百五六十，面貌仍如三四十。(註二十五)

此外，漢時有的地方盛行殺嬰的風氣。東漢末，賈彪爲新息(今河南息縣)縣長，「小民困貧，多不養子。彪嚴爲其制，與殺人同罪。城南有盜劫害人者，北有婦人殺子者。彪出案發，而掾吏欲引南。彪怒曰：「賊寇害人，此則常理。母子相殘，逆天違道！」遂驅車北行，案驗其罪。城南賊聞之，亦面縛自首。數年間人養子者千數。僉曰：「賈父所長。」生男名爲賈子，生女名爲賈女。」(註二十六)

區區一縣之地，數年間可殺而未殺的嬰兒居然能有千數，可見殺嬰不完全是由於困乏。此風停止後，也沒有聽說生活更加困難；貧困最多也不過是殺嬰的一種藉口。這種風氣恐怕來源甚早，也不見得限於新息一地；前此與別處無人注意就是了。房中術盛行時，不明其法的人就難免要採用野殺的殺嬰方法。

漢代的政府也如戰國時代列國的設法提倡人口增加。高帝七年，「命民產子，復勿事二歲。」（註二十七）這或者還可以大亂之後人口稀少來解釋。但由後來的情形，可看出這並不是惟一的原因。西漢最盛的宣帝之世，仍以人口增加的多少爲地方官考課的重要標準，當時人口缺乏的正常現象可想而知了。黃霸爲潁川太守，「以外寬內明，得吏民心，戶口歲增，治爲天下第一。」西漢末年，人口稱爲最盛（註二十八），然而召信臣爲南陽太守，「其化大行……百姓歸之，戶口增倍。」（註二十九）所謂「百姓歸之」就是鄰郡的人民慕化來歸的意思。人口增加要靠外來的移民，生殖可謂困難到驚人的程度！

兩漢四百年間，人口的總額始終未超過六千萬。漢承戰國的法治之餘，戶口的統計當大致可靠。並且當時有口賦，算賦，更賦的擔負，男女老幼大多都逃不了三種賦役中的最少一種，人口統計當無大誤。珠江流域雖尚未開發，長江流域雖尚未發展到後日的程度，但只北方數省的人口在今日已遠超過六千萬。漢代人口的稀少，大概是無可置疑的。並且西漢人口最盛時將近六千萬，東漢最盛時反只將近五千萬，減少了一千萬。(註三十)可見當時雖每經過一次變亂之後，人口減而復增；但四百年間人口的總趨勢是下減的。

此點認淸之後，東漢諸帝極力獎勵生育的政策就可明白了。章帝元和二年，降下有名的胎養令，分爲兩條：

(1)產子者，復勿算三歲；

(2)懷孕者，賜胎養穀人三斛；復其夫勿算一歲。(註三十一)

由此看來，生育的前後共免四年的算賦，外給胎養糧。算賦不分男女，成年人都須繳納，每年一百二十錢，是漢代最重的一種稅賦，「產子者，復勿算三歲，」未分男女，大概是夫婦皆免。懷孕者，夫免算一歲；婦既有養糧，免算是不言而喻的了。兩人前後免算八次，共九百六十錢。漢代穀賤時，每石只五錢，饑荒時亦不過數百錢，平時大概數十錢。(註三十二)所以這個胎養令並不是一件小可的事情，所免的是很可觀的一筆稅款。這當然是仁政，但只把它看爲單純消極的仁政，未免太膚淺。這件仁政有它積極的意義，就是鼓勵生育。並且這個辦法是「著以爲令」的，那就是說，此後永爲常法。但人口的增加仍是有限，總的趨勢仍是下減。如此大的獎勵還是不能使人口增加，可見社會頹風的積重難反了。

此外，漢代諸帝又不斷的設法恢復前此幾近消滅的大家族制度。這個政策可從兩方面來解釋。第一，戰國的緊張局面已成過去，現在天下一家，皇帝只求社會的安定。小家庭制度下，個人比較流動，社會因而不安。大家族可使多數的人都安於其位；所以非恢復大家族，社會不能安寧。（註三十三）但漢帝要恢復大家族，恐怕還有一個原因，就是希望人口增加。小家庭制與人口減少幾乎可說有互相因果的關係。大家族與多子多孫的理想若能復興，人口的恐慌就可免除了。漢代用政治的勢力與權利的誘惑提倡三年喪與孝道，目的不外上列兩點。戰國時代被許多人譏笑的儒家至此就又得勢了。

漢初承戰國舊制，仍行短喪。文帝遺詔令臣民服喪以三十六日爲限。（註三十四）臣民亦多短喪。一直到西漢末成帝時，翟方進爲相，後母終，既葬三十六日除服。（註三十五）但儒家極力爲三年喪宣傳，武帝立儒敎後宣傳的勢力更大。公孫弘爲後母服喪三年，可說是一種以身作則的宣傳，（註三十六）到西漢末經過百年間的提倡，三年喪的制度又重建起來了。成帝時薛宣爲相，後母死，其弟薛修服三年喪，宣謂『三年服，少能行之者，』不肯去官持服，後竟因此遭人攻擊。（註三十七）哀帝時，劉茂爲母行三年喪。（註三十八）成哀間，河間王良喪太后三年，哀帝大事褒揚。（註三十九）哀帝時，游俠原涉爲父喪三年，衣冠之士無不羨歎。（註四十）哀帝卽位，詔博士弟子父母死，給假三年。（註四十一）到東漢時，三年喪更爲普遍，例多不舉。光武帝雖又廢三年喪，但那是大亂後的臨時措置，不久就又恢復。（註四十二）後雖興廢無定，但三年喪已根深蒂固，已成爲多數人所承認的制度。（註四十三）

孝道的提倡與三年喪的宣傳同時並進。漢帝謚法皆稱『孝』。孝經一書特別被推崇。選舉中又有孝廉與至孝之科。對人民中的『孝弟力田』者並有賞賜。據荀爽說，

『漢爲火德，火生於木，木盛於火，故其德爲孝。……故漢制使天下誦孝經，選吏舉孝廉。』（註四十四）

漢謚法用『孝』的來源不詳。荀爽火德爲孝的解釋不妥，因爲以漢爲火德是王莽時後起的說法，漢原來自認爲水德或土德，（註四十五）而西漢第二代的惠帝已稱『孝惠』。謚法用『孝』，解釋爲

國家提倡孝道，最爲簡單通順，無需繞大圈子去找理由。

明帝時，期門羽林介冑之士都通孝經，(註四十六)可見此書到東漢時已成了人人皆讀的通俗經典了。關於孝廉與孝弟力田的事例證極多，無需列舉。

孝的宗教到東漢時可說已經成立。東漢初江革母老，不欲搖動，革親自在轅中爲母輓車，不用牛馬。鄉里稱他爲「江巨孝。」(註四十七)中葉順帝時，東海孝王臻與弟蒸鄉侯儉並有篤行，母死皆吐血毀瘠。後追念父死時年尙幼，哀禮有闕，遂又重行喪制，(註四十八)至此孝已不只是善之一種，而成了萬善之本。章帝稱讚江革的話可說是此後二千年間唯孝主義的中心信條：

「夫孝，百行之冠，衆善之始也。」(註四十九)

這種三年喪與孝教的成功，表示大家族制度已又漸漸恢復。人口雖仍不見加多，但並未過度的減少，所以帝國仍能維持，不致像西方同時的羅馬帝國因患貧血症而堪堪待死，等到日耳曼的狂風暴雨一來，就立刻氣絕。中國雖也有五胡入侵，但最後能把他們消化，再創造新的文化局面，這最少一部份要歸功於漢代大家族制度的重建政策。

四 結論

到東漢時大家族重建的運動已經成功魏晉淸談之士的謾侮禮教正足證明舊的禮教已又復活。五胡的打擊也不能把舊禮教與大家族衝破。永嘉亂後中原人士南遷，家人父子往往離散。子過江而不知父母存沒的甚多，守喪的問題因而大起。未得正確的消息之先，爲人子的可否結婚或作官，更是切膚的問題。『服喪則凶事未據，從吉則疑於不存。』眞是進退兩難。大家議論紛紛，莫衷一是，可見孝道與喪制的基礎是如何的穩固了。（註五十）房中術與殺嬰風氣雖未見得完全絕跡，但已不是嚴重的問題。此後歷代的問題不是人口稀少而是食口太多生活無着。胎養令一類的辦法無人再提起；因爲不只無此需要，並且事實上也不可能了。

東漢以下二千年間，大家族是社會國家的基礎。（註五十一）大家族是社會的一個牢固的安定勢力。不只五胡之亂不能把它打破；此後經過無數的大小變亂，社會仍不瓦解，就是因爲有這個家族制度。每個家族，自己就是一個小國家。每個份子，甚至全體份子，可以遇害或流散死亡；但小國家制度本身不是任何暴力或意外的打擊所能搖撼的。

但反過來講，漢以下的中國不能算爲一個完備的國家。大家族與國家似乎是根本不能幷立的。封建時代，宗法的家族太盛，國家因而非常散漫。春秋時代宗法漸衰列國纔開始具備統一國家的雛形。戰國時代大家族沒落，所以七雄纔組成了眞正統一的完備國家。漢代大家族衰而復盛，帝國因而又不成一個國家。二千年來的中國只能說是一個龐大的社會，一個具有鬆散政治形態的大文化區，與戰國七雄或近代西洋列強的性質絕不相同。

近百年來，中國受了強烈的西洋文化的衝擊，漢以下重建的家族制度以及文化的各方面纔開始撼動。時至今日，看來大家族的悲運恐怕已無從避免。實行小家庭制，雖不見得國家組織就一定可以健強，但古今似乎沒有大家族制下而國家的基礎可以鞏固的。漢以下始終未曾實現的眞正統一的建國運動，百年來，尤其是民國以來，也在種種的困苦艱難中進行。一個整個的文化區組成一個強固的國家，是古今未曾見過的事。中國今日正在努力於這種人類前此所未有的事業；若能成功，那就眞成了人類史上的奇蹟。

家族制度，或大或小，是人類生活的必需條件。所以未來的中國到底採用如何形態的大家族或小家族制度頗堪玩味。大小兩制各有利弊。兩者我們都曾實行過，兩者的苦頭也都嘗過。我們在新的建國運動中，是否能盡量接受歷史上的教訓，去弊趨利；這種萬全的路徑，是否可能；大小兩制是否可以調和——這些問題都是我們今日的人所極願追究的，但恐怕只有未來的人纔能解答！

（註一）關於宗法制度，禮記多有記載，大傳一篇最詳。萬斯大的宗法論八篇解釋最好。大家族的實際情形，散見於左傳國語。顧棟高的春秋大事表研究最精。近人孫曜的春秋時代之世族，總論宗法與家族，可供參考。

（註二）史記卷六八商君列傳。

（註三）同上。

（註四）賈誼新書卷三時變篇。漢書卷四八賈誼傳中所引與此大同小異。

（註五）晉書卷三〇刑法志：『是時承用秦漢舊律，其文起自魏文侯師李悝。悝撰次諸國法，著法經。……商鞅受之以相秦。

（註六）史記卷六五吳起列傳。

（註七）史記卷六三申不害傳。

（註八）論語陽貨篇。

(註九)孟子滕文公上

(註十)墨子卷一二公孟篇第四八。

(註十一)墨子卷九非儒篇下第三九。

(註十二)荀子卷三非十二子篇第六。但荀子並不反對三年喪；見卷一三禮論篇第一九。

(註十三)孟子離婁篇上。

(註十四)國語卷二〇越語上。

(註十五)孟子梁惠王上。

(註十六)商君書卷四徠民篇。此篇所言並非商君時事，篇中謂：『今三晉不勝秦四世矣。自魏襄王以來，野戰不勝，守城不拔；小大之戰，三晉之所以亡於秦者不可勝數也。』魏襄王還是惠王的兒子，此篇所言當爲孟子與梁惠王後百年的情形。墨子書中也屢次提倡人口增加，但還是根據墨子的經濟生產學說與整個兼愛主義的，與實際人口多少問題似無直接的關係。所以本文對墨子所言闕而不論。

(註十七)漢書卷三〇藝文志。

(註十八)抱朴子內篇(一六微旨篇。

(註十九)同上，卷八釋滯篇。近人葉德輝雙梅景闇叢書中輯有素女經，素女方，玉房祕訣三種，是南北朝隋唐間的作品。其中性學的成分較多，但仍保有戰國秦漢間的節育學說，可供參考。

(註二十)漢書卷三〇藝文志，神仙家。參考抱朴子內篇卷六微旨篇。

(註二十一)抱朴子內篇卷八釋滯篇。
(註二十二)史記卷五五留侯世家。但這與黃石公的故事很可能都是張良見功臣不得善終，故意使人散佈的謠言以示自己無心於俗世，藉以免禍。但以此爲藉口，更足見其流行。
(註二十三)漢書卷九九下王莽傳下地皇二年，四年。
(註二十四)王充論衡卷二命義篇。
(註二十五)後漢書卷一一二下華陀傳附合穉光傳。
(註二十六)後漢書卷九七賈彪傳。春秋以上，生子可棄，但與此性質不同。參考詩大雅生民篇后稷被棄故事及左傳宣公四年越椒幾乎被棄的故事。
(註二十七)漢書卷一下高帝紀下。
(註二十八)漢書卷二八下地理志下。
(註二十九)黃霸召信臣事俱見漢書卷八九循吏列傳。
(註三十)漢書卷二八下地理志下；後漢書卷三三郡國志五。
(註三十一)後漢書卷三章帝紀。
(註三十二)漢書卷二四食貨志。
(註三十三)漢代重農抑商原因亦在此。商業是流動的，使社會不安。農業是固定的，農業的社會大致都安靜無事。見漢書卷二四食貨志。

（註三十四）史記卷一〇文帝本紀漢書卷四文帝紀同。
（註三十五）漢書卷八四翟方進傳。
（註三十六）漢書卷五八公孫弘傳。
（註三十七）漢書卷八三薛宣傳。
（註三十八）漢書卷八一獨行列傳。
（註三十九）漢書卷五三河間獻王傳。
（註四十）漢書卷九二游俠列傳。
（註四十一）漢書卷一一哀帝紀。
（註四十二）後漢書卷六九劉愷傳，卷七六陳忠傳。
（註四十三）後漢書卷七桓帝紀，卷九二荀爽傳。
（註四十四）後漢書卷九二荀爽傳。
（註四十五）漢書卷二五郊祀志，卷九八元后傳，卷九九王莽傳。
（註四十六）後漢書卷六二樊準傳。
（註四十七）後漢書卷六九江革傳。
（註四十八）後漢書卷七二東海恭王彊傳。
（註四十九）後漢書卷六九江革傳。

（註五十）晉書卷二〇禮志中。

（註五十一）但嚴格講來，不能稱爲宗法社會，因爲春秋以上的宗法制度始終沒有恢復。

三 中國的元首

中國歷史上四千年間國君的稱號甚爲簡單。當初稱王，王下有諸侯。其後諸侯完全獨立，各自稱王。最後其中一王盛強，吞併列國，統一天下，改稱皇帝，直至最近的過去並無變更。稱號的演化雖甚簡單，內涵的意義卻極重要。專就皇帝成立的事實經過而論，可分下列諸步驟：——

(一)列國稱王

(二)合從連橫與東帝西帝

(三)帝秦議

(四)秦始皇帝

(五)漢之統一與皇帝之神化

(六)廢廟議與皇帝之制度之完全成立

(七)後言

參錯在這個史實的演化中，還有各種相反與相成的帝王論。本篇專以事實爲主，帝王論與當時或後世史實有關繫者也附帶論及。

一　列國稱王

戰國以前，列國除化外的吳楚諸國外，最少在名義上都尊周室爲共主。春秋時代周王雖早已失去實權，然而列國無論大小，對周室的天子地位沒有否認的。春秋時代國際政治的中心問題是「爭盟」或「爭霸」，用近代語，就是爭國際均勢。國際均勢是當時列強的最後目的，並非達到其他目的的一種手段。以周室爲護符——挾天子以令諸侯——是達到這個目的的最便利的方法。因爲列強都想利用周室，所以它的地位反倒非常穩固，雖然它並無實力可言。

到春秋末期戰國初期這種情形大變。各國經過政治的篡弑與我們今日可惜所知太少的社會激變，統治階級已非舊日的世族，而是新起的智識份子。舊的世族有西周封建時代所遺留的傳統勢力與尊王心理，列國國君多少要受他們的牽制。所以春秋時代的列國與其說是由諸侯統治，無寧說是諸侯與世族合治。列國的諸侯甚至也可說是世族之一，不過是其中地位最高的而已。爭盟就是這個封建殘餘的世族的政策。他們認爲這個政策最足以維持他們的利益，因爲列國並立勢力均衡，世族在各本國中就可繼續享受他們的特殊權利。任何一國或任何一國的世族並沒有獨吞天下的野心。

戰國時代世族或被推倒，或勢力削弱。這時統治者是一般無世族傳統與世族心理的出身貴賤不齊的文人。國君當初曾利用這般人推翻世族的勢力；現在這般人也成爲國君最忠心的擁護者。他們沒有傳統的勢力與法定世襲的地位，他們的權勢榮位來自國君，國君也可隨時奪回。到這時，列國可說是眞正統一的國家了，全國的權柄都歸一人一家，一般臣下都要仰給於君上，不像春秋時代世族的足以左右國家以至天下的政策與大局。國君在血統上雖仍是古代的貴族，但在性質上他現在已不代表任何階級的勢力，而只知謀求他一人或一家的利益。所以戰國時代二百五十年間國際均勢雖然仍是一個主要的問題，但現在它只是一種工具，不是最後的目的。最後的目的是統一天下。列強都想獨吞中國，同時又都不想爲他人所吞。在這種矛盾的局面下，臨時只得仍然維持均勢；自己雖然不能獨吞，最少可防止其他一國過強而有獨吞的能力。但一旦有機可乘，任何一國必想推翻均勢局面而謀獨強以至獨吞。戰國時代的大戰都是這種防止一國獨強或一國圖謀推翻均勢所引起的戰爭。列國稱王也是這種心理的最好象徵。列國稱王可說有兩種意義。第一是各國向周室完全宣佈獨立；第二是各國都暗示想吞併天下，因爲「王」是自古所公認爲天子的稱號。

最早稱王的是齊魏兩國。但這種革命的舉動也不是驟然間發生的；發生時的經過曲折頗多。戰國初年三晉獨立仍須周室承認（西前四〇三）。田齊篡位也須由周天子取得憲法上的地位（西前三八六）。可見歷史的本質雖已改變，傳統的心理不是一時可以消滅的。後來秦國於商鞅變法之後，勢力大盛，屢次打敗戰國初期最強的魏國。這時秦國仍要用春秋時代舊的方法以鞏固自己的地位，所以就極力與周天子拉攏，而受封爲伯（西前三四三），與從前的齊桓晉文一樣。次年（西前三四二）秦又召列國於逢澤（今河南開封東南）朝天子。這是一種不合時代性的舉動，在當時人眼光中未免有點滑稽。雖然如此，別國必須想一個抵抗的方法，使秦國以周爲護符的政策失去效用。於是失敗的魏國就聯絡東方大國的齊國，兩國會於徐州，互相承認爲王（西前三三四）這樣一來，秦國永不能再假周室爲號召，周室的一點殘餘地位也就完全消滅了。秦爲與齊魏對抗起見，也只得稱王（西前三二五。）其他各國二年後（西前三二三）也都稱王。只有趙國唱高調稱「君」；現成的「公侯」不用而稱「君」，也正足證明周室的封號無人承認，一切稱號都由自定。但趙國終逆不過時代潮流，最後也稱王（西前三一五）（註一）至此恐怕各國方才覺悟，時代已經變換，舊的把戲不能再玩，新的把戲非常嚴重痛苦——就最是列國間的拚命死戰。這種激烈戰爭，除各國的獎勵戰殺與秦國的以首級定爵外，由國界的變化最可看出。春秋時代各國的疆界極其模糊。當時所謂『國』就是首都，兩國交界的地方只有大概的劃分，並無淸楚的界限。到戰國時各國在疆界上都修長城，重兵駐守，可見當時國際空氣的嚴重。在人類史上可與二十四紀歐洲各國疆界上銅牆鐵壁的砲壘相比的，恐怕只有戰國時代這些長城。（註二）

二　合縱連橫與東帝西帝

列國稱王以後百年間，直至秦併六國，是普通所謂合從連橫的時期。連橫是秦國的統一政策，合從是齊楚的統一政策。其他四國比較弱小，不敢想去把別人統一，只望自己不被人吞併就彀了。所以這一百年間可說是秦、齊、楚三強爭天下的時期。這時不只政治家的政策是以統一為目標，一般思想家也無不以統一為理想。由現存的先秦諸子中，任擇一種，我們都可發見許多「王天下」「五帝三王云云」花樣繁多而目的一致的帝王論或統一論。所以統一可說是當時上下一致的目標，人心一致的要求。這些帝王論中，除各提倡自己一派的理想，當初有否為某一國宣傳的成分，我們現在已不容易考知。其中一種有豐富的宣傳色彩，似乎大致可信——就是騶衍（西前三五〇至二五〇間）一派的五德終始說。對後代皇帝制度成立也屬這派的影響最深。可惜騶衍的著作全失，後代淩亂的材料中，只有史記封禪書中所記錄的可以給我們一個比較完備的概念：——

「自齊威宣之時，騶衍之徒論著終始五德之運。及秦帝而齊人奏之，故始皇采用之。」

所以這當初是齊國人的說法，秦始皇統一後才采用五德的說法。據封禪書是

「秦始皇既幷天下而帝，或曰：黃帝得土德，黃龍地螾見；夏得木德，青龍止於郊，草木暢茂；殷

得金德，銀自山溢；周得火德，有赤烏之符。今秦變周，水德之時。昔秦文公出獵，獲黑龍，此其水德之瑞。」

這是一個極端的歷史定命論，也可見當時一般的心理認為天下統一是不成問題的，並且據騶衍一派的說法統一必由按理當興的水德。

這個說法本來是為齊國宣傳的。騶衍是齊國人，受齊王優遇，有意無意中替齊國宣傳也無足怪。宣傳的證據是與五德終始說有連帶關係的封禪說。所謂封禪是歷代受命帝王於受命後在泰山上祭祀天地的一種隆重典禮。在先秦時代列國分立，各地有各地的聖山，並無天下公認的惟一聖山。由周禮夏官職方氏可知泰山不過是齊魯（兗州）的聖山，並非天下的聖山；其他各州各有自己的聖山。只因儒家發生盛行於齊魯及東方諸小國，儒書中常提泰山，又因封禪說的高抬泰山所以後代才認泰山為惟一聖山。騶衍一派當初說帝王都須到泰山封禪，是一種前所未有的新聞。這等於說齊國是天命攸歸的帝王，不久必要統一天下。假設封禪的說法若為楚人所倡，必定要高抬衡山；若為秦人所創，必說非封禪華山不可。現存的管子封禪篇與史記封禪書都講到齊桓公要封禪而未得。這恐怕是同樣的騶衍一派的宣傳，暗示春秋時代的齊國幾乎王天下，戰國時代的新齊國必可達到目的。

空宣傳無益。當時齊國的確有可能統一天下的實力。騶衍或其他一派的人創造這個學說，一定是認清這個實力所致，並非一味的吹噓。齊國是東方的大國，到宣王時（西前三一九至三〇一）尤強，乘燕王噲讓位子之大演堯舜禪讓的悲喜劇的機會，攻破燕國（西前三一四），佔領三年。後來（西前三一二）雖然退出，齊國的國威由此大振。同時（西前三一二至三一一）楚國上了張儀的當，冒然攻秦，爲秦所破，將國防要地的漢中割與秦國。所以至此可說秦齊二國東西並立，並無第三國可與抗衡。至於兩國競爭，最後勝利誰屬，尚在不可知之數。在這種情形下，齊國人爲齊國創造一種有利的宣傳學說，是很自然的。於是產出這個以泰山爲中心的封禪主義。

這個秦齊並立的局面支持了約有二十五年。兩國各對鄰國侵略，但互相之間無可如何。天下統一不只是政治家的政策，不只是思想家的理想，恐怕連一般人民也希望早日統一，以便脫離終年戰爭的苦痛。「王天下」的人爲「帝」現在也已由理想的概念成爲一般的流行語。當初的

「王」現在已不響亮作動詞用（王天下）還可以作名詞用大家只認「帝」爲統一的君主。秦齊既兩不相下，所以它們就先時發動於西前二八八年兩國約定平分天下，秦昭襄王稱西帝，齊湣王稱東帝，除楚國外天下由二帝分治。根本講來，這是一個矛盾的現象，因爲「帝」的主要條件就是「王天下」，所以兩帝並立是一個不通的名詞，在當時的局勢之下也是一個必難持久的辦法。

可惜關於這個重大的事件，我們所知甚少。據戰國策（註三）似乎是秦國提議。秦先稱西帝，齊取觀望的態度，後來也稱帝。但因列國不服或其他原因，兩國都把帝號取消，仍只稱王。但後來齊湣王在國亡家破的時候（西前二八四）仍要鄒魯以天子之禮相待，結果是遭兩國的閉門羹（註四）可見取消帝號是一種緩和空氣的作用，實際上齊國仍以帝自居。荆軻刺秦王的時候（西前二二七）稱秦王爲「天子」，（註五）可見秦也未曾把帝號完全取消。兩國大概都是隨機應便取模棱兩可的態度。

三　帝秦議

齊國稱帝不久就一敗塗地。三晉本是秦的勢力範圍，齊湣王野心勃勃，要推翻秦的勢力，以便獨自為帝。齊攻三晉（西前二八六）的結果是秦國合同三晉，並聯絡燕國，大舉圍齊。齊國大敗，臨時亡國。燕國現在報復三十年前的舊恨，把齊國幾乎完全佔領（西前二八四）。楚國也趁火打刼，由南進攻。後來五國退兵，燕獨不退。五六年間（西前二八四至二七九）除莒與卽墨二城外，整個齊國都變成燕的屬地。後來齊雖復國（西前二七九），但自此之後元氣大虧，喪失強國的地位，永遠不能再與秦國對抗。後來秦併天下，齊是六國中惟一不抵抗而亡的。所以燕滅齊可說是決定秦併天下的最後因素。二八四年前一切皆在不可知之數，二八四年後秦滅六國只是一個時間的問題。

二十年後（西前二五八）秦攻趙，圍邯鄲。趙求救於魏，魏援軍畏秦，不敢進兵。邯鄲一破，三晉必全為秦所吞併，因為現在中原只有趙還有點抗秦的能力。但其他各國連援兵都不敢派出，可見當時畏秦的心理已發展到何等的程度。這時遂有人提議放棄無謂的抵抗，正式向秦投降，由趙領銜，三晉自動尊秦為帝。此舉如果成功，秦併六國的事業或可提早實現。所幸（或不幸）當時出來一個齊國人魯仲連，帝秦議方才中止。（註六）大概此時齊國雖已衰弱，齊國志士尚未忘記秦齊並立的光榮時期所以對強秦最憤恨的是齊人，對帝秦議極力破壞的也是齊人。後來趙魏居然聯合敗秦，拚死的血戰又延長了四十年。

由於思想家的一致提倡統一，由於列強的極力蠶食鄰國，由於當時人的帝秦議，我們都可看出天下統一是時代的必然趨勢，沒有人能想像另一種出路。最後於西前二二一年秦王政合併六國，創了前古未有的大一統局面。

四　秦始皇帝

秦始皇對於他自己的新地位的見解很值得玩味。據史記秦始皇本紀，二二一年令丞相御史議稱號：——

『寡人以眇眇之身，興兵誅暴亂。賴宗廟之靈，六王咸伏其辜，天下大定。今名號不更，無以稱成功傳後世。其議帝號』——

「其議帝號」一句話很可注意。當時秦尚未正式稱帝，然而正式的令文中居然有這種語氣，有兩種可能的解釋。一是帝本是公認爲「王天下者」的稱號；現在秦併六國，當然是帝。第二種解釋就是七十年前秦稱西帝始終未正式取消，所以「帝號」一詞並無足怪。現在秦王爲帝已由理想變成事實，只剩正式規定帝的稱號。

始皇與臣下計議的結果，名號制度煥然一新。君稱「皇帝」，自稱「朕」，普遍的行郡縣制與流官制，劃一度量衡，書同文，車同軌，繳天下械，治馳道，徙富豪於咸陽。凡此種種，可歸納爲兩條原則。一，天下現在已經統一，一切制度文物都歸一律。二，政權完全統一，並且操於皇帝一人之手。從此以後皇帝就是國家，國家就是皇帝。這種政治的獨裁在戰國時已很明顯，只因那時列國並立，諸王不得不對文人政客有相當的敬禮與牢籠。現在皇帝不只不再需要敬畏政客文人，並且極需避免他們的操縱搗亂。當初大家雖都「五帝三王」「王天下」不離口，但他們並沒有夢想到天下眞正統一後的情勢到底如何。現在他們的理想一旦實現，他們反倒大失所望，認爲還是列國並立的局面對他們有利。同時六國的王孫遺臣也很自然的希望推翻秦帝，恢復舊日的地方自由。所以文人政客個人自由的欲望與六國遺人地方獨立的欲望兩相混合可說是亡秦的主要勢力。焚書坑儒就是秦始皇對付反動的文人政客的方法。張良與高漸離（註七）可代表六國遺人力謀恢復的企圖。在歷史上第一個統一的偉人或朝代似乎總是敵不過舊勢力的反動，總是失敗的。統一地中海世界的凱撒為舊黨所刺殺，西方的天下又經過十幾年的大亂才又統一。統一中國的秦朝也遭同樣的運命。一度大亂之後，漢朝出現，天下才最後眞正統一。

秦亡的代價非常重大。秦朝代表有傳統政治經驗與政治習慣的古國，方才一統的天下極需善政，正需要有政治經驗習慣的統治者。並且秦國的政治在七國中最為優美，是戰國時的人已經承認的。（註八）反動的勢力把秦推翻，結果而有布衣天子的漢室出現。漢高是大流氓，一般佐命的人多為無政治經驗的流氓小吏出身。所以天下又經過六十年的混亂方才眞正安定下去。到漢武帝時（西前一四〇至八七）政治才又略具規模，漢室的政治訓練才算成熟。

五　漢之統一與皇帝之神化

漢室的成立是天下統一必然性的又一明證。楚漢競爭的時期形式上是又恢復了戰國時代列國並立的局面；義帝只是曇花一現的傀儡。項羽滅後，在理論上除漢以外還有許多別的國，不過是漢的與國而已，並非都是屬國。但列國居然與漢王上表勸進：——

『楚王韓信，韓王信，淮南王英布，梁王彭越，故衡山王吳芮，趙王張敖，燕王臧荼，昧死再拜言，大王陛下：先時秦爲亡道，天下誅之。大王先得秦王，定關中，於天下功最多。存亡定危，救敗繼絕，以安萬民，功盛德厚。又加惠於諸侯王有功者，使得立社稷。地分已定，而位號比擬，亡上下之分；大王功德之著，於後世不宜。昧死再拜上皇帝尊號。』（註九）

細想起來，這個勸進表殊不可解。這是一羣王自動公認另一王爲帝，正與五十年前魯仲連所反對的帝秦議性質相同。我們即或承認這是諸王受漢王暗示所上的表，事情仍屬奇異。各人起兵時本是以恢復六國推翻秦帝爲口號。現在秦帝已經推翻，六國也可說已經恢復，問題已經解決，天下從此可以太平無事；最少列國相互間可以再隨意戰爭，自由搗亂，不受任何外力的拘束。誰料一帝方倒，他們就又另外自立一帝。即或有漢王的暗示，當時漢王絕無實力勉強諸王接受他的暗示。所以無論內幕如何，我們仍可說這個勸進表是出於自動的；最少不是與諸王的意見相反的，這最足以證明當時的人都感覺到一統是解決天下問題的惟一方法，除此之外，並無第二條出路。第二條路是死路，就是無止期的戰亂。從此以後，中國的歷史只有這兩條路可走：可說不是民不聊生的戰國，就是一人獨裁的秦漢。永遠一治一亂循環不已。

漢室雖是平民出身，皇帝的尊嚴並不因之減少，反而日趨神祕。秦漢都采用當初齊國人的宣傳，行封禪，並按五德終始說自定受命之德。（註十）皇帝的地位日愈崇高，日愈神祕，到漢代皇帝不只是政治的獨裁元首，並且天下公然變成他個人的私產。未央宮造成之後（西前一九八），

「高祖大朝諸侯羣臣，置酒未央前殿。高祖奉玉卮起爲太上皇壽曰：「始大人常以臣無賴，不能治產業，不如仲力。今某之業所就孰與仲多？」殿上羣臣皆呼萬歲，大笑爲樂。」（註十一）

由此可見皇帝視天下爲私產，臣民亦承認天下爲其私產而不以爲怪，反呼萬歲大笑爲樂。這與戰國時代孟子所倡的民貴社稷次君輕的思想及春秋時代以君爲守社稷的人而非社稷的私有者的見解是兩種完全不同的政治空氣。

哀帝（西前六至一）寵董賢，酒醉後（西前一年，）

『從容視賢笑曰「吾欲法堯禪舜何如？」』

中常侍王閎反對：——

『「天下迺高皇帝天下，非陛下之有也。陛下承宗廟，當傳子孫於亡窮。統業至重，天子亡戲言！」』（註十二）

皇帝看天下爲自己的私產，可私相授受。臣下認天下爲皇室的家產，不可當作兒戲。兩種觀點雖不完全相同，性質卻一樣；沒有人認爲一般臣民或臣民中任何一部份對天下的運命有支配的權力。

天下爲皇帝的私產，寄生於皇帝私產上的人民當然就都是他的奴婢臣妾。奴婢雖或有高低，但都是奴婢；由尊貴無比的皇帝看來，奴婢間的等級分別可說是不存在的。最貴的丞相與無立錐之地的小民在皇帝前是同樣的卑微，並無高下之分。當時的人並非不知道這種新的現象。賈誼對此有極沈痛的陳述：——

『人主之尊譬如堂，羣臣如陛，衆庶如地。故陛九級上，廉遠地，則堂高。陛無級，廉近地，則堂卑。

高者難攀，卑者易陵，理勢然也。故古者聖王制爲等列，內有公卿大夫士，外有公侯伯子男，然後有官師小吏，延及庶人，等級分明，而天子加焉，故其尊不可及也。里諺曰：「欲投鼠而忌器」，此善論也。鼠近於器，尚憚不投，恐傷其器，況於貴臣之近主乎？廉恥節禮以治君子，故有賜死而亡戮辱。是以黥劓之辠不及大夫，以其離主上不遠也。禮不敢齒君之路馬，蹴其芻者有罰，見君之几杖則起，豫君之乘車則下，入正門則趨。君之寵臣雖或有過，刑戮之辠不加其身者，尊君之故也。此所以爲主上豫遠不敬也，所以體貌大臣而厲其節也。今自王侯三公之貴，皆天子之所改容而禮之也，古天子之所謂伯父伯舅也，而今與衆庶同黥劓髡刖笞傌棄市之法，然則堂不亡陛乎，被戮辱者不泰迫乎？廉恥不行，大臣無迺握重權大官而有徒隸亡恥之心乎？失望夷之事，二世見當以重法者，投鼠而不忌器之習也。臣聞之，履雖鮮不加於枕，冠雖敝不以苴履。夫嘗已在貴寵之位，天子改容而體貌之矣，吏民嘗俯伏以敬畏之矣；今而有過，帝令廢之可也，退之可也，賜之死可也，滅之可也。若夫束縛之，係緤之，輸之司寇，編之徒官，司寇小吏詈罵而榜笞之，殆非所以令衆庶見也。夫卑賤者習知尊貴者之一旦吾亦迺可以加此也，非所以習天下也，非尊尊貴貴之化也。夫天子之所嘗

敬，衆庶之所嘗寵，死而死耳，賤人安宜得如此而頓辱之哉？」（註十三）

當時因爲丞相絳侯周勃被告謀反，收獄嚴治，最後證明爲誣告，方才釋出。這件事（西前一七六）是賈誼發牢騷的引線。賈誼對於這種事實認的很清楚，但對它的意義並未明瞭。他所用的比喻也不妥當。皇帝的堂並不因沒有陛級而降低，他的堂實在是一座萬丈高臺，臣民都俯伏在臺下。皇帝的地位較前提高，臣民的地位較前降低，賈誼所說的古代與漢代的分別，實在就是階級政治與個人政治的分別。先秦君主對於大臣的尊敬是因爲大臣屬於特殊的權利階級，階級有相當的勢力，不是君主所能隨意支配。到秦漢時代眞正的特權階級已完全消滅，人民雖富貴貧賤不同，但沒有一個人是屬於一個有法律或政治保障的固定權利階級的。由此點看，戰國時代可說是一個過渡時代。在性質上，戰國時代已演化到君國獨裁的個人政治的階段。但一方面因爲春秋時代的傳統殘餘，一方面因爲列國競爭下人才的居奇，所以君主對臣下仍有相當的敬意。但這種尊敬只能說是手段，並不是分所當然的事。秦漢統一，情勢大變，君主無需再存客氣，天下萬民的生命財產在皇帝前都無保障。由人類開化以來，古有階級分明的權利政治與全民平等的獨裁政治。此外除於理想家的想像中人類並未發見第三種可能的政治。一切憲法的歧異與政體的花樣不過都是門面與裝飾品而已。換句話說，政治社會生活總逃不出多數（平民）爲少數（特權階級）所統治或全體人民爲一人所社治的兩種方式。至於孰好孰壞，只能讓理想家去解決。

皇帝既然如此崇高，臣民既然如此卑微，兩者幾乎可說不屬於同一物類。臣民若屬人類，皇帝就必屬神類。漢代的皇帝以至后妃都立廟祭祀。高帝時令諸侯王國京都皆立太上皇廟。(註十四)高帝死後惠帝令郡國諸侯各立高祖廟，以歲時祠。(註十五)惠帝尊高祖廟爲太祖廟，景帝尊文帝廟爲太宗廟，行所嘗幸郡國各立太祖太宗廟。宣帝又尊武帝廟爲世宗廟，行所巡狩皆立世宗廟。至西漢末年祖宗廟在六十八郡國中共一百六十七所。長安自高祖至宣帝以及太上皇悼皇考（宣帝父）各自居陵立廟，旁與郡國廟合爲一百七十六所。又園中各有寢便殿。日祭於寢，月祭於廟，時祭於便殿。寢每日上食四次，廟每年祭祀二十五次，便殿每年祠四次。此外又有皇后太子廟三十所。總計每歲的祭祀，上食二萬四千四百五十五份，用衛士四萬五千一百二十九人，祝宰樂人一萬二千一百四十七人。(註十六)皇帝皇室的神化可謂達於極點！

不只已死的皇帝爲神，皇帝生時已經成神，各自立廟，使人崇拜。文帝自立廟，稱顧成廟。景帝自立廟，爲德陽。武帝生廟爲龍淵，昭帝生廟爲徘徊，宣帝生廟爲樂游，元帝生廟爲長壽，成帝生廟爲陽池。(註十七)

皇帝皇室的廟不只多，並且祭祀的禮節也非常繁重，連專司宗廟的官往往也弄不淸，因而獲罪。(註十八)繁重的詳情已不可考，但由上列的統記數目也可想見一個大概。這種神化政策，當時很遭反對。詳情我們雖然不知，反對的人大概不是儒家根據古禮而反對，就是一般人不願拿人當神看待而反對。所以「高后時患臣下妄，非議先帝宗廟寢園官，故定著令，敢有擅議者棄市。」(註十九)這種嚴厲的禁令直到元帝毀廟時方才取消。

這種生時立廟徧地立廟的現象，當然是一種政策，與宗教本身關係甚少。古代的政治社會完全崩潰，皇帝是新局面下惟一維繫天下的勢力。沒有眞正階級分別的民衆必定是一盤散沙，團結力日漸減少以至於消滅。命定論變成人心普遍的信仰，富貴貧賤都聽天命，算命看相升到哲學的地位。(註二十)這樣的民族是最自私自利最不進取的。別人的痛苦與自己無關，團體的利害更無人馳及，一切都由命去擺佈，像墨子那樣極力非命的積極人生觀已經消滅，現在只有消極怠惰的放任主義。漢代兵制之由半徵兵制而募兵制，由募兵以至於無兵而專靠羌胡兵，（註二十一）是人民日漸散漫，自私自利心發達，命定論勝利的鐵證。現在只剩皇帝一人為民衆間的惟一連鎖，並且民衆間是離心力日盛，向心力日衰的，所以連鎖必須非常堅強才能勝任。以皇帝為神，甚至生時即為神，就是加強他的維繫力的方法。天下如此之大，而皇帝只有一人，所以皇帝皇室的廟佈滿各地，是鎮攝人心的一個巧妙辦法。經過西漢二百年的訓練，一般人民對於皇帝的態度，與敬鬼神的心理相同。皇帝的崇拜根深蒂固，經過長期的鍛鍊，單一的連鎖已成純鋼，內在的勢力絕無把它折斷的可能。若無外力的強烈壓迫，這種皇帝政治是永久不變的。

不過這種制度不是皇帝一人所能建立，多數人民如果反對，他必難成功。但這些消極的人民即或不擁護，最少也都默認。五德終始說與封禪主義是一種歷史定命論。到漢代，這種信仰的勢力愈大，大家也都感覺到別無辦法，只有擁戴一個獨裁的皇帝是無辦法中的辦法。他們可說都自願的認皇帝為天命的統治者。後代真龍天子與推背圖的信仰，由漢代的讖緯都可看出。（註二十二）所以皇帝的制度可說是由皇帝的積極建設與人民的消極擁護所造成的。

六　廢廟議與皇帝制度之完全成立

到西漢末年繁重不堪的立廟制度已無存在的必要，因為它的目的已經達到。況且儒家對於宗廟本有定制，雖有漢初的嚴厲禁令，儒家對這完全不合古禮的廟制終久必提出抗議。所以元帝時（西前四八至三三）貢禹就提議：——

『古者天子七廟。今孝惠孝景廟皆親盡，宜毀。及郡國廟不應古禮，宜正定。』（註二十三）

永光四年（西前四〇）元帝下詔，先議罷郡國廟：——

『朕聞明王之御世也，遭時為法，因事制宜。往者天下初定，遠方未賓，因嘗所親以立宗廟。蓋建威銷萌，一民之至權也。今賴天地之靈，宗廟之福，四方同軌，蠻貊貢職，久遵而不定，令疏遠卑賤共承尊祀，殆非皇天祖宗之意。朕甚懼焉。傳不云乎：「吾不與祭，如不祭。」其與將軍列侯中二千石諸大夫博士議郎議。』（註二十四）

由這道詔命我們可見當初的廣建宗廟是一種提高鞏固帝權的方策並且這種方策到西前四〇年左右大致已經成功已沒有繼續維持的必要。諸臣計議，大多主張廢除，遂罷郡國廟及皇后太子廟。同年又下詔議京師親廟制。大臣議論紛紛，莫衷一是，此事遂暫停頓。此後二年間（西前三九至三八）經過往返論議，宗廟大事整理，一部份廢罷，大致遵古代儒家所倡的宗廟昭穆制。(註二十五)

毀廟之後，元帝又怕祖宗震怒，後來（西前三四）果然生病，『夢祖宗譴罷郡國廟，』並且皇弟楚孝王所夢相同。丞相匡衡雖向祖宗哀禱，並願獨負一切毀廟的責任，元帝仍是不見痊可。結果二年間（西前三四至三三）把所廢的廟又大多恢復，只有郡國廟廢罷仍舊。元帝一病不起（西前三三），所恢復的廟又毀。(註二十六)自此以後，或罷或復，至西漢末不定。(註二十七)但郡國廟總未恢復。

光武中興，因爲中間經過王莽的新朝，一切漢制多無形消滅。東漢時代，除西京原有之高祖廟外，在東京另立高廟。此外別無他廟，西漢諸帝都合祭於高廟。光武崩後，明帝爲在東京立廟，號爲世祖廟。此後東漢諸帝未另立廟，只藏神主於世祖廟。所以東漢宗廟制可說較儒家所傳的古禮尙爲

簡單。(註二十八)

這種簡單的廟制正如上面所說，證明當初的政策已經成功，皇帝胞地位已無搖撼的危險。在一般人心理中皇帝眞與神明無異，所以繁複的祭祀反倒不再需要。因爲皇帝的制度已經確定穩固，所以皇帝本人的智愚或皇朝地位的強弱反倒是無關緊要的事。和帝（西元八九年一〇五）並非英明的皇帝，當時外戚宦官已開始活躍，漢室以至中國的大崩潰也見萌芽，適逢外戚竇憲利用羌胡兵擊破北匈奴，爲大將軍，威震天下。當時一般官僚自尙書以下『議欲拜之，伏稱萬歲，』只有尙書令韓棱正色反對：——

『夫上交不諂，下交不黷。禮無人臣稱萬歲之制！』議者皆慙而止。(註二十九)

這雖是小掌故，最可指出皇帝的地位已經崇高到如何的程度。『萬歲』或『萬壽』本是古代任人可用的敬祝詞，詩經中極爲普通。漢代對於與皇帝有關的事物雖有種種的專名，(註三十)一如秦始皇所定的『朕』之類，但從未定『萬歲』爲對皇帝的專用頌詞。所以韓棱所謂『禮無人臣稱萬歲之制』實在沒有根據，然而『議者皆慙而止，』可見當時一般的心理以爲凡是過於崇高的名詞只能適用於皇帝，他人不得僭妄擅用。禮制有否明文並無關係。

七　後言

此後二千年間皇帝個人或各朝的命運與盛衰雖各不同，然而皇帝的制度始終未變。漢末魏晉南北朝時代皇帝實權削弱，隋唐復盛，宋以下皇帝的地位更爲尊崇。到明代以下人民與皇帝真可說是兩種物類了，不只皇帝自己是神，通俗小說中甚至認爲皇帝有封奇人或妖物爲神的能力。這雖是平民的迷信，卻是由秦漢所建立的神化皇帝制度產生出來的，並非偶然。這也或者是人民散漫的程度逐代加深的證據。不過這些都是程度深淺的身外問題，皇帝制度本身到西漢末年可說已經完全成立，制度的本質與特性永未變更。

這個制度，正如我們上面所說，根深蒂固，由內在的力量方面講，可說是永久不變的，只有非常強烈的外來壓力纔能將它搖撼。二千年間，變動雖多，皇帝的制度始終穩固如山。但近百年來的西洋政治經濟文化的勢力與前不同，是足以使中國傳統文化根本動搖的一種強力。所以辛亥革命，由清室一紙輕描淡寫的退位詔書，就把這個戰國諸子所預想，秦始皇所創立，西漢所完成，曾經維繫中國二千餘年的皇帝制度，以及三四千年來曾籠罩中國的天子理想，一股結束。廢舊容易，建新困難。在未來中國的建設中，新的元首制度也是一個不能避免的大問題。

（註一）史記卷五秦本紀，卷四三趙世家，卷四四魏世家，卷四六田敬仲完世家。

（註二）顧炎武日知錄卷三一長城。

（註三）戰國策卷十一齊四。

（註四）戰國策卷二十趙三。

（註五）戰國策卷三一燕三。

（註六）戰國策卷二十趙三。

（註七）史記卷五五留侯世家，卷八六刺客列傳。

（註八）荀子卷一一強國篇第一六。

（註九）漢書卷一下高帝紀下。

（註十）史記卷二八封禪書，漢書卷二五郊祀志。

（註十一）史記卷八高祖本紀。

(註十二)漢書卷十一哀帝紀,卷九三董賢傳。

(註十三)漢書卷四八賈誼傳。

(註十四)漢書卷七三韋玄成傳。

(註十五)史記卷八高祖本紀。

(註十六)漢書卷七三韋玄成傳。

(註十七)漢書卷四文帝紀四年注。

(註十八)漢書卷七三韋玄成傳。

(註十九)同上。

(註二十)王充論衡逢遇篇,累害篇,命祿篇,偶會篇,治期篇,命義篇,骨相篇,初稟篇。王符潛夫論正列篇,相列篇。荀悅申鑒俗嫌篇。

(註二十一)漢書卷一高帝紀下注,卷七昭帝紀注。後漢書卷一下光武帝紀下建武七年正文及注,卷五三竇憲傳。

(註二十二)漢書卷九九王莽傳,後漢書卷一光武帝紀。

(註二十三)漢書卷七三韋玄成傳。

(註二十四)同上。

(註二十五)詳情見漢書卷九元帝紀及韋玄成傳。

(註二十六)同上。

（註二十七）漢書卷二五下郊祀志下。

（註二十八）後漢書卷十九祭祀志下。

（註二十九）後漢書卷七五韓棱傳。

（註三十）蔡邕獨斷。

四　無兵的文化

(一)政治制度之凝結
(二)中央與地方
(三)文官與武官
(四)士大夫與流氓
(五)朝代交替
(六)人口與治亂
(七)中國與外族

著者前撰中國的兵，友人方面都說三國以下所講的未免太簡，似乎有補充的必要。這種批評著者個人也認爲恰當。但二千年來的兵本質的確沒有變化。若論漢以後兵的史料，正史中大半都有兵志，正續通考中也有系統的敍述，作一篇洋洋大文並非難事。但這樣勉強敍述一個空洞的格架，去浪費篇幅，殊覺無聊。反之，若從側面研究，推敲二千年來的歷史有甚麽特徵，卻是一個意味深長的探求。

秦以上爲自主自動的歷史，人民能當兵，肯當兵，對國家負責任。秦以下人民不能當兵，不肯當兵，對國家不負責任，因而一切都不能自主，完全受自然環境（如氣候饑荒等等）與人事環境（如人口多少，人才有無，與外族強弱等等）的支配。

秦以上爲動的歷史，歷代有政治社會的演化更革。秦以下爲靜的歷史，只有治亂騷動，沒有本質的變化。在固定的環境之下，輪迴式的政治史一幕一幕的更迭排演，演來演去總是同一齣戲，大致可說是漢史的循環發展。

這樣一個完全消極的文化，主要的特徵就是沒有眞正的兵，也就是說沒有國民，也就是說沒有政治生活。爲簡單起見，我們可以稱它爲「無兵的文化」。無兵的文化，輪迴起伏，有一定的法則，可分幾方面討論。

一　政治制度之凝結

歷代的政治制度雖似不同，實際只是名義上的差別。官制不過是漢代的官制，由一朝初盛到一朝衰敗期間官制上所發生的變化也不能脫離漢代變化的公例。每朝盛期都有定制，宰相的權位尤其重要，是發揮皇權的合理工具，甚至可以限制皇帝的行動。但到末世，正制往往名存實亡，正官失權，天子的近臣如宦官，外戚，幸臣，小吏之類弄權專政，宰相反成虛設。專制的皇帝很自然的不願信任重臣，因爲他們是有相當資格的人，時常有自己的主張，不看得完全聽命。近臣地位卑賤，任聽皇帝吩咐，所以獨尊的天子也情願委命寄權，到最後甚至皇帝也無形中成了他們的傀儡。

例如漢初高帝，惠帝，呂后，文帝，景帝時代的丞相多爲功臣，皇帝對他們也不得不敬重。他們的地位鞏固，不輕易被撤換。蕭何在相位十四年，張蒼十五年，陳平十二年，這都是後代少見的例。蕭何，曹參，陳平，灌嬰，申屠嘉五個丞相都死在任上，若不然年限或者更長。（註一）

丞相在自己權限範圍以內的行動，連皇帝也不能過度干涉。例如申屠嘉爲相，一日入朝，文帝的幸臣鄧通在皇帝前恃寵怠慢無禮，丞相大不滿意，向皇帝發牢騷：

「陛下幸愛羣臣則富貴之，至於朝廷之禮不可以不肅！」

文帝只得抱歉的答覆『君勿言，吾私之。』但申屠嘉不肯放鬆，罷朝之後回相府，正式下檄召鄧通，並聲明若不即刻報到就必斬首。鄧通大恐，跑到皇帝前求援。文帝叫他只管前去，待危急時必設法救應。鄧通到相府免冠赤足頓首向申屠嘉謝罪。嘉端坐自如，不肯回禮，並聲色俱厲的申斥一頓：

『夫朝廷者高皇帝之朝廷也。通小臣，戲殿上，大不敬，當斬。史今行斬之！』

『大不敬』在漢律中是嚴重的罪名，眼看就要斬首。鄧通頓首不已，滿頭出血，申屠嘉仍不肯寬恕。文帝計算丞相的脾氣已經發作到滿意的程度，於是遣使持節召鄧通，並附帶向丞相求情：『此吾弄臣，君釋之！』鄧通回去見皇帝，一邊哭一邊訴苦：『丞相幾殺臣！』（註二）

這幕活現的趣劇十足的表明漢初丞相的威風，在他們行使職權的時候連皇帝也不能干涉，只得向他們求情。後來這種情形漸漸變化。武帝時的丞相已不是功臣，因為功臣已經死盡。丞相在位長久或死在任上的很少，同時有罪自殺或被戮的也很多。例如李蔡，莊青翟，趙周，公孫賀，劉屈氂都不得善終。（註三）並且武帝對丞相不肯信任，相權無形減少。丞相府原有客館，是丞相收養人才的館舍。武帝的丞相權小，不能多薦人，客館荒涼無人修理；最後只得廢物利用，將客館改為馬廐，車

庫，或奴婢室！（註四）

武帝似乎故意用平庸的人爲相，以便於削奪相權。例如田千秋本是關中高帝廟的衞寢郎，無德無才，只因代衞太子訴寃，武帝感悟，於是就拜千秋爲大鴻臚，數月之間拜相封侯。一言而取相位，這是連小說家都不敢輕易創造的奇聞。這件事不幸又傳出去，遺笑外國。漢派使臣聘問匈奴，單于似乎明知故問：

『聞漢新拜丞相。何用得之？』

使臣不善辭令，把實話說出，單于譏笑說：

『苟如是，漢置丞相非用賢也，妄一男子上書即得之矣！』

這個使臣忠厚老實，回來把這話又告訴武帝。武帝大怒，認爲使臣有辱君命，要把他下吏治罪。後來一想不妥當，恐怕又要遺笑大方，只得寬釋不問。（註五）

丞相的權勢降低，下行上奏的文件，武帝多託給中書謁者令。這是皇帝左右的私人，並且是宦官。這種小人『領尚書事』，丞相反倒無事可作。武帝晚年，衞太子因巫蠱之禍自殺，昭帝立爲太子，年方八歲，武帝非託孤不可。於是就以外戚霍光爲大司馬大將軍領尚書事，受遺詔輔政。（註六）大司馬大將軍是天下最高的武職，領尚書事就等於『行丞相事』，是天下最高的政權。武帝一生要削減相權，到晚年有意無意間反把相權與軍權一倂交給外戚。從此西漢的政治永未再上軌道。皇帝要奪外戚的權柄就不得不引用宦官或幸臣，最後仍歸失敗，漢的天下終被外戚的王莽所篡。至於昭帝以下的承相，永久無聲無臭，大半都是老儒生，最多不過是皇帝備顧問的師友，並且往往成爲貴戚的傀儡。光武中興，雖以恢復舊制相標榜，但丞相舊的地位永未恢復，章帝以後的天下又成了外戚宦官交互把持的局面。

後代官制的變化，與漢代如出一轍。例如唐朝初期三省的制度十分完善。尚書省總理六部行政事宜，尚書令或尚書僕射爲正宰相。門下侍中可稱爲副宰相，審查詔敕，並得封駁奏鈔詔敕。中書令宣奉詔敕，也可說是副宰相。但高宗以下天子左右的私人漸漸用『同中書門下平章事』的名義奪取三省的正權，這與漢代的『領尚書事』完全相同。（註七）

唐以後壽命較長的朝代也有同樣的發展。宋代的制度屢次改革，但總的趨勢也與講唐一樣。

南渡以後，時常有臨時派遣的御營使或國用使一類的名目，操持宰相的實權。明初有中書省，爲宰相職。明太祖生性猜忌，不久就廢宰相，以殿閣學士勉強承乏。明朝可說是始終沒有宰相，所以宦官纔能長期把持政治。明代的演化也與前代相同，不過健全的宰相當權時代未免太短而已。滿清以外族入主中國，制度和辦法都與傳統的中國不全相同，晚期又與西洋接觸，不得不稍微摹倣改制。所以清制與歷來的通例不甚相合。

歷朝治世與亂世的制度不同，丞相的權位每有轉移。其時間常發生一個有趣的現象：就是前代末期的亂制往往被後代承認爲正制。例如尙書、中書、門下三省，乃是漢末魏晉南北朝亂世的變態制度；但唐代就正式定它爲常制。樞密院本是唐末與五代的反常制度，宋朝也定它爲正制。但這一切都不過是名義。我們研究歷代的官制，不要被名稱所誤。兩代可用同樣的名稱，但性質可以完全不同。每代有合乎憲法的正制，有小人用事的亂制。各朝的正制有公同點，亂制也有公同點；名稱如何，卻是末節。盛唐的三省等於漢初的丞相，與漢末以下演化出來的三省全不相同。以此類推，研究官制史的時候就不至被空洞的官名所迷惑了。

宰相權位的變化，二千年間循環反覆，總演不出新的花樣。變化的原動力是皇帝與皇帝左右的私人，與天下的人民全不相干。這在一個消極的社會是當然的事。

二 中央與地方

中央與地方的關係，秦漢以下也有類似的定例。太平時代中央政府大權在握，正如秦漢的盛世一樣。古代封建制度下的階級到漢代早已消滅。階級政治過去後，按理可以有民衆政治出現；但實際自古至今在任何地方也沒有發生過眞正的全民政治，並且在階級消滅後總是產生個人獨裁的皇帝政治，沒有階級的社會，無論在理論上如何美善，實際上總是一盤散沙。個人，家族，以及地方的離心力非常強大，時時刻刻有使天下瓦解的危險。社會中並沒有一個健全的向心力，只有專制的皇帝算是勉強沙粒結合的一個不很自然的勢力。地方官必須由皇帝委任，向皇帝負責；不然天下就要分裂混亂。並且二千年來的趨勢是中央集權的程度日愈加深。例如漢代地方官只有太守是直接由皇帝任命，曹掾以下都由太守隨意選用本郡的人。南北朝時，漸起變化。隋就正式規定大小地方官都受命於朝廷，地方官迴避鄉土的制度無形成立。（註八）若把這種變化整個認爲是由於皇帝或吏部願意攬權，未免因果倒置。主要的關係恐怕還是因爲一般的人公益心日衰，自私心日盛，在本鄉作官弊多利少，反不如外鄉人還能比較公平客觀。所以與其說皇帝願意絕對集權，不如說他不得不絕對集權。

亂世的情形正正相反。帝權失墜，個人，家族，與地方由於自然的離心力又恢復了本質的散沙狀態。各地豪族，土官，流氓，土匪的無理的專制代替了皇帝一人比較合理的專制。漢末三國時代與安史亂後的唐朝和五代十國都是這種地方官專擅的好例；最多只維持一個一統的名義，往往名義上也爲割據。例如唐的藩鎮擅自署吏，賦稅不解中央，土地私相授受，甚至傳與子孫。（註九）這並不是例外，以前或以後的亂世也無不如此。在這種割據時代人民受的痛苦，由民間歷來喜歡傳誦的「寧作太平犬，勿作亂世民」的話，可以想見。亂世的人無不希望眞龍天子出現，因爲與地方小朝廷的地獄比較起來，受命王天下的政治眞是天堂。

宋以下好似不大見到割據的局面，但這只是意外原因所造出的表面異態，北宋末及內部大亂，中原就被外族征服。南宋也沒有得機會形成內部割據，就被蒙古人吞併。這都是外來的勢力使中國內部不得割據的例證。元末漢人驅逐外族，天下大亂，臨時又割據起來。明末流寇四起，眼看割據的局面就要成立，恰巧滿清入關，中國又沒有得內部自由搗亂。清末民初割據的局面實際已經成立，只因在外族勢力的一方面威脅一方面維持之下中國不得不勉強擺出一個統一的面目。所以在北京政府命令不出國門的時候，中國名義上仍是一個大一統的中華民國。最近雖略有進步，這種情形仍未完全過去。所以宋以下歷史的趨勢與從前並無分別；只因外族勢力太大，內在的趨勢不得自由活動而已。

三　文官與武官

文官武官的相互消長也與治亂有直接的關係。盛世的文官重於武官，同品的文武二員，文員的地位總是高些。例如漢初中央三公中的丞相高於太尉，地方的郡守高於郡尉，全國的大權一般講來也都操在文吏的手中。（註十）又如唐初處宰相地位的三省長官全為文吏，軍權最高的兵部

附屬於尚書省，唐制中連一個與漢代太尉相等的武官也沒有。(註十一)

獨裁的政治必以武力爲最後的基礎。盛世是皇帝一人的武力專政，最高的軍權操於一手，皇帝的實力超過任何人可能調動的武力。換句話說，皇帝是大軍閥，實力雄厚，各地的小軍閥不敢不從命。但武力雖是最後的條件，直接治國卻非用文官不可；文官若要合法的行政，必須不受皇帝以外任何其他強力的干涉支配；若要不受干涉，必須有大強力的皇帝作後盾。所以治世文勝於武，只是一般的講；歸結到最後，仍是強力操持一切。這個道理很明顯，歷史上的事實也很清楚，無需多贅。中國歷史上最足以點破這個道理的就是宋太祖杯酒解兵權的故事：——

『乾德初，帝因晚朝與守信等飲酒。酒酣，帝曰：「我非爾曹不及此，然吾爲天子殊不若爲節度使之樂。吾終夕未嘗安枕而臥」。

『守信等頓首曰：「今天命已定，誰復敢有異心？陛下何爲出此言邪？」

『帝曰：「人孰不欲富貴？一旦有以黃袍加汝之身，雖欲不爲，其可得乎？」

『守信等謝曰：「臣愚不及此，惟陛下哀矜之」。

「帝曰：「人生駒過隙爾，不如多積金帛田宅以遺子孫，歌兒舞女以終天年，君臣之間無所猜嫌，不亦善乎？」

「守信謝曰：「陛下念及此，所謂生死而肉骨也！」

「明日皆稱病，乞解兵權。帝從之，皆以散官就第，賞賚甚厚。」（註十二）

宋初經過唐末五代的長期大亂之後，求治的心甚盛，所以杯酒之間大軍閥能授小軍閥的勢力消滅。此前與此後的開國皇帝沒有這樣便宜，他們都須用殘忍的誅戮手段或在戰場上達到他們的目的。

亂世中央的大武力消滅，雖心力必然產生許多各地的小武力。中央的軍隊衰弱，甚至消滅；有力的都是各地軍閥的私軍。這些軍閥往往有法律的地位，如東漢末的州牧都是朝廷的命官，但實際卻是獨立的軍閥。（註十三）唐代的藩鎮也是如此。此時地方的文官仍然存在，但都成為各地軍閥的傀儡，正如盛世的文官都為大軍閥（皇帝）的工具一樣。名義上文官或仍與武官並列，甚或高於武官；但實情則另為一事。例如民國初年各省有省長有督軍，名義上省長高於督軍；但省長的傀儘地位在當時是公開的祕密。並且省長常由督軍兼任，更見得省長的不值錢了。

亂世軍閥的來源，古今也有公例。最初的軍閥本多是中央的巡察使代中央監察地方官，本人並非地方官。漢的刺史州牧當初是巡閱使，並非行政官。(註十四)唐代節度使的前身有各種的監察使，也與漢的刺史一樣。後來設節度使，兵權雖然提高，對地方官仍是處在巡閱的地位；只因兵權在握，纔無形中變成地方官的上司。(註十五)這種局面一經成立，各地的強豪土匪，以及外族都可乘火打刼而成軍閥。如漢末山賊張燕橫行河北諸郡，朝廷不能討，封為平難中郎將，領河北諸山谷事，每年並得舉孝廉。(註十六)唐末天下大亂，沙陀乘機發展，以致引起後日五代時期的沙陀全盛局面。(註十七)這些新軍閥都是巡察官的軍閥制度成立後方才出現的。

四　士大夫與流氓

在一盤散沙的社會狀態下，比較有組織的團體，無論組織如何微弱或人數如何稀少，都可操縱一般消極頹靡的墮民。中國社會自漢以下只有兩種比較強大的組織，就是士大夫與流氓。

士大夫團體的萌芽，遠在戰國時代。古代的貴族政治破裂，封建的貴族被推翻，在政治上活動的新興人物就是智識份子，在當時稱爲遊說之士。但在戰國時代百家爭鳴，遊說之士並非一個純一而有意識的團體。這種團體的實現是漢武帝廢百家，崇儒術，五經成爲作宦捷徑後的事。隋唐以下，更加固定的科舉制度成立，愈發增厚士大夫的團結力量。儒人讀同樣的書，有同樣的目標，對事有同樣的態度。並且因爲政治由他們包辦，在社會上他們又多是大地主，所以他們也可說有公同的利益。雖無正式的組織，他們實際等於一個政黨，並且是惟一的政黨。由此點看，一黨專政在中國倒算不得稀奇！皇帝利用儒人維持自己的勢力，儒人也依靠皇帝維持他們的利益。這些士大夫雖不是一個世襲的貴族階級，卻是惟一有公同目標的團體，所以人數雖少也能操縱天下的大局。

但士大夫有他們特殊的弱點。以每個份子而論，他們都是些文弱的書生，兵戎之事全不了解，絕對不肯當兵。太平盛世他們可靠皇帝與團體間無形的組織維持自己的勢力。天下一亂，他們就失去自立自主的能力，大權就移到流氓的手中。士大夫最多只能守成，並無應付變局的能力。每次天下大亂時士大夫無能爲的情形就暴露無遺。亂世士大夫的行爲幾乎都是誤國禍國的行爲，古今絕少例外。他們的行爲不外三種。第一，是無謂的結黨誤國。東漢末的黨禍，宋代的新舊黨爭，明末的結黨，是三個最明顯的例。三例都是在嚴重的內憂或外患之下的結黨營私行爲。起初的動機無論是否純粹，到後來都成爲意氣與權力的競爭；大家都寧可誤國，也不肯犧牲自己的意見與顏面，當然更不肯放棄自己的私利。各黨各派所談的都是些主觀上並不誠懇客觀上不切實際的高調。（註十八）

亂世士大夫的第二種行爲就是淸談。一般的高調當然都可說是淸談，但典型的例卻是魏晉時代的淸靜無爲主義。胡人已經把涼州，幷州，幽州（略等於今日甘肅山西河北三省）大部殖民化，（註十九）中國的內政與民生也到了山窮水盡的時候，一些負政治責任的人與很多在野的人仍在談玄，這可說是一種逃避現實的行爲。（註二十）今日弄世喪志的小品幽默文字與一知半解的鈔襲西洋各國的種種主義與盲目的號呼宣傳，可說是兩種不同的二十世紀式的淸談。

亂世士大夫的第三種行爲就是作漢奸。作漢奸固然不必需要士大夫，但第一等的漢奸卻只有士大夫纔有資格去作。劉豫與張邦昌都是進士出身。洪承疇也是進士。近年的例可無需列舉了。

流氓團體與士大夫同時產生。戰國時代除遊說之士外，還有遊俠之士。他們都肯爲知己的人捨身賣命，多爲無賴遊民出身；到漢代皇帝制度成立後，費了九牛二虎之力纔把俠士太公開的自由行動大致剷除。(註二十一)但這種風氣始終沒有消滅，每逢亂世必定抬頭。由東漢時起，流民也有了組織，就是宗教集團，最早的例就是黃巾賊。(註二十二)鬆散的人民除對家族外很少有團結的能力。只有利用宗教的迷信與神祕的儀式纔能使民衆團結。由東漢時代起，歷代末世都有類似黃巾賊的團體出現。黃巾賊的宣傳，提出「蒼天已死，黃天當立；歲在甲子，天下大吉」似通不通的神祕口號。唐末黃巢之亂，也倡出黃應代唐的妖言。(註二十三)元末白蓮教甚行一時，(註二十四)明代（尤其明末）歷批的流寇仍多假借白蓮教或其他邪教的名義。(註二十五)滿淸末季的白蓮教，天理教，八卦教(註二十六)以及義和團都是這類的流氓愚民與餓民的團體。流氓是基本份子，少數愚民被利用，最後餓民大批入教。一直到今日，在報紙上還是時常發現光怪陸離的邪教在各地活動。但二千年來的流氓祕密組織是否有一線相傳的歷史，或只是每逢亂世重新產生的現象，已無從稽考了。

太平時代，流氓無論有組織與否，都沒有多大的勢力。但惟一能與士大夫相抗的卻只有這種流氓團體。梁山泊式劫富濟貧代天行道的綠林好漢，雖大半是宣傳與理想，但多少有點事實的根據。強盜竊賊，扒手賭棍，以及各種各類走江湖的幫團的敲詐或侵略的主要對象就是士大夫。流氓的經濟勢力在平時並不甚強，但患難相助的精神在他們中間反較士大夫間發達，無形中增加不少的勢力。

流氓團體也有它的弱點。內中的份子幾乎都是毫無知識的人，難成大事。形式上的組織雖較士大夫為強，然而實際也甚鬆散。水滸中的義氣只是理想化的浪漫故事。眞正大規模的堅強組織向來未曾實現過，所以在太平時代流氓不能與士大夫嚴重對抗，並且往往為士大夫所利用：大則為國家的武官或捕快，小則為士大夫個人的保鏢。由流氓團體的立場來看，這是同類相殘的舉動，可說是士大夫「以夷制夷」政策成功的表現。

但遇到亂世，士大夫所依靠的皇帝與組織失去效用，流氓集團就可臨時得勢。天下大亂，大則各地割據的土皇帝一部為流氓頭目出身，小則土匪徧地，官憲束手，各地人民以及士大夫都要受流氓地痞的威脅與侵凌。人民除正式為官廷納稅外，還須法外的與土匪納保險費，否則身家財產都難保障。士大夫為自保起見，往往被迫加入流氓集團，為匪徒奔走，正如太平時代士大夫的利用流氓一樣。以上種種的情形，對民國初期的中國人都是身經目睹，或耳聞的實情，無需舉例。

流氓雖然愚昧，但有時也有意外的成就。流氓多無知，流氓集團不能成大事；但一二流氓的頭目因老於世故，知人善任，於大亂時期間或能成偉人，甚至創造帝業。漢高祖與明太祖是歷史上有名的這類成功人物。但這到底是例外，並且他們成事最少一部份須靠士大夫的幫助，成事之後更必須靠士大夫的力量保守成業，天下的權力於是無形中又由流氓移到士大夫的手裏。

五 朝代交替

「話說天下大勢，分久必合，合久必分。」誰都知道這是三國志演義的開場白，也可說是二千年來中國歷史一針見血的口訣。一治一亂之間，並沒有政治社會上眞正的變化，只有易姓王天下的角色更換。我們在以上各節所講的，都是治世與亂世政治社會上各種不同的形態，但沒有提到為何會有這種循環不已的單調戲劇。朝代交替的原因或者很複雜，但主要的大概不外三種，就是皇族的頹廢，人口的增漲，與外族的遷徙。

第一種是個人的因素，恐怕不很重要；但因傳統的史籍上多偏重這一點，我們不妨略爲談及。皇族的頹廢化是一個自然的趨勢，有兩方面：一是生物學的或血統的，一是社會學的或習慣的。任何世襲的階級，無論人數多少，早晚總要遇到一個無從飛渡的難關，就是血統上的退化。從古至今沒有一個貴族階級能維持長久，原因雖或複雜，但血統的日趨退化必是一個很重要的原因。法國革命前的貴族都是新貴，中古的貴族都已死淨或墮落。今日英國的貴族能上溯到法國革命時代的已算是老資格的了。至於貴族中的貴族（王族或皇族）因受制度的維護，往往不至短期間就死淨或喪失地位，但血統上各種不健全的現象卻無從避免。百年戰爭時代（十四與十五世紀間）的法國王族血統中已有了深重的神經病苗。今日歐洲各國的王族幾乎沒有一個健全的；只因實權大多不操在王手，所以身體上與神經上的各種缺陷無關緊要。但中國自秦漢以下是皇帝專制的局面，皇帝個人的健全與否對於天下大局有很密切的關係。低能或愚昧的皇帝不只自己可走錯步，他更容易受人包圍利用。中國歷代亂時幾乎都有這種現象。至於血統退化的原因，那是生物學與優生學的問題，本文無需離題多贅。

皇族的退化不只限於血統，在社會方面皇帝與實際的人生日愈隔離，也是一個大的弱點。創業的皇帝無論是否布衣出身，但總都是老經世故明瞭社會情況的領袖，所以不至受人愚弄。後代的皇帝生長在深宮之中，從生到死往往沒有見過一個平民的面孔，對人民的生活全不了解。例如晉惠帝當天下荒亂百姓餓死的時候，會說：「何不食肉糜？」（註二十七）法國革命時巴黎餓民發生麵包恐慌，路易第十六世的美麗王后也會問過：「他們爲何不吃糕餅？」這樣的一個皇帝，即或身心健全，動機純粹，也難以合理的治理國家，必不免爲人包圍利用；若再加上血統的腐化，就更不必說了。

皇族的退化只是天下大亂的一個次要原因。由中國內部的情形來講，人口的增漲與生活的困難恐怕是主要的原因。這個問題非常重要，下面另闢一節討論。由外部的情形來講，氣候的變化與遊牧民族的內侵是中國朝代更換的主要原因。大地上的氣候似乎是潮濕期與乾燥期輪流當位。潮濕期農產比較豐裕生活易於維持世界上各民族間不致有驚人的變動。乾燥期間土著地帶因出產減少民生日困，並且經過相當長的潮濕期與太平世之後人口往往已達到飽和狀態，農收豐裕已難維生，氣候若再忽然乾燥各地就立刻要大鬧饑荒。所以內在的因素已使土著地帶趨向混亂。同時沙漠或半沙漠地帶的遊牧民族因氣候驟變生活更難維持；牛羊大批的餓死，寄生的人類也就隨著成了餓殍。遊牧民族在平時已很羡嫉土著地帶的優裕生活，到了非常時期當然要大批的衝入他們心目中的樂國。古今來中國的一部或全部被西北或東北的外族征服，幾乎都在大地氣候的乾燥時期。這絕不是偶然的事。（註二十八）中國被外族征服是二千年來歷史上的一件重大公案，下面也另節引申討論。

六　人口與治亂

食料的增加有限，人口的增加無窮，這在今日已是常識。一切生物都自然的趨向於無限的繁殖，中國傳統的大家族制度與『不孝有三無後爲大』的香火主義使人口增加的速度更加提高。

一家數十口，靠父祖的遺產坐吃山空，都比賽著娶妻生子。甚至沒有遺產或遺產甚少，但數十口中若有一二人能彀生產，全家就都靠這一二人生活繁殖。所以在小家庭的社會被淘汰的廢人遊民，在中國也都積極的參加人口製造的工作。並且按人類生殖的一般趨勢，人愈無用生殖愈多，低能兒之生兒育女的能力遠超常人，生殖似乎是廢人惟一的用處與長處。所以中國不只人口增加的特別快，並且人口中的不健全份子的比例恐怕也歷代增加。這大概是二千年來中國民族的實力與文化日愈退步的一個主要原因。

中國到底能養多少人口，是一個難以解答的問題。人口的統計向來不甚精確。先秦時代可以不論，由漢至明的人口，按官家的統計，最盛時也不過六千萬左右，大亂之後可以減到一二千萬。但這個數目恐怕太低。中國自古以來的人丁稅與徭役制度使人民都不肯實報戶口；若說明以上中國的人口向來沒有達到過七千萬，這是很難置信的。由滿清時代的人口統計，可以看出前代的記載絕不可靠。(註二十九)康熙五十年（西元一七一一）的人口為二千四百萬。五十一年，頒『盛世滋生人丁』的詔書，從此以後人丁賦以康熙五十年為準，這實際等於廢人丁稅。雍正時代田租與丁賦合併，可說是正式廢除人丁稅。從此戶口實報已無危險，人口的統計不致像前代的虛妄。十年以後，康熙六十年（西元一七二一）增到二千七百萬。此後增加的速率漸漸達到好像不可信的驚人程度。二十八年後，乾隆十四年（西元一七四九）人口忽然加到前古未有的一萬七千七百萬的高度，較前增加了六倍半。二十八年也不過是一世的期間；中國生殖率雖然高，也絕無高到這種程度的道理；顯然是前此許多隱瞞的人口現在都出頭露面了。再過十年，乾隆二十四年（西前一七五九），就有一萬九千四百萬。再過二十四年，乾隆四十八年（西前一七八三），就有二萬八千四百萬，將近三萬萬的人口高潮了。（註三十）此時社會不安的現象漸漸抬頭，高宗遜位之後就發生川楚教匪的亂事，可見飯又不彀吃的了。自此以後，至今一百四十年間社會總未安定，大小的亂事不斷的發生。所以就拿中國傳統極低的生活程度為標準，三萬萬的人口是中國土地的生產能力所能養的最高限度。歷代最高六千萬的統計，大概是大打折扣的結果，平均每五人只肯報一人。

至於今日四萬萬以至五萬萬的估計，大致也離實情不遠。這個超過飽和狀態的人口是算外國糧食維持的。近年來每年六萬萬元的入超中，總有二萬萬元屬於米麥進口都　中的人幾乎全靠外國糧食餵養，鄉間也有人吃洋飯。這在以農立國的中華是生民未有的變態現象。今日的中國好比一個坐吃山空的大破落戶，可吃的東西早已吃淨，現在專靠賣房賣田以至賣衣冠鞋襪去糊口，將來終有一天產業吃光，全家老小眼看餓死。(註三十二)

歷代人口過剩時的淘汰方法，大概不出三種，就是饑荒，瘟疫，與流寇的屠殺。人口過多，豐收時已只能勉強維持；收成略減，就要大鬧饑荒。饑荒實際有絕對的與相對的兩種。廣大的區域中連年不雨或大雨河決，這是絕對的饑荒，人口不負責任。但中國每逢亂世必有的饑荒不見得完全屬於這一類，最少一部份是人口過剩時收成稍微減少，人民就成千累萬的餓死。

瘟疫與饑荒往往有連帶的關係。食料缺乏，大少數人日常的營養不足，與病菌相逢都無抵抗的能力，因而容易演成大規模的傳播性瘟疫。試看歷代正史的本紀中，每逢末世饑荒與瘟疫總是相並而行，這也絕非偶然的事。

饑荒與瘟疫可說是自然的淘汰因素，人為的因素就是流寇。流寇在二千年來的中國歷史上地位非常重要，甚至可說是一種必需的勢力。民不聊生，流寇四起，全體餓民都起來奪食，因而互相殘殺。赤眉賊，黃巾賊，黃巢，李自成，張獻忠是最出名的例。但流寇不見得都是漢人，西晉末的五胡亂華也可看作外族餓民的流寇之禍。

在民亂初起時受影響的只限於鄉間，但到大崩潰時城市與鄉間一同遭殃。例如西晉永嘉之亂時，

『長安城中戶不盈百，牆宇頹毀，蒿棘成林。朝廷無車馬章服，唯桑版署號而已。衆惟一旅，公私有車四乘。』（註三十二）

長安城中的人民或死亡或流散。至於鄉間的情形，據永嘉間的并州刺史劉琨的報告：

『臣自涉州疆，目覩困乏，流移四散，十不孝二；攜老扶弱，不絕於路。及其在者，鬻賣妻子，生相損棄；死亡委厄，白骨橫野，哀呼之聲，感傷和氣。羣胡數萬，周匝四山，動足遇掠，開目覩寇。唯有壺關可得告糴，而此二道九州之險，數人當路，則百夫不敢進。公私往返，沒喪者多，嬰守窮城，不得薪采；耕牛既盡，又乏田器。』

後來劉琨轉戰到達晉陽（今太原，）只見

「府寺焚毀，僵尸蔽地，其有存者饑羸無復人色。荆棘成林，豺狼滿道。」（註三十三）

城鄉人口一併大減。歷史中所謂「人民十不存一二」或者說得過火，但大多數人民都死於刀兵水火或饑餓，是無可懷疑的。

民間歷代都有「劫」的觀念，認爲天下大亂是天命降劫收人。這種民間迷信實際含有至理。黃巢的殺人如麻，至今還影射在民族心理的戲劇中。黃巢前生本爲目連，因往地獄救母，無意中放出八百萬餓鬼；所以他須托生爲收人的劫星，把餓鬼全部收回。凡該被收的人，無論藏在甚麽地方，也逃不了一刀。這就是所謂「黃巢殺人八百萬，在劫難逃。」這種神祕說法實際代表一個慘痛的至理。那八百萬人（黃巢直接與間接所殺的恐怕還不只此數，）無論當初是否餓鬼，但實際恐怕大多數是餓民或候補的餓民，屠殺是一個簡直了當的解決方法。（註三十四）

歷代人口的增減有一個公式，可稱爲大增大減律。增加時就增到飽和點，甚至超飽和點，減少時就減到有地無人種，有飯無人吃的狀態。人口增多到無辦法時，由上到下都感到生活困難；官吏受了生活恐慌心理的影響，日愈貪污，苛捐雜稅紛至沓來。民間的壯健份子在飢寒與貪污的雙層壓迫下，多棄地爲匪，或入城市經營小本工商，或變成無業的流民與乞丐。棄地日多，當初的良田一部成爲荒地，生產愈少，饑荒愈多。盜匪偏地之後，凡不願死於饑荒或匪殺的農民也多放棄田地，或入城市，或爲盜匪。荒地愈多，生產愈少；生產愈少，饑荒愈甚；饑荒愈甚，盜匪愈多；盜匪愈多，荒地愈廣。這個惡圈最後一定發展到良民與盜匪無從辨別的階段，這就是流寇的階段。

長期的醞釀之後，人口已經減少，再加最後階級的流寇屠殺，當初「粥少僧多」的情形必一變而成「有飯無人吃」的局面。至此天下當然太平，眞龍天子也就當然出現。大亂之後，土地食料供過於求，在相當限度以內人口可再增加而無饑荒的危險。所以歷史上總有少則數十年多則百年的太平盛世：西漢初期的文景之治，東漢初期的中興之治，唐初的貞觀之治，清代康熙乾隆間的百年太平，都是大屠殺的代價所換來的短期黃金境界。生活安逸，社會上爭奪較少，好弄詞藻的文人就作一套「路不拾遺，夜不閉戶」的理想文章來點綴這種近於夢幻的境界。

但這種局面難以持久。數十年或百年後，人口又過剩，舊的慘劇就須再演一徧。

七 中國與外族

二千年來外族在中國歷史上的地位非常重要。在原則上，中國盛強就征服四夷，邊境無事，中國衰弱時，或氣候驟變時，遊牧民族就入侵擾亂，甚或創立朝代。但實際二千年來中國一部或全部大半都在外禍之下呻吟。五胡亂華與南北朝的三百年間中原是外族的地盤。後來隋唐統一，中國算又自主。但隋與盛唐前後尚不到二百年，安史之亂以後由肅宗到五代的二百年間，中原又見胡蹄時常出沒，五代大部是外族擾攘的時期。北宋的一百六七十年間，中國又算自主，但國防要地的燕雲終終屬於契丹，同等重要的河西之地又屬西夏。南宋的一百五十年間，北方又成了女眞的天下。等到女眞已經漢化之後，宋金同歸於盡，一百年間整個的中國是蒙古大帝國的一部，這是全部中國的初次被征服。明朝是盛唐以後漢族惟一的強大時代，不只中國本部完全統一，並且東北與西北兩方面的外族也都能相當的控制。這種局面勉強維持了約有二百年，明末中國又漸不能自保，最後整個的中國又第二次被外族征服。二百年後，滿人已經完全漢化，海洋上又出現了後來居上的西洋民族。鴉片一戰以後，中國漸漸成爲西洋人的勢力，一直到今天。

中國雖屢次被征服，但始終未曾消滅，因爲遊牧民族的文化程度低於中國，入主中國後都都漢化。只有蒙古人不肯漢化，（註三十五）所以不到百年就被驅逐。遊牧民族原都尚武，但漢化之後，附帶的也染上漢族的文弱習氣，不能振作，引得新的外族又來內侵。蒙古人雖不肯漢化，但文弱的習氣卻已染上，所以漢人不很費力就把他們趕回沙漠。

鴉片戰爭以下，完全是一個新的局面。新外族是一個高等文化民族，不只不肯漢化，並且要同化中國。這是中國有史以來所未曾遭遇過的緊急關頭，惟一略爲相似的前例就是漢末魏晉的大破裂時代。政治瓦解到不可收拾的地步，因而長期受外族的侵略與統治，舊文化也衰弱僵化，因而引起外來文化勢力的入侵，中國臨時完全被佛教征服，南北朝時代的中國幾乎成了印度中亞文化的附庸。但漢末以下侵入中國的武力與文化是分開的，武力屬於五胡，文化屬於印度。最近一百年來侵入中國的武力與文化屬於同一的西洋民族，並且武力與組織遠勝於五胡，文化也遠較佛教爲積極。兩種強力併於一身而向中國進攻，中國是否能夠支持，很成問題。並且五胡與佛教入侵時，中國民族的自信力並未喪失，所以仍能得到最後的勝利：五胡爲漢族所同化，佛教爲舊文化所吸收。今日民族的自信力已經喪失殆盡，對傳統中國的一切都根本發生懷疑。這在理論上可算爲民族自覺的表現，可說是好現象。但實際的影響有非常惡劣的一方面：多數的人心因受過度的打擊都變爲麻木不仁，甚至完全死去；神經比較敏捷的人又大多盲目的崇拜外人，捉風捕影，力求時髦，外來的任何主義或理論都有它的學舌的鸚鵡。這樣說來，魏晉南北朝的局面遠不如今日的嚴重，我們若要找可作比較的例證，還須請教別的民族的歷史。

古代的埃及開化後，經過一千餘年的醞釀，在西前一六〇〇年左右全國統一，並向外發展，建設了一個大帝國，正如中國的秦漢時代一樣。這個帝國後來破裂，時興時衰，屢次被野蠻的外族征服，但每次外族總爲埃及所同化。正這與中國由晉至淸的局面相同。最後於西前五二五年埃及被已經開化的波斯人征服，埃及文化初次感到威脅。但波斯帝國不能持久，二百年後埃及又爲猛進的希臘人所征服。從此埃及文化漸漸消滅，亞歷山大利亞後來成爲雅典以外最重要的希臘文化城。從此經過羅馬帝國時代，埃及將近千年是希臘文化的一部份。最後在西元六三九至六四三年間，埃及又爲回教徒的亞拉伯人所征服，就又很快的亞拉伯化，一直到今天埃及仍是亞拉伯文化的一部份。今日在尼羅河流域只剩有許多金字塔與石像還屬於古埃及文化。宗教以及風俗習慣都已亞拉伯化，古文字也早已被希臘文與亞拉伯文前後消滅，直到十九世紀纔又被西洋人解讀明白，古埃及的光榮歷史纔又被人發現。

古代的巴比倫與埃及的歷史幾乎同時，步驟也幾乎完全一致，也是在統一與盛強後屢次被野蠻的外族征服，但外族終被同化。後來被波斯征服，就漸漸波斯化，最後被亞拉伯人征服同化。今日在兩河流域的古巴比倫地已經找不到一個巴比倫人，巴比倫的文字也是到十九世紀纔又被西洋的考古學家解讀明白的。

中國是否也要遭遇古代埃及與巴比倫的命運？我們四千年來的一切是否漸漸都要被人忘記？我們的文字是否也要等一二千年後的異族天才來解讀？但只怕漢文一旦失傳，不是任何的天才所能解讀的！這都是將來的事，難以武斷的肯定或否定。但中國有兩個特點，最後或有救命的效能，使它不致遭遇萬劫不復的悲運。中國的地面廣大，人口衆多，與古埃及巴比倫的一隅之地絕不可同日而語。如此廣大的特殊文化完全消滅，似非易事。但現代戰爭利器的酷烈也爲前古所未有，西洋各國宣傳同化的能力也是空前的可怕，今日中國人自信力的薄弱也達到了極點，地大人多似乎不是十分可靠的保障。

另外一個可能的解救中國文化的勢力就是中國的語言文字。漢文與其他語文的系統都不相合，似乎不是西洋任何的語文所能同化的。民族文化創造語言文字，同時語言文字又爲民族文化所寄託，兩者有難以分離的關係。語言文字若不失掉，民族必不至全亡，文化也不至消滅。亞拉伯人所同化的古民族中，只有波斯人沒有失去自己的語言文字，所以今日比倫人與埃及人已經絕跡於天地間，但波斯地方居住的仍是波斯人。他們除信回教之外，其他都與亞拉伯人不同。並且他們所信的回教是亞拉伯人所認爲異端的派別，這也是波斯人抵抗亞拉伯文化侵略的表現。這種抵抗能力最少一部份是由於語言文字未被同化。西洋文化中國不妨盡量吸收，實際也不得不吸收，只要語言文字不貿然廢棄，將來或者終有消化新養料而復興的一天。

（註一）俱見漢書卷一九下百官公卿表下。

（註二）漢書卷四二申屠嘉傳。

（註三）漢書卷五八公孫弘傳，卷六六公孫賀傳，劉屈氂傳。

（註四）漢書卷五八公孫弘傳。

（註五）漢書卷六六車千秋傳。

（註六）漢書卷六武帝紀，卷六八霍光傳。

（註七）新唐書卷四六百官志一，卷四七百官志二。

（註八）顧炎武日知錄卷八掾屬。

（註九）新唐書卷五〇兵志，卷二一〇藩鎮列傳。

（註十）漢書卷一九上百官公卿表上。

（註十一）新唐書卷四六百官志一，卷四七百官志二。

（註十二）宋史卷二五〇石守信傳。

（註十三）後漢書卷一〇四袁紹傳

（註十四）漢書卷一九上百官公卿表上。

（註十五）新唐書卷五〇兵志，卷二一〇藩鎮列傳。

（註十六）後漢書卷一〇一朱儁傳。

（註十七）新唐書卷二一八沙陀傳。

(註十八)除正史外，可參考趙翼廿二史箚記卷五，卷二六，卷三五。

(註十九)晉書卷五六江統傳，卷九七匈奴傳。

(註二十)趙翼廿二史箚記卷八。

(註二十一)漢書卷九二游俠列傳。

(註二十二)後漢書卷一〇一皇甫嵩傳。

(註二十三)新唐書卷二二五下黃巢傳贊。

(註二十四)明史卷一二二韓林兒傳。

(註二十五)趙翼廿二史箚記卷三六明代先後流賊。

(註二十六)魏源聖武記卷一〇。

(註二十七)晉書卷四惠帝紀。

(註二十八)關於氣候變化與遊牧民族遷徙的問題，可參考 Ellsworth Huntington 教授的各種著作，最重要的是 Civilization and Climate; The Pulse of Asia; Character of Races。

(註二十九)漢代人口最盛時五千九百萬(漢書卷二八上地理志下)這數目或者還大致可靠。一，因當時的農業方法尚甚幼稚(漢書卷二四上食貨志上)。二，因今日廣東，廣西，福建，雲南，貴州，與四川一部的廣大區域方才征服，尚未開發。三，因長江流域一帶也沒有發展到後日的程度。大概漢時承繼古代法治的餘風，政治比較上軌道，人民也比較的肯負責，大致準確的人口統計還不是絕對辦不到的事。至於唐代人口最盛時只有五千萬的記載絕不可信；此後歷代的統計就更不倘一覽了。

（註三十）關於歷代人口的統計，除散見於正史地理志或食貨志諸篇外，最方便的參考書就是文獻通考卷一〇至一一戶口考，續文獻通考卷一三至一四戶口考，清朝文獻通考卷一九至二〇戶口考。

（註三十一）『兵在精，不在多，』誰都承認，一講到人口，一般的見解總以爲是多多益善。這是不思的毛病。南京中國地理學會出版的地理學報第二卷第二期（民國二十四年六月）中有胡煥庸教授中國人口之分布一文，可代表多數人的開明見解，注意中國人口問題的人都當一讀。

（註三十二）晉書卷五愍帝紀。

（註三十三）俱見晉書卷六二劉琨傳。

（註三十四）新唐書卷二二五黃巢傳。黃巢的八百萬餓鬼中還有不少的洋鬼！見張星烺教授中西交通史料滙篇第三冊第二九節。

（註三十五）趙翼廿二史劄記卷三〇。

五　中國文化的兩週

（一）正名
（二）中國史的分期
（三）中國史與世界史的比較

斷代是普通研究歷史的人所認爲一個無關緊要的問題。試看一般講史學方法的書，或通史的敍論中，對此問題都有一定的套語，大致如下：

『歷史上的變化都是積漸的，所有的分期都是爲研究的便利而定，並非絕對的。我們說某一年爲兩期的分界年，並不是說某年的前一年與後一年之間有截然不同之點，甚至前數十年與後數十年之間也不見得有很大的差別。我們若把這個道理牢記在心，就可分歷史爲上古，中古，近代三期而不致發生誤會了。』

這一類的話在西洋的作品中時常遇到，近年來在中國也很流行一時。話都很對，可惜都不中肯要。

歷史就是變化，研究歷史就爲的是明瞭變化的情形。若不分期，就無從說明變化的眞相。宇宙間的現象無論大小，都有消長的步驟；人類文也脫離不了宇宙的範圍，也絕不是一幅單調的平面圖畫。但因爲多數研究的人不注意此點，所以以往的分期方法幾乎都是不負責任的，只粗枝大葉的分爲上古，中古，近代，就算了事。西洋人如此，中國人也依樣葫蘆。比較誠懇一點的人再細分一下，定出上古、中古，近古，近世，近代，現代一類的分期法，就以爲是獨具匠心了。這種籠統的分法比不分期也強不了許多，對於變化的認淸並沒有多大的幫助。不分期則已；若要分期，我們必須多費一點思索的功夫。

一　正名

「名不正則言不順」的一句話，很可移用在今日中國史學界的身上。無論關於西洋史或中國史，各種名義都不嚴正，這是斷代問題所以混亂的一個主要原因。我們若先將各種含意混沌的名詞弄淸，問題就大半解決了。

西洋史上古中古近代的正統分期法，是文藝復興時代的產物。當時的文人對過去數百年以至千年的歷史發生了反感，認爲自己的精神與千年前的羅馬人以至尤前的希臘人較爲接近，與方才過去的時代反倒非常疏遠。他們奉希臘羅馬的文獻爲經典(Classics)，現在爲這種經典的復興時代(Renaissance)，兩期中間的一段他們認爲是野蠻人尤其是戈特人的時代(Barbarous 或 Gothic)，或黑暗時代(Dark Ages)，恨不得把它一筆鉤銷。他們只肯認爲這是兩個光明時代之間的討厭的中間一段，甚至可說是隔斷一個整個的光明進展的障礙物，除『野蠻』『戈特』或『黑暗』之外，他們又稱它爲『中間時代』(註一)字中含有譏諷厭棄的意義。希臘羅馬就稱爲經典時代(Classical Ages)，又稱爲古代或上古(Antiquity)。『經典』當然是褒獎的名詞。連『古代』也有美的含意。他們那時的心理也與中國漢以下的情形一樣，認爲『古』與『眞美善』是一而二二而一的。因爲崇拜『古』，所以『古代』就等於『理想時代』或『黃金時代』。至於他們自己這些崇拜『古代』的人就自稱爲『摩登時代』或新時代(Modern Age)。所謂『摩登』，與近日一般的見解略有不同，並不是『非古』，而是『復古』的意思，是一個『新的古代』或『新的經典時代』或『經典復興的時代』

這種說法並不限於一人也不倡於一人，乃是文藝復興時代的普遍見解。雖然不久宗教改革運動發生，宗教信仰又盛極一時，但文藝復興人物崇拜古代的心理始終沒有消滅，歷史的三段分法也就漸漸被人公認，直到今日西洋史學界仍為這種分法所籠罩。雖不妥當，在當初這種分法還可勉強自圓其說。『上古』限於希臘羅馬；關於埃及，巴比倫，和波斯，除與希臘羅馬略為發生關係外，他們只由聖經中知道一點事實，在正統的歷史作品中對這些民族一概置諸不理。十九世紀以下，情形大變。地下的發掘增加了驚人的史料與史實，和出乎意料的長期時代。這些都在希臘羅馬之前，雖不能稱為『經典時代』，卻可勉強稱為『古代』。地下的發掘愈多，『古代』拉得愈長。到今日，古代最少有四千年，中古最多不過千年，近代只有四五百年。並且把希臘羅馬與中古近代的歷史打成一片，雖嫌牽強，還可辦到。但地下發見的史實太生硬，除了用生吞活剝的方法之外，萬難與傳統的歷史系統融合為一。專講埃及史或巴比倫史還不覺得為難；一乎希求完備的通史就感到進退窘迫。凡讀通史的人，對希臘以前時間非常長而篇幅非常短的一段都有莫明其妙的感想，幾萬言或十幾萬言讀過之後，仍是與未讀之前同樣的糊塗，仍不明白這些話到底與後來的發展有甚麽關係近年來更變本加厲，把民族血統完全間斷文化系統線索不明的新石器時代與舊石器時代也加上去，（註二）甚至有人從開天闢地或天地未形之先講起，（註三）愈發使人懷疑史學到底有沒有範圍，是否一種大而無外的萬寶囊。

西洋人這種不加深思的行動，到中國也就成了金科玉律，我們也就無條件的認『西洋上古』爲一個神怪小說中無所不包的乾坤如意袋。西洋人自己既然如此看法，我們也隨着附和，還有可說；但摹倣西洋，把中國史也分爲三段，就未免自擾了。中國從前也有斷代的方法，不過後來漸漸被人忘記在易繫辭中已有『上古』·『中古』的名稱，『上古』是指『穴居野處結繩而治』的時代，『中古』是指殷周之際，所謂『殷之末世，周之盛德』的紂與文王的時代。（註四）以此類推，西周以下當爲近代。若求周備，可稱西周爲『近古』，就是荀子所謂『後王』的時代，（註五）禮樂崩壞，『世風日下』『人心不古』的春秋戰國可稱『近世』或『近代』。這大體可代表戰國諸子的歷史觀與歷史分期法。秦漢以下，歷史的變化較少，一般人生長在不變之世，對於已往轟轟烈烈的變化，漸漸不能明瞭，史學於是也變成歷朝歷代的平面敘述。斷代的問題並不發生，因爲清楚的時代觀念根本缺乏。

十九世紀西學東漸以後，國人見西洋史分爲三段，於是就把中國史也爾樣劃分。戰國諸子的分法到今日當然已不適用，於是就參考西洋的前例，以先秦時代爲上古，秦漢至五代爲中古，宋以下爲近代。再完備的就以宋爲近古，元、明、清爲近代，近百年爲現代。此外大同小異的分期法，更不知有多少。這種分期法倡於何人，已無可考，正如西洋史的三段分法由何人始創的不可考一樣。（註六）但西洋史的三段分法，若把希臘以前除外，還勉強可通，至於中國史的三段分法或五六段分法，卻極難說得圓滿。

近年來中國史的上古也與西洋史的上古遭了同樣的命運。中國古代的神話史本來很長，但一向在半信半疑之間，並不成嚴重的問題。近來地下發見了石器時代的遺物，於是中國史帶上了一頂石頭帽子。這還不要緊，北京原人發見之後，有些誇大習性未除的國人更歡喜欲狂，認爲科學已證明中國歷史可向上拉長幾十萬年。殊不知這種盜譜高攀的舉動極爲可笑，因爲北京原人早已斷子絕孫，我們決不會是他的後代。由史學的立場來看，北京人的發見與一個古龍蛋的發見處在同等的地位，與史學同樣的毫不相干。據今日所知，舊石器時代各種不同的人類早已消滅，惟一殘留到後代的塔斯瑪尼亞人（Tasmanians）到十九世紀也都死盡。（註七）新石器時代的人到底由何而來，至今仍爲人類學上的一個未解之謎；是由舊石器時代的人類演變而出，或由他種動物突變而出，全不可知。新石器時代的文化是否由舊石器時代蛻化而出，也無人能斷定；新舊兩石器時代的人類似乎不是同一的物種，兩者之間能否有文化的傳達很成問題。新石器的人類與今日的人類屬於同一物種，文化的線索也有可尋，但不見得某一地的新石器時代人類就是同地後來開化人類的祖先，某一地的新石器文化也不見得一定與同地後來的高等文化有連帶的關係。因爲我們日常習用『中國史』，『英國史』，『歐洲史』一類的名詞，無意之間就發生誤會，以爲一塊地方就當然有它的歷史。由自然科學的立場來看，地方也有歷史，但那是屬於地質學與自然地理學的範圍的，與史學本身無關。地方與民族打成一片，在一定的時間範圍以內，纔有歷史。民族已變，文化的線索已斷，雖是同一地方，也不是同一的歷史。這個道理應當很明顯，但連史學專家也時常把它忽略。無論在中國或西洋，『上古史』的一切不可通的贅疣都由這種忽略而發生。所以關於任何地方的上古史或所謂『史前史』卽或民族文化都一貫相傳，最早也只能由新石器時代說起，前此的事實無論如何有趣也不屬於史學的範圍。這是第一個『正名』的要點。

人類史的最早起點既已弄清此後的問題就可簡單許多。在中國時常用的名詞除『中國史』之外，還有『世界史，』『外國史』與『西洋史』三種名稱。『世界史』按理當包括全人類但平常用起來多把中國史除外，所以『世界史』等於『外國史』。至於『外國史』與『西洋史』有何異同，雖沒有清楚的說法但大致可以推定。我們可先看『西洋史』到底何指。『西洋』是一個常用的名詞，但若追問『西洋』的時間與空間的範圍，恐怕百人中不見得有一人能說清。若說西洋史爲歐洲史，當初以東歐爲中心的土耳其帝國制度文物的發展是否西洋史的一部份？若是，爲何一般西洋史的書中對此一字不提；若不是，土耳其帝國盛時的大部顯然在歐洲。西歷前的希臘與近數百年的希臘是否同一的屬於西洋的範圍？若說歐洲與地中海沿岸爲西洋，起初不知有地中海的古巴比倫人爲何也在西洋史中敍述？回教到底是否屬於西洋？若不屬西洋，爲何一切西洋中古史的書中都爲它另闢幾章？若屬於西洋，爲何在西洋近代史的書中除不得不談的外交關係外，把回教完全撇開不顧？歐洲新石器時代的文化與埃及文化有何關係？埃及已經開化之後，歐洲仍在新石器時代，但西洋通史的書中爲何先敍述歐洲本部的石器文化，然後跳過大海去講埃及？這些問題，以及其他無數可以想見的問題，不只一般人不能回答，去請教各種西洋史的作者，恐怕也得不了滿意的答覆。

『西洋』一詞（The West 或 the Occident）在歐美人用來意義已經非常含混，到中國就更加空泛。我們若詳爲分析，就可看出『西洋』有三種不同的意義，可稱爲泛義的，廣義的，與狹義的。狹義的西洋專指中古以下的歐西，就是波蘭以西的地方，近四百年來又包括新大陸。東歐部份，只講它與歐西的政治外交關係，本身的發展並不注意，可見東歐並不屬於狹義的西洋的範圍。這是以日耳曼民族爲主所創造的文化。我們日常說話用『西洋』一詞時，心目中大半就是指着這個狹義的西洋。

廣義的西洋，除中古與近代的歐西之外，又加上希臘羅馬的所謂經典文化，也就是文藝復興時代的所謂上古文化。講思想學術文藝的發展的書中與學究談話時所用的『西洋，』就是這個廣義的西洋。

泛義的西洋，除希臘羅馬與歐西外，又添上回教與地下發掘出來的埃及，巴比倫，以及新石器時代，甚至再加上歐洲的舊石器時代。這是通史中的西洋，除了作通史的人之外，絕少這樣泛用名詞的。

對於希臘以前的古民族，歐美人往往半推半就，既不願放棄，又不很願意簡直了當的稱它們爲『西洋，』而另外起名爲『古代的東方』（The Ancient East 或 the Ancient Orient）。但希臘文化最初的中心點在小亞細亞，與埃及處在相同的經線上，爲何埃及爲『東』而希臘爲『西』很是玄妙。回教盛時，西達西班牙，卻也仍說它是『東方。』同時，西洋通史又非把這些『東方』的民族敍述在內不可，更使人糊塗。總之，這都是將事實去遷就理論的把戲。泛義的西洋實際包括埃及，巴比倫，希臘羅馬，回教，歐西五個獨立的文化，各有各的發展步驟，不能勉強牽合。至於歐洲的新石器時代，與這些文化有何關係，是到今日無人能具體說明的問題。這五個獨立的文化在時間上或空間上或有交互的關係，但每個都有自立自主的歷史不能合併敍述。若勉強合講，必使讀者感覺頭緒混亂。我們讀西洋上古史，總弄不淸楚，就是因爲這個道理；中古史中關於回教的若即若離的描寫，往往也令人莫測高深。把幾個獨立的線索，用年代先後的死辦法硬編成一個線索，當然要使讀者越讀越糊塗了。

歐西的人盡量借用希臘羅馬的文獻，當經典去崇拜，所以兩者之間較比任何其他兩個文化，關係都密切。但推其究竟，仍是兩個不同的個體。希臘羅馬文化的重心在小亞細亞西岸與希臘半島，意大利半島的南部處在附屬的地位，北部是偏僻的野地，地中海沿岸其他各地只是末期的薄暮地帶。今日希臘半島的民族已不是古代的希臘民族，今日的意大利人也更不是古代的羅馬人。眞正的希臘人與羅馬人已經消滅。至於歐西文化的重心，中古時代在意大利北部與日耳曼，近代以英、法、德三國最爲重要。希臘半島與歐西文化完全無關，最近百年纔被歐西所同化。上古比較重要的意大利南部也始終處在附屬的地位。地中海南岸與歐西文化也完全脫離關係。創造歐西文化的，以日耳曼人爲主體，古羅馬人只供獻一點不重要的血統。連今日所謂拉丁民族的法蘭西，意大利，西班牙人中也有很重要的日耳曼成分；稱它們爲拉丁民族，不過是因爲他們的語言大體是由古拉丁語蛻化而出。希臘羅馬文化與歐西文化關係特別密切，但無論由民族或文化重心來看，都絕不相同。其他關係疎遠的文化之間，當然更難找同一的線索了。這是『正名』工作的第二種收穫，使我們知道西洋一詞到底何指。狹義的用法，最爲妥當；廣義的用法，還可將就；泛義的用法，絕要不得。

日常所謂『西洋史』既包括五個不同的文化，在人類所創造的獨立文化中，除新大陸的古文化不計外，只有兩個未包括在內，就是中國與印度。所以我們平常所謂『外國史』或『世界史』只比『西洋史』多一個印度。若因印度人與『西洋人』都屬於印歐種而合同敘述，『外國史』或『世界史』就與『西洋史』意義相同了。這是『正名』的第三種收穫，使我們知道三個名詞的異同關係。

文化既是個別的，斷代當然以每個獨立的文化爲對象，不能把幾個不同的個體混爲一談而牽強分期。每個文化都有它自然發展消長的步驟，合起來講，必講不通；若把人類史認爲是一個純一的歷史，必致到處碰壁，中國的殷周時代當然與同時的歐洲或西亞的歷史性質完全不同，中古時代的歐西與同時的希臘半島也背道而馳。我們必須把每個文化時間與空間的範圍認清，然後斷代的問題以及一切的史學研究纔能通行無阻。這是『正名』的第四種收穫，使我們知道人類歷史並不是一元的，必須分開探討。互相比較，當然可以；但每個文化的獨立性必須認淸。

在每個文化的發展中，都可看出不同的時代與變化。本文對中國特別注意，把中國史分期之後，再與其他文化相互比較，看看能否發見新的道理。

二　中國史的分期

中國四千年來的歷史可分爲兩大週。第一週，由最初至西元三八三年的淝水之戰，大致是純粹的華夏民族創造文化的時期，外來的血統與文化沒有重要的地位。第一週的中國可稱爲古典的中國。第二週，由西元三八三年至今日，是北方各種胡族屢次入侵，印度的佛教深刻的影響中國文化的時期。無論在血統上或文化上，都起了大的變化。第二週的中國已不是當初純華夏族的古典中國，而是胡漢混合梵華同化的新中國，一個綜合的中國。雖然無論在民族血統上或文化意識上，都可說中國的個性並沒有喪失，外來的成分卻佔很重要的地位。爲方便起見，這兩大週可分開來講。

華夏民族的來源，至今仍是不能解決的問題。我們只能說，在西前三〇〇〇至二〇〇〇年間，後日華夏民族的祖先已定居在黃河流域一帶。至於當初就居住此地，或由別處移來，還都是不能證明的事。在整個的第一週，黃河流域是政治文化的重心，長江流域處在附屬的地位，珠江流域到末期纔加入中國文化的範圍。第一週，除所謂史前期之外，可分爲五個時代：——

（1）封建時代（西前一二〇〇至七七一年）；

（2）春秋代代（西前七七〇至四七三年）；

（3）戰國時代（西前四七三至二二一年）；

（4）帝國時代（西前二二一至西元八八年）；

（5）帝國衰亡與古典文化沒落時代（西元八八至三八三年）。

在西元前三〇〇〇年以後，黃河流域一帶，北至遼寧與內蒙，漸漸進入新石器文化的階段。除石器之外，還有各種有彩色與無彩色的陶器，最足代表此期的文化。無彩色的陶器中有的與後來銅器中的鬲與鼎形狀相同，證明此期與商周的銅器時代有連接的文化關係。與新石器時代遺物合同發見的骸骨與後世的華夏人，尤其北方一帶的人大致相同，證明此期的人已是後日華夏民族的祖先。（註八）

這些原始的中國人分部落而居，以漁獵或畜牧爲生，但一種幼稚的農業，就是人類學家所謂鋤頭農業（hoe culture），已經開始。在西前二〇〇〇年左右，這些部落似乎已進入新石器時代的末期，就是所謂金石併用期。石器骨器陶器之外，人類又學會製造銅器。農業的地位日趨重要，與農業相併進行的有社會階級的產生。人民漸漸分爲貴族巫祝的地主與平民的佃奴兩個階級。這種階級的分別直延到封建的末期纔開始破裂。部落間的競爭繼續不斷，當初成百成千的部落數目逐漸減少，到西前一七〇〇年左右，或略前，有兩個強大的部落出現，就是夏與商。夏當初大概比較盛強，許多小部落都承認它爲上國。所以『夏，』『華夏，』或『諸夏』就成了整個民族的種名。

但商是夏的死敵，經過長期的競爭之後，在西前一六〇〇年左右，商王成湯滅夏，所有的部落都被臣服，最早鬆散的半封建帝國，部落組成的帝國，由此成立。可惜此後三百年間的經過，我們完全不知道。但我們可斷定在西前一六〇〇年左右必已有一個比較可靠的歷法，否則農業不能發達。同時必已發明文字，因為自成湯以下歷代的王名都比較可靠，並且傳於後代。

* * * * *

據竹書紀年，在西前一三〇〇年盤庚遷殷。這是中國歷史上第一個比較確定的年代，可認為封建時代的開始。關於前此三百年，我們只知商王屢次遷都；但此後三百年殷總是商王勢力的中心。這或者證明前三百年間商王的共主地位只是名義上的。因勢力不穩，而時常被迫遷都，或因其他的關係遷都；但因為勢力微弱纔能因小故而遷都，若勢力穩固就不能輕易遷動國本。到盤庚時眞正的封建制度與封建帝國纔算成立，已不是許多實際獨立的部落所組成的鬆散帝國。商王是所有部落的共主，又稱天子，勢力最少可達到一部份的部落之內，或者有少數的部落是被商王征服之後又封建親信的人的。但無論當初的部落，或後封的諸侯，內政則大致自由，諸倍的地位都是世襲的。

後來周興起於西方，據竹書紀年，於西前一〇二七年滅商，代商爲天子。武王周公相續把東方的領土大部征服，然後封子弟功臣爲諸侯。所以周王的勢力大於前此的商王，周的封建帝國也較商爲強。但整個的制度仍是封建的，天子只直接統轄王畿，諸侯在各國仍是世襲自治的。

約在西前九〇〇年左右，封建帝國漸呈裂痕。諸侯的勢力日愈強大，上凌共主的天子，下制國內的貴族。經過長期的大併小強兼弱之後，少數的大國實際變成統一的國家與獨立的勢力，天子不能再加干涉。西前八六〇年左右厲王即位，想要壓迫諸侯，恢復舊日的封建帝國。這種企圖完全失敗，在西前八四二年厲王自己也被迫退位。此後十四年間王位空虛，諸侯更可任意發展。迨宣王（西前八二七至七八二年）即位之後，諸侯已非王力所能制服。戎人屢屢寇邊，內中有諸侯的陰謀也未可知。宣王最後敗於戎人，不能再起。幽王（西前七八一至七七一年）的情形更爲狼狽，最後並被戎人所殺。整個的西部王畿臨時都遭戎人蹂躪。平王（西前七七〇至七二〇年）不得已而東遷，封建共主的周王從此就成了傀儡。我們已進到列國爲政治重心的春秋時代。

封建時代的精神生活爲宗教所包辦。自然界的各種現象都被神化。風伯，雨師，田祖，先炊，河伯以及無數其他的神祇充滿天地間。最高的有無所不轄的上帝，與上帝相對的有地上最高靈祇的后土。除此之外人與神的界限並不嚴明。所有貴族的人死後都成神受子孫的崇拜。

* * * * *

「春秋」本是書名，書中紀年由西前七二二至四八一年。但我們若完全爲一本書所限，又未免太迂。若由七二二年起，此前的五十年將成虛懸無所歸宿。以四八一年爲終點，還無不可，因爲西前五世紀初期的確是一個劇變的時期。但那一年並沒有特殊的大事發生。此後三十年間可紀念的事很多，都可作爲時代的終點。西前四七九年，孔子死；四七七年，田桓割齊東部爲封邑，田齊實際成立；四七三年，越滅吳；四六四年，左傳終；四五三年，國策始，就是韓、趙、魏滅智氏，三晉實際成立的一年。這都值得注意。通鑑始於韓、趙、魏正式爲諸侯的四〇三年，認爲戰國的始點，略嫌太晚。我們定越滅吳的四七三年爲春秋戰國之間的劃界年，原因下面自明。

東遷以後，實際獨立的列國並爭，開始有了一個國際的局面。齊、晉、秦、楚四方的四個大國特別盛強，中原的一羣小國成了大國間爭奪的對象。這種爭奪就是所謂爭霸或爭盟。大小諸國在名義上仍都承認周王的共主地位，但天子的實權早已消滅，他的惟一功用就是正式承認強力者爲霸主。當初齊桓晉文相繼獨霸中原。但楚國日趨盛強，使這種獨霸的局面不能維持。秦在春秋時代始終未曾十分強大，齊自桓公死後也爲二等國，天下於是就成了晉楚爭盟的均勢局面。中原的北部大致屬晉，南部大致屬楚。

這些競爭的列國，內部大體都已統一。封建的貴族雖仍存在，諸侯在各國內部都已成了最高的實力者，貴族只得在國君之下活動，幫助國君維持國力。平民仍未參政，在國君的統治之下貴族仍包攬政治。所以春秋可說是封建殘餘的時代。但貴族的勢力在各國之間也有差別。例如在秦楚二國，貴族很爲微弱；在晉國貴族勢力就非常強大，世卿各有封土，國君只有設法維持世卿間的均勢纔能保障自己的地位。但這種辦法終非長久之策，最後世卿實際獨立，互相征伐，晉君成爲傀儡，晉國因而失去盟主的地位。但楚國並未得利用這個機會北進，因爲在東方有新興的吳國向它不住的進攻，使它無暇北顧。吳的興起是春秋的大變局。

吳國興起不久，南邊又崛起了一個越國，兩國間的競爭就結束了春秋的局面。春秋時代的戰爭是維持均勢的戰爭，大國之間並不想互相吞併。吳越的戰爭性質不同。吳仍有春秋時代的精神，雖有機會，又有伍子胥的慫恿，但並未極力利用機會去滅越。然而越國一旦得手，就不再客氣，簡直了當的把第一等大國的吳一股吞併。這是戰國時代的精神，戰國的戰爭都是以消滅對方的目的的戰爭。所以春秋末期的變化雖多，吳越的苦戰可說是最大的變化，是末次的春秋戰爭，也是初次的戰國戰爭。越滅吳之年是最適當的劃分時代的一年。

春秋大部的時間似乎仍在宗教的籠罩之下。但到末期，大局發生劇變，獨立的思潮開始抬頭。對時局肯用心深思的人大致分爲三派。第一爲迎合潮流，去參加推翻舊勢力的工作的人。這種人可以鄧析爲代表，是專門批評舊制，並故意與當權者爲難的人。（註九）第二爲悲觀派，認爲天下大局毫無希望，只有獨善其身，由火坑中求自己的超脫。這種隱士，孔子遇見許多；楚狂接輿，長沮，桀溺都是這一流的人。第三就是孔子的一派，崇拜將要成爲過去的，或大半已經成爲過去的舊制度文物，苦口婆心的去宣傳保守與復古。每到劇變的時代，我們都可遇到同樣的三種人：爲舊制辯護的人，與逃避現實的糾紛的人。

* * * * *

『戰國』一詞的來源，不甚清楚。司馬遷已用此名，可見最晚到漢武帝時已經流行。(註十)戰國策成書似在秦末或漢初或楚漢之際。(註十一)但書名本來無定，不知當初『戰國策』是否也爲書名之一。(註十二)若然，『戰國』一詞在秦漢之際已經通行。但很可能在秦併六國之先，已有人感覺當時戰爭太多太烈，而稱它爲『戰國』。所以這個名稱不見得一定是後人起的，也須是當時人自定的。戰國策卷六秦策四頓弱謂『山東戰國有六，』卷二十趙策三趙奢謂『今取古之萬國者分以爲戰國七。』可見戰國一詞起於當代。普通以爲自戰國策書名而來，乃是一個很自然而不正確的印象。

戰國初期的一百年間是一個大革命的時代。三家分晉與田氏篡齊不過是最明顯的表面變化，骨子裏的情形較此尤爲緊張。各國內部除政治騷亂外，都起了社會的變化。封建殘餘的貴族都被推翻，諸侯都成了專制獨裁的君主。所有的人民最少在理論上從此都一律平等，任何人都可一躍而爲卿相，卿相也可一朝而墮爲庶民。一切榮辱都操在國君手中要在政治上活動的人，無論文武，都須仰國君的鼻息。同時人民既然平等，就須都去當兵，徵兵的制度開始成立。當兵已不是貴族的權利，而是全體人民的義務。所有的戰爭都是以盡量屠殺爲手段，以奪取土地爲目的的拚命決鬬。周天子名義上的一點地位也無人再肯承認，一切客氣的『禮樂』都已破壞無遺。這是中國歷史上惟一全體人民參戰的時代。

戰爭最烈的時代也是中國思想史上的黃金時代。各家爭鳴，都想提出最適當的方案，去解決當前的嚴重問題。各派都認爲當設法使天下平定，最好的平定方法就是統一。但統一的方策各自不同。除獨善其身的楊家和道家與專事辯理的名家外，儒、墨、法、陰陽四家都希望人君能實行他們的理想以平天下。除了法家之外，這些學說都不很切實際，最後平定天下的仍是武力。但秦併六國後卻承認陰陽家的五德終始說，自認爲以水德王，

*　*　*　*　*

西前二二一年秦始皇創了自古未有的新局。前此無論名義如何，實際總是分裂的。自此以後，

二千年間統一是常態，分裂是變局。但在二千年的統一中，以秦西漢，及東漢中興的三百年間的統一爲最長，最穩固，最光榮。二千年來的中國的基礎可說都立於這三個世紀。秦始皇立名號，普遍的設立郡縣，統一度量，同文同軌。一般講來這都是此後歷朝所謹守的遺產。中國的疆土在漢武帝時立下大致的規模，此後很少超出這個範圍。

社會制度也凝結於此時。傳統的宗法社會在戰國時代頗受打擊。商鞅鼓勵大家族析爲小家庭的辦法，恐怕不限於秦一國，乃是當時普遍的政策。爲增加人民對於國家的忠心，非打破大家族減少家族內的團結力不可。這種政策不見得完全成功，但宗法制度必受了嚴重的搖撼。到漢代就把這種將消未消的古制重新恢復。在重農抑商的政策之下，排持宗法的大地主階級勢力日盛。同時，儒教成爲國教後，這個事事復古的派別使宗法社會居然還魂。喪服與三年喪是宗法制度的特殊象徵。這種在春秋時代已經衰敗，在戰國時代只是少數儒家迂夫子的古董的喪制，到漢代又漸漸重建起來。（註十三）

帝國成立之後，爭鳴的百家大半失去存在的理由，因而無形消滅。若把此事全都歸咎於秦始皇的焚書，未免把焚書的效能看得太高。只有儒、道、陰陽三家仍繼續維持，但三者的宗教成分都日愈加重。孔子雖始終沒有成神，但素王也演化爲一個很神祕的人格。道家漸漸變成道教；鬼神，符籙，鍊丹，長生的各種迷信都成了它的教義。陰陽家自始就富於神祕色彩，至此儒道兩家都盡量吸收它的理論。漢的精神界可說是儒道陰陽合同統治的天下。

* * * *

和帝一代（西元八九至一〇五年）是重要的過渡時期。前此三百年間，除幾個短期的變亂之外，帝國是一致的盛強的。由和帝以下，帝國的衰退日益顯著。內政日壞，外族的勢力日大，最後北部邊疆的領土實際都成了胡人的殖民地。民族的尙武精神消失，帝國的軍隊以胡人爲主幹。在這種內外交迫的局勢之下，大小的變亂不斷發生。羌亂，黨錮之禍，黃巾賊，十常侍之亂，董卓之亂，李傕郭汜之亂，前後就把帝國的命運斷送。經過和帝以下百年的摧殘之後，天下四分五裂，帝國名存實亡。三國鼎立之後，晉雖臨時統一，但內部總不能整頓，外力總不能消滅。勉強經過三個魏晉的百年掙扎之後，胡人終於把中原佔據，漢人大批的渡江南遷。

同時，精神方面也呈現相似的衰頹狀態。儒教枯燥無味，經過幾百年的訓詁附會之後，漸漸被人厭棄。比較獨立的人都投附於一種頹廢的老莊學說，就是所謂清談。平民社會的迷信程度日愈加深，一種道教會也於漢末成立。在這種種無望的情形下，佛教暗中侵入。當初還不很惹人注意，但自漢末以下勢力日大，與無形中侵蝕土地的胡人同爲威脅傳統中國的外力。

胡人起事的八十年後（西元三八三年），北方臨時被外族統一，苻堅決意要渡江滅晉，統一天下。淝水之戰是一個決定歷史命運的戰爭。當時胡人如果勝利，此後有否中國實爲問題。因爲此時漢族在南方的勢力仍未根深蒂固，與後來蒙古滿清過江時的情形大不相同。不只珠江流域尚爲漢族殖民的邊區，連江南也沒有澈底的漢化，蠻族仍有相當的勢力（註十四）漢人仍然稀少。胡人若眞過江，南方脆弱的漢族勢力實有完全消滅的危險。南北兩失，漢族將來能否復興很成問題。即或中國不至全亡，最少此後的歷史要成一個全新的局面，必與後來實際實現的情形不同。東晉在淝水雖佔了上風，中國所受的衝動已是很大。此後二百年間，中國的面目無形改變。胡漢兩族要混合爲一，成爲一個新的漢族，佛教要與中國文化發生不可分的關係。中國文化已由古典的第一週進到胡人血統與印度宗教被大量吸收的第二週了。

胡人的血統在第一週的末期開始內浸，在整個第二週的期間都不斷的滲入。一批一批的北族向南推進，征服中國的一部或全部，但最後都與漢人混一。惟一的例外就是蒙古。北族內侵一次，漢族就大規模的渡江向南移殖一次。在第一週處在附屬地位的江南與邊疆地位的嶺南，到第二週地位日見提高，政治上成了一個重要的區域，文化上最後成了重心。

佛教也是在第一週的末期進入中國，但到第二週纔與中國文化發生了化學的作用。中國文化原有的個性可說沒有喪失，但所有第二週的中國人，無論口頭上禮佛與否，實際沒有一個人在他的宇宙人生觀上能完全逃脫佛教的影響。

第二週也可分為五期：——

(1)南北朝、隋、唐、五代（西元三八三至九六〇年）；

(2)宋代（西元九六〇至一二七九年）；

(3)元明（西元一二七九至一五二八年）；

(4)晚明盛清（西元一五二八至一八三九年）；

(5)清末中華民國（西元一八三九年以下）。

第一週的時代各有專名，第二週的時代只以朝代爲名。這並不是偶然的事。第二週的各代之間仍是各有特徵，但在政治社會方面一千五百年間可說沒有甚麼本質的變化，大體上只不過保守流傳秦漢帝國所創設的制度而已。朝代的更換很多，但除強弱的不同外，規模總逃不出秦漢的範圍。只在文物方面，如宗教、哲學、文藝之類，纔有眞正的演變。最近百年來西化東漸，中國文化的各方面纔受了絕大的衝動，連固定不變的政治社會制度也開始動搖。

* * * * *

南北朝（註十五）隋、唐、五代是一個大的過渡，綜合與創造的時代。南北朝的二百年間，北方的胡族漸與漢人同化，同時江南的蠻人也大半被漢族所同化。到隋統一宇內的時候，天下已無嚴重的種族問題，所以這個新的漢族纔能創造一個媲美秦漢的大帝國。同時，在南北朝期間，新舊文化的競爭也在夷夏論辯與三教合一的口號之下得到結束。在漢代佛教並未被人注意，因爲當時那仍是一個不足注意的外來勢力。到南北朝時佛教大盛，以儒道爲代表的舊文化開始感到外力的威脅，於是纔向所謂夷狄之教下總攻擊。由弘明集中我們仍可想見當時新舊文化競爭的緊張空氣。這種競爭到種族混一成功時也就告一段落，佛教已與舊有的文化打成一片，無需再有激烈的爭辯。調和一切包含一切的天台宗恰巧此時成立，並非偶然。同時中國式的佛教的最早創作也於此時出現，就是有名的大乘起信論。（註十六）偉大的隋唐帝國與燦爛的隋唐文化都可說是南北朝二百年醞釀的結果。

隋唐的天子在內稱皇帝，對外稱「天可汗，」象徵新的帝國是一個原由胡漢混成，現在仍由胡漢合作的二元大帝國。所以外族的人才時常被擢用，在唐書的列傳裏我們可遇到很多的外族人。佛教的各派，尤其像華嚴宗法相宗禪宗一類或內容宏大或影響深遠的派別，都在此時發展到最高的程度。完全宗教化的淨土宗也在此時泛濫於謚個的社會，尤其是平民的社會。在唐代文化結晶品的唐詩中，也有豐富的釋家色彩。

歷史上的平淡時代可以拉得很長，但光榮的時代卻沒有能夠持久的。隋唐的偉大時代前後還不到二百年，安史之亂以後不只政治的強盛時期已成過去，連文化方面的發展也漸微弱。藩鎮，宦官，與新的外禍使帝國的統一名存實亡；五代時的分裂與外禍不過是晚唐情形的表面化。在文化方面發生了復古的運動，韓愈李翺一般人提倡一種新的儒教，以老牌的孔孟之道相號召。佛教雖仍能勉強維持，極盛的時期卻已過去，宋代的理學已經萌芽。所以南北朝、隋唐、五代代表一個整個的興起，極盛，與轉衰的文化運動。

* * * * *

宋代的三百年間是一個整理清算的時代。在政治社會方面，自從大唐的二元帝國破裂之後，中國總未能再樹立健全的組織，國力總不能恢復。二百年來的分裂割據局面到九六〇年算是告一段落，但各種難題仍未解決。隋唐短期間所實行的半徵兵制度的府兵早已破裂，軍隊又成了不負責任的流民集團。財政的紊亂與人民擔負的繁重也是一個極需下手解決的問題。隋唐時代的科舉制度至此已成爲死攻儒經的呆板辦法，眞正的人才難以出現，國家的難題無人能出來應付。

在發種種的情形之下，宋連一個最低限度的自然國境都不能達到，也無足怪。不只外族的土地，寸尺不能佔有，連已往混亂期間所喪失的河西與燕雲之地也沒有能力收復。這是中國本部東北與西北的國防要地，若操在外人手裏，中國北方的安全就時刻感到威脅。宋不只無力收復，並且每年還要與遼夏入貢（巧立名目爲『歲幣』），纔得苟安。

整個的中國顯然是很不健全，極需澈底的整頓。王安石變法代表一個面面俱到的整理計劃，處處都針對着各種積弊，以圖挽回中國的頹運。但消極，破壞，與守舊的勢力太強，眞正肯爲革新運動努力的人太少，以致變法的運動完全失敗。不久中原就又喪於外人，宋只得又渡江偏安。最後連江南都不能保，整個的中國第一次亡於異族。

在思想方面也有同樣的整頓運動，並且這種企圖沒有像政治社會變法的完全失敗。無論衷心情願與否，中國總算已經接受了外來的佛教，永不能把它擯除。但人類一般的心理，無論受了別人如何大的影響，在口頭上多半不願承認。實際中國並未曾全部印度化，中國的佛教也不是印度的佛教，但連所吸收的一點印度成分中國也不願永久襲用外來的招牌。宋代理學的整頓工作，可說是一種掉換招牌的運動。在已往中國參考原有的思想，尤其是道家的思想，已創了一個中國式的佛教。現在中國人要把這種中印合璧的佛教改頭換面，硬稱它爲老牌的古典文化，就是儒教。宋代諸子最後調和了中國式的佛教，原有的道教與正統的儒教，結果產生了一種混合物，可稱爲新儒教。這種結果的價值難以斷定，但最少不似政治社會方面整頓計劃的那樣明顯的失敗。

* * * * *

元明兩代是一個失敗與結束的時代。一百年間整個的中國初次受制於外族。五胡、遼金所未能實現的，至此由蒙古人達到目的。這是過度保守過度鬆散的政治社會的當然命運。蒙古人並且與此前的外族不同，他們不要與中國同化，還要鼓勵漢人摹倣蒙古的風俗習慣，學習蒙古的語言文字。所以中國不只在政治上失敗，文化上也感到空前的壓迫。但蒙古人雖不肯漢化，不久卻也腐化，所以不到百年就被推翻。

明是唐以後惟一的整個中國自治統一的時代，不只東北與西北的國防要地完全收復，並且塞外有軍事價值的土地也被併入帝國的範圍。這種局面前後維持了二百年，較宋代大有可觀。但這種表面上的光榮卻不能掩蓋內裏的腐敗。科舉制度最後殭化爲八股文的技術，整個民族的心靈從此就被一套一套的口頭禪所封閉，再求一個經世的通才已辦不到。宋代還能產生一個王安石，到明代要找一個明瞭王安石的人已不可得。此外，政治的發展也達到腐敗的盡頭。廷杖是明代三百年間的絕大羞恥。明初誅戮功臣的廣泛與野蠻，也遠在西漢之上；漢高情有可原，明祖絕不可恕。（註十七）成祖以下二百餘年間國家的大權多半操在宦官手中，宦官當權成了常制，不似漢唐的非常情形。有明三百年間，由任何方面看，都始終未上軌道。整個的局面都叫人感到是人類史上的一個大污點。並且很難說誰應當對此負責，可說無人負責，也可說全體人民都當負責。整個民族與整個文化已發展到絕望的階段。

在這種普遍的黑暗之中，只有一線的光明，就是漢族閩粵系的向外發展，證明四千年來惟一雄立東亞的民族尚未眞正的走到絕境，內在的潛力與生氣仍能打開新的出路。鄭和的七次出使，只是一種助力，並不是決定閩粵人南洋發展的主要原動力。鄭和以前已有人向南洋活動，鄭和以後冒險殖民的人更加增多，千百男女老幼的大批出發並非例外的事。（註十八）有的到南洋經商開鑛立下後日華僑的經濟基礎。又有的是冒險家，攻佔領土，自立爲王。後來西班牙人與荷蘭人所遇到的最大抵抗力，往往是出於華僑與中國酋長。漢人本爲大陸民族，至此纔開始轉換方向，一部份成了海上民族，甚至可說是尤其寶貴難得的水陸兩棲民族！

元明兩代的思想界也與政治界同樣的缺乏生氣。程朱思想在宋末已漸成正統的派別，明初正式推崇程朱之學，思想方面更難再有新的進展。到西元一五〇〇年左右，纔出來一個驚人的天才，打破沈寂的理學界。王陽明是人類歷史上少見的全才。政治家，軍事家，學者，文人，哲學家，神祕經驗者：一身能兼這許多人格，並且面面獨到，傳統的訓練與八股的枷鎖並不能消磨他的才學，這是何等可驚的人物！他是最後有貢獻的理學家，也是明代惟一的偉人，他死的一五二八年可定爲劃時代的一年。那正是明朝開始衰敗，也正是將來要推翻傳統中國的魔星方才出現的時候。約在他死前十年，葡萄牙人來到中國的南岸。後來使第二週的中國土崩瓦裂的就是他們所代表的西洋人。

晚明盛清是政治文化完全凝結的時代。元明之間仍有閩粵人的活動，王陽明的奇才，足以自負。明末以下的三百年間並沒有產生一個驚人的天才，也沒有創造一件值得紀念的特殊事業，三世紀的功夫都在混混沌沌的睡夢中過去。

明末的一百年間，海上的西洋人勢力日大，北方前後有韃靼，日本與滿洲的三個民族興起。這四種勢力都有破滅日見衰頹的明朝的可能。西洋人的主要視線仍在新大陸，印度，與南洋，未暇大規模的衝入中國，蒙古的韃靼在四種勢力中是最弱的，後來受了中國的牢籠，未成大患。日本若非豐臣秀吉在緊要關頭死去，最少征服中國北部是很可想見的事。最後成功的是滿洲，整個的中國第二次又亡於異族。但滿人與蒙古人不同，並不想摧殘中國傳統的文化，他們自己也不反對漢化。他們一概追隨明代的規模，一切都平平庸庸。但有一件大事，可說是滿清對漢族的一個大貢獻，就是西南邊省的漢化運動。雲南貴州的邊地雖在漢代就被征服，但一直到明代仍未完全漢化，土司與苗族的勢力仍然可觀。清世宗用鄂爾泰的計劃，行改土歸流的政策，鼓勵漢人大批移殖，勸苗人極力漢化，在可能的範圍內取消或減少土司的勢力，增加滿漢流官的數目與權勢。至此雲貴纔可說與中國本部完全打成一片。這雖不像明代閩粵興起的那樣重要，但在沈寂的三百年間可說是惟一影響遠大的事件了。

王陽明以後，理學沒有新的進展。盛淸時的智力都集中於訓詁考據。這雖非沒有價値的工作，但不能算爲一種創造的運動；任何創造似乎已不是此期的人所能辦到。

* * * * *

鴉片戰爭以下的時代，至今還未結束，前途的方向尙不可知。但由百年來的趨勢，我們可稱它爲傳統政治文化總崩潰的時代。中國民族與文化的衰徵早已非常明顯，滿人經過二百年的統治之後，也已開始腐化。在政治社會方面，不見有絲毫復興的希望；精神方面也無一點新的衝動。在這樣一個半死的局面之下，靑天霹靂，海上忽然來了一個大的強力。西洋有堅強生動的政治機構，有稟性侵略的經濟組織，有積極發展的文化勢力；無怪中國先是莫測高深，後又怒不可遏，最後一敗塗地。直到最近對於西洋的眞像纔有一個比較正確的認識。最足代表傳統文化的帝制與科舉都已廢除，都市已大致西洋化，鄉間西化的程度也必要日益加深。中國文化的第二週顯然已快到了結束的時候。但到底如何結束，結束的方式如何，何時結束，現在還很難說。在較遠的將來，我們是否還有一個第三週的希望？誰敢大膽的肯定或否定？

三 中國史與世界史的比較

以上中國歷史的分期不能說是絕對的妥當，但可算爲一種以時代特徵爲標準的嘗試分期法。專講中國史或者看不出這種分期有何特殊的用處，但我們若把中國史與其他民族的歷史比較一下，就可發見以前所未覺得的道理。由人類史的立場看，中國歷史的第一週並沒有甚麼特別，因爲其他民族的歷史中都有類似的發展。任何文化區大概起初總是分爲許多部落或小國家，多少具有封建的意味。後來這些小國漸漸合併爲少數的大國，演成活潑生動的國際局面。最後大國間互相併併，一國獨盛，整個的文化區併爲一個大帝國。這種發展，在已往的時候可說是沒有例外的。在比較研究各民族的歷史時，整個文化區的統一是一個不能誤會的起發點。統一前的情形往往過於混亂，因爲史料缺乏，頭緒常弄不清，並且有的民族關於統一前能有二千年或三千年以上的史料，例如埃及與巴比倫；有的民族就幾乎全無可靠的史料，例如印度。但這是史料存亡的問題，不是史蹟演化的問題。史料全亡，並不足證明時代的黑暗或不重要。關於統一前的史料，知道比較清楚的大概是埃及，希臘，羅馬，與中國的三個例。由這三個文化區歷史的比較，我們大致可說民族間發展的大步驟都有共同點可尋，並且所需時間的長短也差不多。希臘各小國的定居約在西前一二〇〇年，帝國的實現約在西前一〇〇年，(註十九)前後約一千一百年的功夫。中國由盤庚到秦併六國也是一千一百年。埃及最早定局似在西前三〇〇〇至二八〇〇年間，統一約在西前一六〇〇年，前後約一千二百至一千四百年的功夫，較前兩例略長。但埃及的年代至今尚多不能確定。我們可說一個文化區由成立到統一，大致不能少於一千年，不能多於一千五百年。以此類推，其他民族的歷史可以大體斷定。例如關於印度帝國成立前的歷史，除了北部被希臘人一度征服外，我們幾乎一件具體的事都不知道。但印度帝國成立於西前三二一年，所以我們可推斷雅利安人在印度北部定居，建設許多小國，大概是在西前一四〇〇年或略前。關於巴比倫的歷史，地下的發見雖然不少，但頭緒非常混亂，年代遠不如埃及的清楚。但巴比倫帝國成立於西前二一〇〇至二〇〇〇年間，所以我們可知巴比倫地域最初呈顯定局是在西前三一〇〇年或略前。（註二十）這種由詳知的例推求不詳的例的方法是我們細密分期的第一個收穫。

這個方法雖不能叫我們未來先知，但或可使我們對將來的大概趨勢能比較認清。今日世界上最活動的文化當然是最初限於歐西今日普及歐美並泛濫於全球的西洋文化。如果可能，我們很願知道這個有關人類命運的文化的前途。如果西洋文化不是例外，它大概也終久要演到統一帝國的階段。但這件事何時實現，比較難說，因爲西洋文化當由何時算起，仍無定論。西洋文化的降生，在西羅馬帝國消滅以後，大概無人否認，但到底當由何年或何世紀算起，就有疑問的。我們可改變方法，從第一時代的末期算起。一個文化區都以封建式的分裂局面爲起發點。這種局面在中國結束於西前七七〇年左右，距秦併天下爲五百五十年的功夫。在希臘這種局面（普通稱爲「王制時代」）約在西前六五〇年左右結束，距羅馬帝國的成立也爲五百五十年。埃及方面因史料缺乏，可以不論。但中國與希臘的兩例如此巧合，我們以它爲標準，或者不致大誤。西洋封建與列國並立的兩時代普通以西元一五〇〇年左右爲樞紐；以此推算，西洋大帝國的成立當在西元二〇五〇年左右，距今至少尚有一世紀的功夫。西洋現在正發展到中國古代戰國中期的階段。今日少數列強的激烈競爭與雄霸世界，與多數弱小國家的完全失去自主的情形，顯然是一個擴大的戰國；未來的大局似乎除統一外，別無出路。

我們以上所講的兩點，都限於所謂文化的第一週。第二週尚未談及，因爲中國文化的第二週在人類史上的確是一個特殊的例外。沒有其他的文化，我們能確切的說它曾有過第二週返老還童的生命。埃及由帝國成立到被波斯征服（西前五二五年）因而漸漸消滅，當中只有一千一百年的功夫。巴比倫由帝國成立到被波斯征服（西前五三九年）與消亡最多也不過有一千五百年左右的功夫。羅馬帝國若以西部計算，由成立到滅亡（普通定爲西元四七六年）尚不到六百年。所謂東羅馬帝國實際已非原來希臘羅馬文化的正統繼承者，我們即或承認東羅馬的地位，羅馬帝國由成立到滅亡（西元一四五三年）也不過一千五百五十年的功夫。中國由秦併六國到今日已經過二千一百五十餘年，在年代方面不是任何其他文化所能及的。羅馬帝國一度衰敗就完全消滅，可以不論。其他任何能比較持久的文化在帝國成立以後也沒有能與中國第二週相比的偉大事業。中國第二週的政治當然不像第一週那樣健全，並且沒有變化，只能保守第一週末期所建的規模。但二千年間大體能維持一個一統帝國的局面，保持文化的特性，並在文化方面能有新的進展與新的建設，這是人類史上絕無僅有的奇事。其他民族，不只在政治上不能維持如此之長，並且在文化方面也絕沒有這種二度的生命。我們傳統的習性很好誇大，但已往的誇大多不中肯；能創造第二週的文化，纔是眞正值得我們自誇於天地間的大事。好壞是另一問題，第二週使我們不滿意的地方當然很多，與我們自己的第一週相比也有遜色。但無論如何，這在人類史上是只有我們曾能作出的事，可以自負而無愧。

惟一好似可與中國相比的例就是印度。印度帝國的成立比中國還早一百年，至今印度文化仍然存在。但自阿育王的大帝國（西前三世紀）衰敗之後，印度永未盛強。帝國成立約四百年後，在西元一〇〇年左右，印度已開始被外族征服，從此永遠未得再像阿育王時代的偉大與統一，也永不能再逃出外族的羈絆。此後只有兩個眞正統一的時代，就是十六與十七世紀間的莫臥兒帝國與近來英國統治下的印度帝國，都是外族的勢力。在社會方面，佛教衰敗後所凝結成的四大階級與無數的小階級造出一種有組織而分崩離析的怪局。即或沒有外族進攻，印度內部互相之間的一筆糊塗賬也總算不清。所以在政治方面印度不能有第二週在宗教與哲學方面，印度近二千年間雖非毫無進展但因印度人缺乏歷史的觀念沒有留下淸楚可靠的史料，我們只有一個混沌的印象，不能看出像中國佛教與理學發展的明晰步驟。所以在文化方面，中國與印度也無從比較。第二週仍可說是我們所獨有的事業。

這種獨到的特點可使我們自負，同時也叫我們自懼。其他民族的生命都不似中國這樣長，創業的期間更較中國爲短，這正如父母之年的叫我們『一則以喜一則以懼』據普通的說法，喜的是年邁的雙親仍然健在，懼的是脆弱的椿萱不知何時會忽然折斷。我們能有他人所未曾有的第二週，已是『得天獨厚』我們是不是能創出尤其未聞的新紀錄去建設一個第三週的偉局？

（註一） Mediaoval 爲拉丁文『中間』(Medius) 與『時代』(aevum) 二字合成。

（註二）新石器時代的人類與近人大概有血統的關係，雖然同一地的新石器人類不見得一定是後來開化人類的祖先，文化系統也不見得是一綫相傳至於舊石器時代的人類與近人並不是同一的物種。

（註三） H. G. Wells 的 Outline of History 是最早最著名的例。近年來東西各國效擊的人不勝枚舉。

（註四）見易繫辭下

（註五）見荀子卷三非相篇第五，卷五王制篇第九。韓非子卷一九五蠹篇第四九以有巢燧人的二代爲上古，以堯舜禹之世爲中古以商周爲近古與荀子略異。

（註六）若詳細搜索清末的文字或者可找到創始的人。但這種事殊不值得特別費時間去作；將來或有人無意中有所發見。

（註七）見 W. J. Sollas 著 Ancient Hunters 第四章。

（註八） Black, D. 著 The Human Skeletal Remains from Sha Kuo T'un; A Note on the Physical Characters of the Prehistoric Kansu Race.

（註九）左傳定公九年；呂氏春秋卷一八審應覽第六離謂篇。

（註十）史記卷一五六國年表序。

（註十一）六國中齊最後亡，齊亡時的情形，卷一三齊策六中有記財。卷三一燕策三中又提到高漸離謀刺秦始皇的事，可見成書必在秦併六國之後。書中似乎没有漢的痕跡。

（註十二）據劉向戰國策目錄，書名原有國策，國事，短長，事語，長書，脩書六種。不知『國策』是否『戰國策』的縮寫。

（註十三）關於此點兩漢書中材料太多，不勝枚舉。關於漢儒的變服理論，可參考白虎通卷四。

（註十四）宋書卷九七夷蠻列傳；南史卷七九諸蠻列傳。

（註十五）『南北朝』在中國史學上是一個意義極其含混的名詞。南史與北史同爲李延壽一人所撰，但北史始於拓拔魏成立的西元三八六年，終於隋亡的六一八年；南史始於劉宋成立的四二〇年，終於陳亡的五八九年。所以北史的首尾都超過南史。關於南北朝的始點，有人用三八六年，有人用四二〇年，又有人用魏統一北方的四三九年。關於終點，隋亡的年當然不可用，因為當時已非南北分立的局面；普通多用隋滅陳而統一天下的五八九年，可算非常恰當。關於南北朝的始點，很難武斷的規定。當然五胡起事的三〇四年或東晉成立於江南的三一七年都可認為是南北分立的開始，但當初的局面非常混沌，普通稱此期為『五胡亂華』的時期，十分妥當。三八六與四二〇兩年，除兩個朝代的創立之外，並沒有特殊的重要，四三九年又嫌太晚，都不應定為時代的開始。到淝水戰後，北方已很明顯的要長期受制於胡人，同時胡人是覺悟長江天險的不易飛渡，南北分立的局面至此纔算清楚，分立局面下種族與文化的醞釀調和也可說由此開始。所以我們不只把三八三年當為南北朝的開始年，並且定它為第二週的起發點。

(註十六)見梁啓超大乘起信論考證。

(註十七)趙翼二二史劄記卷三二胡藍之獄。

(註十八)同上，卷三四海外諸番多內地人為通事。

(註十九)普通的書都以第一個皇帝出現的西前三一或三〇年為羅馬帝國開始的一年。實際在西前一〇〇年左右整個的地中海區已經統一，帝國已經成立。

(註二十)回教文化的問題過於複雜，爭點太多，為免牽涉太遠，本文對回教的歷史一概從略。對此問題有興趣的人可參考 Oswald Spengler 著 Decline of the West, 與 Arnold J. Toynbee 著 A Study of History.

下編

總論——抗戰建國中的中國

上編的幾篇文字，都是抗戰前發表的，是著者對於傳統文化的認識與批評。抗戰開始以後，著者對中國文化的意義雖不免有新的探討，舊日的見解大體上卻未變更。但前此的注意力集中於傳統文化的弱點，對於中華民族的堅強生力只略爲提及，並未特闢一篇去解釋，因爲誇大的文章歷來很多，無需再加一人去湊熱鬧。但抗戰開始以後，這種緘默已不能繼續維持了。此次抗戰在歷史上的地位一文，就是抗戰半年後著者於二十七年元旦後一星期所作，主題是解釋此次抗戰的意義與士兵之所以英勇；若與上編中國的家族一篇互相參照，就可明白此次的驚人抗戰絕非偶然，乃是二千年前大漢帝國人口政策的成功與二千年來南方新天地的建設所賜與的。這兩個特殊情形，是我們在所有的古老民族中所獨有的，也是我們雖老而仍富有朝氣的基本原因。

除論抗戰英勇的主題外，該篇也附帶提到後方人士，尤其智識階級的太不爭氣。當時作者身在長沙，深感後方景象的使人啼笑皆非。時至今日，重印合刊時，此種附論似可删去。但當合刊工作的開始整理期間（二十七年十月），恰值昆明初遭敵機轟炸，一般的動態又與年前的長沙如出一轍。素日領受微薄薪餉並被人輕視的大兵在前方喋血抵抗；而處在安全的後方，多年享受國家的高位厚祿，承受社會的推崇尊敬的自命優秀份子，反倒庸人自擾，仍要向自認爲尤其安全的地帶逃難，還能硬着面皮，以殘廢老弱自居，而美其名曰「疏散」——凡略有自覺心的人，對此能不太感難堪？此種行動，無論平日如何善於自辯自解的人，午夜捫心自問，恐怕也難否認爲尸位素餐吧！難道向日處在社會領導地位的人，對於生死的意義與價值，也無半點了解？生固然可貴；但是不惜任何代價以求苟生，還不如死！士兵的英勇，眞可謂非常而可欽；後方有責者的狂逃，實在是反常而可恥。負有軍事政治責任的人，當然不必說。就是負有與軍政無直接關係的職責者，除非所在地於最近的將來有淪爲戰區的危險，都不當逃避。至以昆明而論，若到這個最後方的都市也將淪爲戰區的時候，中國就眞到了山窮水盡的境地。到那時，殘餘的士兵或者仍可去作游擊隊；一般膽小如鼠的優秀份子，救得個人的一條殘生，不知尙有何用？此次抗戰眞有神怪小說中照妖鏡的作用。各種平日善於變化善於掩飾的人物，在強烈的光照磨煉之下，都不得不就地一滾原形出現；而平日許多好似庸碌呆板的圓顱方趾動物，至此倒證明是十足兌現的眞人。因有上面的一點感想所以原文中的一段無聊牢騷也不删去，將來或可作爲此次英勇抗戰的一點反面史料！

可恥的景象雖不可免，但著者仍認爲前途是光明的。不可救藥的份子在抗戰期間與抗戰之後，必大半要被淘汰。建國運動雖非三年五載的簡易事業，但不久的未來必能成功。在望的第三週文化一篇中的意見，就是著者對於前途的希望與信仰。

六　此次抗戰在歷史上的地位

此次抗戰不只在中國歷史上是空前的大事，甚至在整個人類歷史上也是絕無僅有的奇蹟。我們若把中國與其他古老文化比較一下就可得到驚人的發現。埃及文化由生到死，不過三千年。公元前三百年左右被希臘征服，漸漸希臘化。後來又被回教徒征服，就又亞拉伯化。今日世界上已沒有埃及人，埃及文字或埃及文化；今日所謂埃及的一切都是亞拉伯的一部份。巴比倫文化的壽命與埃及相同，也同時被希臘征服，後來又亞拉伯化。希臘羅馬文化，壽命更短，由生到死不過二千年；今日的希臘不是古代的希臘，今日的意大利更不是古代的羅馬。至於中國，由夏商之際到今日，將近四千年，仍然健在。並且其他古族在將亡時，都頹靡不振，不只沒有眞正抵抗外患的力量，甚至連生存的意志也大半失去。它們內部實際先已死亡，外力不過是來拾取行屍走肉而已。至於我們此次抗戰的英勇，是友邦軍事觀察家所同聲讚許的，連敵人方面的軍事首領有時也情不自已的稱讚一聲。我們雖然古老，但我們最好的軍隊可與古今任何正在盛期的民族軍隊相比，這是值得大書特書的。我們有一部份的軍隊或者不能盡滿人意，但略為研究軍事歷史的人都知道任何時代任何民族的軍隊也有因暫受挫折而紀律鬆弛的現象，也都有因缺乏經驗而戰力不佳的現象。

並且我們不要忘記今日中國的軍隊不是徵兵，而是募兵。徵兵雖也有缺點，但只有徵兵纔是長久可靠的軍隊。我們只有募兵，而其效能已幾乎與徵兵相等，這又是人類歷史上希有的奇事。半年以來，我們大部的軍隊可以告無罪於國家民族；倒是後方的人，尤其是太平時代說話最響亮的人，當下一番懺悔的功夫。我們的前方，大致尚可與歐戰時列強的前方相比；我們後方有責任有職守者的慌張飛逃，卻與歐戰時各國後方的鎮靜安詳成反比例。這只足證明，連許多平日自許甚高的人也沒有達到徵兵的程度，也就是說，還沒有國民的資格。談到此點，我們對前方將士的英勇更當感愧；若再濫怨他們不肯出力，使得我們不得不於敵人仍在數百里以至千里之外的時候三番兩次的飛尋樂土，那就未免太無自知之明了。說得乾脆一點，若看後方的情景，我們只配有紀律不佳與戰力缺乏的軍隊！

中國文化的壽命為何如此之長？今日因何能有如此英勇的抗戰？中國至今存在，因為中國曾經返老還童，而別的文化一番衰老後就死去。每個文化發展的步驟，都是先由分裂的部落或封建的小國開始。後來小國合併爲大國，列國競爭，國際的局面日愈緊張，國際的戰爭日愈激烈。最後一國出來吞併列國。統一天下，成了籠罩整個文化區的大帝國。帝國是文化的末期，此後只有衰弱，再分裂，以至於滅亡。別的民族至此都不能再維持。只有中國，於秦漢統一大帝國之後，雖也經過三國六朝的短期消弱，但後來卻又復興。復興之後，政治制度雖不再有多少更革，文化朝流卻代有進展。這是其他民族的歷史上所絕無的現象。我們可稱南北朝以下爲中國文化的第二週，與第一週的文化朝流列表比較如下，就可一目了然：

時代／週	第一週
宗教時代	殷商西周（公元前一三〇〇至七七一年）殷墟宗教，周代宗教
哲學時代	春秋時代（公元前七七〇至四七三年）鄧析，孔子，楚狂接輿，
哲學派別化的時代	戰國時代（公元前四七三至二二一年）六家
哲學消滅與學術化的時代	秦漢與東漢中興（公元前二二一至公元八八年）經學訓詁
文化破裂時代	東漢末至淝水之戰（公元八九至三八三年）思想學術併衰，佛教之輸入

第二週	
南北朝隋唐，五代（公元三八三至九六〇年）	佛教之大盛
宋代（公元九六〇至一二七九年）	五子，陸象山
元明（公元一二七九至一五二八年）	程朱派，陸王派
晚明盛清（公元一五二八至一八三九年）	漢學考證
清末以下（公元一八三九年以下）	思想學術併衰，西洋文化東漸

我們由上表可知中國文化前後有過兩週，其他文化都只有第一週絕無第二週，都是一衰而不能復振。這一點是我們大可自豪於天地間的。我們不只壽命長，並且沒有虛度我們的光陰，各代都能翻點新的花樣。

中國文化為何能有第二週？這個問題與上面尚未解答的今日為何能如此英勇抗戰的問題，可以一併回答。中國文化的第二週可說是南方發展史。古代的中國限於中原，長江流域乃是邊地，珠江流域根本與中國無關。秦漢時代奠定了三大流域的中國，但黃河流域仍為政治文化的重心。五胡亂華以後南方逐漸開拓。此後每經一次外患，就有大批的中原人士南遷。五胡亂華，五代之亂，與宋室南渡時南遷的人數尤多。並且一般的講來南遷的人是民族中比較優秀的份子，因為他們大多都是不肯受外族統治而情願冒險跋涉的人。並且沿路的困苦危險遠非火車輪船汽車飛機的今日可比。因而冒險南下的人中又有一批被淘汰。到了環境迥異的南方之後，在衛生知識與衛生設備兩缺的前代，因不能適應而死去的人，恐又不少。最後得機會開發南方的可說是優秀份子中選擇出來的優秀份子。所以二千年來，雖因外患來自北方而統一的首都始終設在中原，然而南方經濟與文化的地位一代比一代重要，人口一代比一代繁殖，到最後都遠超中原之上。此點可由種種方面證明，但由行政區域的劃分可最清楚最簡單的看出南北消長的痕跡，因為行政區域的劃分大致是以人口與富力為標準的。春秋戰國時代，除楚國與倏起倏滅的吳越二國之外，所有的列國都在北方，可以不論。漢武帝分天下為十三部，北方佔其八：司隸、豫州、冀州、兗州、青州、幽州、并州、涼州；南方佔其五：徐州、荊州、揚州、益州、交州。此時北仍重於南，是沒有問題的。唐太宗分天下為十道，南北各佔五道。北為隴右、關內、河東、河北、河南；南為淮南、山南、劍南、江南、嶺南。經過晉室南渡與南北朝二三百年的對峙之後，南方已發展到與北方平衡的地步。北宋分天下為十五路，北方五路：京東、京西、河北、河東、陝西；南方十路：淮南、江南、荊湖南、荊湖北、兩浙、福建、西川、峽西、廣南東、廣南西。此時雖然北方失燕雲於遼，失河西於夏，然而南北的懸殊仍甚可異，可見此時北方已較南方落後。唐末與五代的大亂必與此有關。再經過宋室南遷與一度偏安之後，到明代雖然燕雲與河西都已收復，然而二直隸十三布政司中北方仍只佔其五：京師、山東、山西、陝西、河南；南方佔其十：南京、浙江、福建、江西、湖廣、四川、廣東、廣西、貴州、雲南。滿清十八省，北佔其六：直隸、山東、山西、河南、陝西、甘肅；南佔十二：江蘇、浙江、安徽、福建、江西、湖北、湖南、廣東、廣西、四川、貴州、雲南。到明清時代，很顯然的中原已成南方的附庸了。富力的增加，文化的提高，人口的繁衍，當然都與此有關。這個發展是我們第二週文化的最大事業。在別的民族已到了老死的時期，我們反倒開拓出這樣一個偉大的新天地，這在人類歷史上是無可比擬的例外。

此次抗戰，雖顯然的是全國參加，但因人力物力的關係，抗戰的重心在南方，也是無可諱言的。這可說是我們修養生息了兩千年的元氣，至此拿出與亘古未有的外患相抗。因爲已往外患都在北方，又因軍隊都是募兵，所以兵士大半都是由政府就地招編，當然以北人居多。歷代對外失敗，可說都限於北方，失敗後就又有一批人士南遷。民族元氣大寶藏的南方力量，前此向無機會施展。偏安與割據的時代，南方當然有自己的軍隊，但都無足輕重。蒙古入主中國，編南人爲新附軍，也無重要地位。南方人士編成有用的大軍，是滿清時代的事。嘉慶初年川楚教匪之亂，官兵無用，平亂大半依靠鄉勇。這是南兵第一次大顯身手的例證。後來的太平天國與湘軍，可說是兩個對峙的南方大軍。時至今日，中國軍隊的主力，不僅要從北方挑選，尤其要從南方編練，已是顯而易見的事。軍隊素質的高低，不專靠體力與訓練。每個士兵的智力，神經反應的遲速，隨機應變的能力，以及其他種種的天然稟賦，都有關係。尤其在近代的複雜戰術之下，因爲二千年來民族元氣的南偏，南方的勁旅多於北方，也是當然的事。中國雖然古老，元氣並未消耗，大部國民的智力與魄力，仍可與正在盛期的歐美相比，仍有練成近代化的勁旅的可能。二千年來養成的元氣，今日全部拿出，作爲民族文化保衛戰的力量。此次抗戰的英勇，大半在此。

最後還有一點，或者值得論及。按上面列表，我們第二週的文化今日已到末期。第一週的末期，前後約三百年。第二週的末期，由始至今方有百年；若無意外的變化，收束第二週與推進第三週，恐怕還得需要一二百年的功夫。但日本的猛烈進攻，使得我們不得不把八字正步改爲百碼賽跑。第二週的結束與第三週的開幕，全都在此一戰。第一週之末，有淝水之戰（公元三八三年。）那一戰中國若失敗，恐怕後來就沒有第二週的中國文化，因為當時漢人在南方還沒有立下根深蒂固的基礎。淝水一戰之後，中國文化就爭得了一個在新地慢慢修養以備異日脫穎而出的機會。此次抗戰是我們第二週末的淝水戰爭，甚至可說比淝水戰爭尤為嚴重。成敗利鈍，長久未來的遠大前途，都繫於此次大戰的結果。第二週文化已是人類史上空前的奇蹟；但願前方後方各忠職責，打破自己的非常紀錄，使第三週文化的偉業得以實現！

七　建國——在望的第三週文化

只看目前，我們是在抗戰中建國。但若把眼光放得遠大些，我們今日顯然的是正在結束第二週的傳統文化，建設第三週的嶄新文化。從任何方面看，舊的文化已沒有繼續維持的可能，新的文化有必須建設的趨勢，此次抗戰不過加速這種遲早必定實現的過程而已。我們近來時常稱今日爲「大時代」，眞正的意義就在此點。

此次抗戰，有如塞翁失馬，在表面損失的背後，隱藏着莫大的好處。自抗戰開始之後，著者對它的最後意義，時常擬題自問，自供的答案也日愈清楚。假定開戰三兩月後，列強就出來武力調停，勉強日本由中國領土完全退出，那與目前這種沿江沿海與各大都市以及重要交通線全因戰敗而喪失的局面，孰優孰劣？答案是：戰敗失地遠勝於調停成功。假定開戰不久，列強中一國或兩國因同情或利益的關係而出來參戰，協助中國於短期內戰敗日本，那與目前這種沿江沿海與各大都市以及重要交通線全因戰敗而喪失的局面，孰優孰劣？答案是：戰敗失地遠勝於藉外力而成功。假定戰爭初開或開戰不久，日本又發生一次大地震，較一九二三年那一次尤爲嚴重，都市全部破壞，輕重工業整個消毀，全國公私一併破產，元氣喪失到不可恢復的程度，因而被迫不得不無條件的向中國求和。那與目前這種沿江沿海與各大都市以及重要交通線全因戰敗而喪失的局面，孰優孰劣？答案是：戰敗失地遠勝於因敵遭天災而成功。假定我們有一位科學天才，發明一種非常的利器，能使我們於一兩個月之內將日本的實力全部殲滅。那與目前這種沿江沿海與各大都市以及重要交通線全因戰敗而喪失的局面，孰優孰劣？答案是：戰敗失地遠勝於靠特殊利器而勝利。假定日本因國內與國際的種種顧忌而不敢發動此次的侵略戰爭，容許我們再有十年的準備，以致我們與敵人勢均力抵，能用外交的壓力或戰場上短期的正面決戰強迫它退出中國。那與目前這種沿江沿海與各大都市以及重要交通線全因戰敗而喪失的局面，孰優孰劣？這個擬題的誘惑力，誠然太大；與上面的幾個假設相比，的確是一個深值考慮的出路。但我們仍不妨狠心而大膽的回答：把眼光放遠放大些，戰敗失地還是勝於外交壓迫或短期決戰的勝利。

我們爲何無情的拼棄一切可能的成功捷徑，而甯可忍受目前這種無上的損失與痛苦？理由其實很簡單：為此後千萬年的民族幸福計，我們此次抗戰的成功斷乎不可依靠任何的僥倖因素。日本速戰速決的勝利是不可能的；中國速戰速勝的戰果是不應該的。即或可能，我們的勝利也不當太簡易的得來。若要健全的推行建國運動，我們整個的民族必須經過一番悲壯慘烈的磨煉。二千年來，中華民族所種的病根太深，非忍受一次澈底澄清的刀兵水火的洗禮，萬難洗淨過去的一切骯髒汚濁，萬難創造民族的新生。

「新生」一詞含意甚廣，但一個最重要的意義就是「武德。」非有目前這種整個民族生死關頭的嚴重局面，不能使一般順民與文人學士從心坎中了解徵兵的必要。好在我們淪陷的區域甚廣，敵人的瘋狂殘暴逼得向來自掃門前雪的老百姓不得不挺身自衞，不得不變成為個人，為家庭，為國家民族拚命的鬬士。同時，為應付勢所必然的長期戰爭，未淪陷的後方又不得不加緊推行戰前已經開端而未完成的國民兵役制度。所以全國之內可說都在向普遍徵兵的方向邁進。此中雖然因二千年來的積習太深，不免有許多障礙與困難，但經過此番波動，自衞衞國的觀念必可滲入每個國民的意識中，將來澈底實行徵兵，可無很大的困難。

舊中國傳統的汚濁因循、苟且僥倖、欺詐陰險小器、不澈底，以及一切類似的特徵，都是純粹文德的劣根性。一個民族或個人既是軟弱無能以致無力自衞，當然不會有直爽痛快的性格。因爲直爽痛快不免與人發生磨擦，磨擦太多就不免動武。但由弱者的眼光看來，動武是非常可怕的事，所以只有專門使用心計了。處世爲人，小則畏事，大則畏死。平日只知用鬼鬼祟祟的手段去謀私利，緊急關頭則以「明哲保身」的一句漂亮話去掩飾自己的怯弱。這種人格如何的可恥！這種人所創出的社會風氣如何的可鄙！上面所列的一切惡德，都是由這種使用心計與明哲保身的哲學而來。此次抗戰有滌盡一切惡劣文德的功用。我們若求速勝，豈不又是中了舊日文人僥倖心理的惡毒？

但我們絕不是提倡偏重武德的文化，我們絕不要學習日本。文德的虛僞與卑鄙，當然不好；但純粹武德的暴躁與殘忍，恐怕比文德尤壞。我們的理想是恢復戰國以上文武並重的文化。每個國民，尤其是處在社會領導地位的人，必須文武兼備。非如此，不能有光明磊落的人格；非如此，社會不能有光明磊落的風氣；非如此，不能創造光明磊落的文化。此點若不能達到，將來我們若仍與已往二千年同樣的去度純文德的卑鄙生活，還不如就此亡國滅種，反倒痛快！

初級教育與軍事訓練都當成爲每個國民必有的義務與權利。義教是文化的起點，軍訓是武化的起點。兩者都是基本的國民訓練。這個目標達到之後，整個中國的面目就要改觀。當然在面積廣大邊防極長的中國，恐怕非有一個常備軍甚至職業軍不可，但這只能作爲徵兵的附庸，必須由徵兵訓練中產生。所有的兵必須直接出自民間，兵與民必須一體，二千年來兵民對立的現象必須徹底打破。由此次抗戰的英勇，我們可知中華民族雖然很老，但並不衰，仍是第一等的兵士材料。這是徵兵制能夠成功的絕對保障，也是新文化必定實現的無上把握。

* * * * *

兵的問題，牽動整個的社會；兵制與家族制度又是不能分開的。中國歷來講「忠孝，」認爲忠與孝有密切的關係：在家孝，在國必忠。但這大半是理論。實際上，爲家庭的利益而犧牲國家社會的利益在已往幾乎成了公認的美德。二千年來無兵的文化，全都由此而來。所以舊日奪人志氣的大家族，必須廢除。反之，近世歐美的小家庭也不是絕對無疵的辦法，因爲小家庭無形中容易培養成一個極端個人主義的風氣，發展到極點，就必演成民族自殺的行動——節制生育。這恐怕是許多古代文化消滅的主要原因，這也是今日西洋文化的最大危機。中國於戰國秦漢間也曾一度遇到這個難關，所幸太古傳下的家族觀念始終沒有完全消滅，漢代的人口政策大體成功，所以此種惡風未能普徧的流行，民族的生機未被不可挽回的斬斷。我們今日能如此英勇的抗戰，就是受此種強度的家族觀念之賜。否則我們的民族與文化恐怕也早已與埃及巴比倫或希臘羅馬同樣的完全成爲博物館中的標本，欲求今日流離顛沛的抗戰生活亦不可得矣！這個問題比兵的問題尤其難以應付。兵的問題是一個可以捉摸的問題，可以用法令解決。家庭生活雖有利益的關係，但情感的成分甚大，不是法令所能隨意支配的。輿論的倡導，學人的意見，社會領導者的榜樣，是解決這個問題的必要力量。我們雖不必仍像從前以無限制的多子多孫爲理想，但像西洋上等社會流行的獨身與婚而不育的風氣，卻必須當作洪水猛獸去防禦。所幸此種現象在中國尚未成爲固執的風氣。現在的中心問題是大小家庭的問題，不是節制生育的問題。大家族與小家庭的調和，雖不免困難，但並不是絕對不可能的。近年來中國實際正在向這方面進行。現在的趨勢是在大家族的觀念與形式仍然保留之下，每個成年人都去過他獨立的生活。舊日老人專權的家族制，當然不能再維持，因為那是使社會停頓與國家衰弱的勢力。但西洋的個人完全與父母兄弟隔絕的辦法，也萬不可仿效，因為無論短期間的效果如何，那到最後是使社會國家破裂與民族生命毀滅的勢力。中國自古以來善講中庸之道。中庸之道無論在其他方面是否仍當維持，在家族制度方面卻無疑的是絕對需要繼續採用的。我們若要度健全的生活，若要使民族的生命能萬古不絕，一個平衡的家族制度是一個必不可缺的條件。這個問題非三言兩語所能說盡，最後的解決仍有待於來日與來人。

* * * * *

兵的問題與家族問題之外，我們還有一個政治問題。政治問題雖然千頭萬緒，但最少由表面看來，一個固定的元首制度是最為重要的。因為政局的穩定與否，就由元首產生時的平靜與否而定。近年來吃了羣龍無首的大虧之後，國人已漸覺到首領的必要；此次抗戰尤其增進了這種認識，我們已有了全民族所絕對擁護的領袖，毫無疑問的，這對將來政治問題的解決可以有莫大的幫助。但這個問題，微妙難言。古代羅馬帝國的制度，或可供我們將來的參考。

* * * * *

建國運動，創造新生問題何只萬千？但兵可說是民族文化基本精神的問題，家族可說是社會的基本問題，元首可說是政治的基本問題。三個問題若都能圓滿的解決，建國運動就必可成功，第三週文化就必可實現。但我們萬不可認爲這是輕而易舉的工作。此次的復興建國，是人類史上的空前盛事，因爲從古至今向來沒有一個整個文化區組成一個眞正統一的國家的現象。羅馬帝國或秦漢以下的中國皆爲大而無當的龐大社會，絕非春秋戰國或近世歐美的許多眞正統一的一類國家。所以我們是在進行一件曠古未有的事業，絕無任何類似的前例可援，其困難可想而知。抗戰開始以前，著者對於第三週只認爲有實現的可能，而不敢有成功的希望。抗戰到今日，著者不只有成功的希望，並且有必成的自信。以一年半以來的戰局而論，中華民族的潛力實在驚人，最後決戰的勝利確有很大的把握。我們即或承認最壞的可能，最後決戰我們仍然失敗；但此次抗戰所發揮的民族力量與民族精神仍是我們終久要創造新生的無上保障。

我們生爲今日的中國人，當然是不免痛苦的，但也可說是非常榮幸的。今日是中國文化第二週與第三週的中間時代，新舊交替時代當然混亂；外患乘機侵來，當然更增加我們的痛苦。但處在太平盛世，消極的去度坐享其成的生活，豈不是一種太無價值太無趣味的權利？反之，生逢二千年來所未有的亂世，身經四千年來所僅見的外患，擔起撥亂反正，抗敵復國，變舊創新的重任——那是何等難得的機會！何等偉大的權利！何等光榮的使命！無論何人，若因意志薄弱或毅力不堅，逃避自己分內的責任，把這個機會平白錯過，把這個權利自動放棄，把這個使命輕易抹煞，豈不是枉生人世一場！

附錄

世襲以外的大位承繼法

(一)羅馬皇帝
(二)回教教主
(三)結論

除原始的部落酋長之外，人類社會的政治元首大多是世襲的。有的民族始終維持世襲的制度，如中國由殷商至辛亥革命的情形。有的民族半路作些異樣的嘗試，如古代的希臘羅馬人與近代的西洋人。今日的世界，在西洋文化的籠罩之下，呈現一個人類開化後的空前現象，就是世襲君主制的大致消滅。多數的國家都是共和國；少數的國家只維持一個傀儡的世襲君主，實權卻操在另外一個選舉的或用他法產生的執政者的手中。眞有實權的君主在今日已是鳳毛麟角。所以名義上保有君主的國家，實際也可說都是共和國。

但共和制度與民主主義是兩件事，兩者可合可分，並無絕對必要的聯繫。反之，凡不終日閉眼在理想世界度生活的人，都可看出今日的大勢是趨向於外表民主而實際獨裁的專制政治。在許多國家這種情形已經非常明顯，最重要的就是德、俄、意三國。三國的獨裁者雖然都用「合法」的方式產生，但實際都是終身職，最少也是無限期職。在其餘的國家或多或少也都有同樣的趨勢，不久的未來恐怕也終不免要追隨潮流。

但再反過來看，政治上任何實權者的世襲制度，在今日的世界絕無地位。在從前君主世襲與神權信仰有不可分的關係。太遠的將來無人敢說，但最近的未來大概神權信仰不會復興，所以也不會有世襲專制的君主制度發生。在這種微妙的情形之下，實權者的承繼問題於最近的將來在許多國中都必要發生，於較遠的將來恐怕世界各國都不免要逢到這個難關。二十世紀的人類究竟要如何解決這個問題，無人敢給一個武斷的答案。但在前代，在較小的範圍以內，人類曾遇到過這個問題，也曾得到勉強滿意的解決方法。最重要的例大概要算羅馬帝國的皇帝與回教初期的教主；兩者都是專制的，但都不是世襲的。

一　羅馬帝國皇帝

到西元前一〇〇年左右，羅馬已經成了地中海上最大的勢力。多數的國家都已被羅馬征服，其餘名義上仍然獨立的各國實際也都成了羅馬的勢力範圍。羅馬帝國至此可說已經成立。但傳統的政治制度只適於城邦的範圍，不能維持一個廣大的帝國。況且帝國的疆域仍在繼續擴張，武人的勢力因而日大。代替舊制的帝國政制是此後六七十年間無形之中建設起來的。

到西元前一〇〇年左右，元老院是羅馬城與羅馬帝國中的最高政治機關，凡仍然在職與已經去職的重要官員都是元老。所以名義上元老的權柄雖然有限，實際上大權都操在他們手裏。公民會議仍然存在，但羅馬沒有代議制，羅馬公民偏天下，公民會議到會的實際卻只有羅馬城內與附近的人民。這些人大半沒有固定的職業與財產，對一切既不滿意又不負責，所以極易受人操縱利用。元老階級以及對現狀滿意的人至此都聯合一起，稱爲貴族陣綫（Optimates）。城內一般流動的公民，資本家，少數的貴族與其他一切對現狀不滿意的人也聯合一起，稱爲平民陣綫

(Popularos)。這種黨派的分歧與政權的爭奪在當初還有意義，還表現一種眞正的政爭。一方面贊成少數人爲少數人的利益而統治天下，一方面贊成全體公民爲全體公民的利益而統治被征服的各民族。但兩條陣綫的原意不久都消沒淨盡，當初的各種口號都成了獨裁者的護符。原來有帝國而沒有皇帝，在貴族陣綫與平民陣綫的糾紛之下就產生了一個專制的皇帝。

最早的獨裁者是馬略（Marius），是平民陣綫的領袖，在非洲打仗屢次勝利之後，於西元前一〇四年被選爲憲法上地位最高的執政官（Consul）。上等社會的人已都不願當兵，徵兵制不能維持。馬略見到此點，於是改革軍政，正式募兵。這是非常重要的一個變化；從此軍隊遂成爲將軍個人的職業兵，國家軍隊的性質日愈淡薄，最少我們可說，軍隊直接是將軍個人的軍隊，只間接纔是國家的軍隊。最後的結果當然是最強大的將軍與國家無形相混，甚至合一。

繼馬略而起的是貴族陣綫的蘇拉（Sulla），也是軍人。在西元前八二年他勉強元老院正式給他無限的獨裁權。蘇拉雖然沒有皇帝的名號，實際他可說是羅馬帝國第一任的皇帝。

馬略與蘇拉還眞正是兩個相抗的陣綫的領袖，此後的獨裁者就難說了。便利時，他們可與或左或右的一個陣綫合作但大致他們是以個人訓練的軍隊爲最後的靠山兩個陣綫都成了傀儡。

蘇拉死後不久三個獨裁者同時並出（西元前六〇年），就是龐培（Pompey），克拉蘇（Crassus），與凱撒（Julius Cæsar）臨時三雄合作組成三頭政治在三頭中，龐培地位最高當時的人就給他一個半正式的稱號——『首領』（Princeps）。但三個偉人當然難以合作，一度衝突之後凱撒勝利二年之間（西前四六至四四年）他成了全帝國的獨裁者但少數的理想主義者對於舊日的共和政體不能忘情最後用暗殺的手段將凱撒推翻。

正如用復興六國的名義把秦推翻之後，列國分立的局面並未恢復；凱撒被刺後共和政體也絕無挽回的可能結果只有多付一次大亂的代價而已。共和主義者能把獨裁者殺掉但不能治理一個龐大的帝國。他們原來相信民衆會贊成他們『除暴』的舉動，豈知結果大失所望，多數的人民似乎感覺獨裁的好壞是另一問題，實際目前除獨裁外別無維持天下安寧的方法。所以經過十四年的大亂之後，在西元前三〇年一個新的獨裁者又出現，就是屋大維（Octavius）。至此一切恢復舊制的幻想都已消散，帝國各地都呼屋大維爲『世界的救星』。這正與垓下之戰後沒有人再喊『剷除暴政』或『恢復六國』一類的口號一樣。

但屋大維秉性謹愼，對凱撒的命運時刻未忘。所以共和制度雖已推倒，他決定在實際獨裁的局面之下仍維持共和的外表。名義上一切仍舊，但屋大維在憲法上有幾種特權與特殊名號，使他實際的地位遠超憲法之上：

（一）至尊權（Imperium）——在共和舊制之下，國家最高元首的執政官有至尊權，就是行政上的最高權，但前此至尊權的期限爲一年，現在屋大維的至尊權屢次的延長，實際等於終身的權力。

（二）至尊號（Imperator）——在至尊權的制度之下，最重要的就是全國軍隊的統率權。在統率軍隊時，領有至尊權的人可用『至尊號』，也可說是大元帥。後來羅馬歷代的皇帝普通都用此爲常號，近代西洋文字中 emperor 或 empereur 一類的名詞都由此演化而出。在中文我們普通譯爲中國歷史上同類的名詞——『皇帝。』

（三）保民權（Tribunicia potestas）——羅馬原有保民官（Tribune），乃是平民階級的官吏，在憲法上有全權去防止或禁止任何貴族個人或團體對任何平民個人或團體有欺壓的行動。憲法並承認保民官的『神聖』地位（Sacrosanctitas），任何人對他的身體或生命若有侵犯，就與褻瀆神明同罪。現在屋大維不居保民官的地位，而終身領有保民官的職權與神聖性。

（四）其他特權——

（1）宣戰與講和權。

（2）元老院與公民會議的召聚權。這就等於說兩個會議實際都由皇帝操持。

（3）一切正式聚會中佔據最高座位的權利。

（五）首領（Princeps）——這是一個半正式的稱呼，以前的獨裁者多曾用過。後來元老院感覺『首領』一詞不夠尊崇，就又正式稱屋大維爲『國父』（Pater patria）。但這個名詞始終沒有流行，最通用的還是半正式的『首領』。

（六）奥古斯都（Augustus）——這是屋大維與後來歷任皇帝惟一正式的特別名號，就是『至尊無上』的意思。這只是一個尊號，與任何的特權無關。但這個正式的稱號與非正式的『首領』可表示當時的人無論貴族或平民，都承認獨裁制的不可避免因而情願創造兩個憲法以外的尊號。

在當時的情形之下，這個新舊調和的辦法未嘗不好，惟一的缺點就是承繼問題的虛懸。因爲在理論上羅馬仍爲共和國，一切地位與權柄都創自元老院或公民會議，所以世襲制當然不能成立。也恰巧屋大維沒有兒子，所以世襲的問題也沒有發生。在理論上，屋大維死後，或退職後，由元老院再選派一人擔任艱鉅應當沒有問題。但現在實際的制度是獨裁，這種紙上的辦法完全行不通。屋大維在生前也見到這一點，爲避免將來再起內亂，他感到非預先暗中指定承繼人不可。他當初四個親信的人都壯年死去未得繼立。最後他決定以他的義子提比略（Tiberius）爲嗣，使他也接受保民權與至尊權，所以全帝國都知道他是皇帝心目中的承繼人。屋大維死後，無人提出異議，提比略安然即位。

提比略原已享受至尊權，所以屋大維死後他就成了當然的大元帥，無形之間承繼了屋大維的地位。但提比略也極力的尊重憲法的外表，正式召聚元老院會議，請他們選定屋大維的承繼人。

元老院也知趣，就把屋大維生前所享受的一切特權與名號都加在提比略身上。從此這就成了慣例，每代的皇帝生前都指定實際的承繼人，而由元老院將來正式承認。

西元四一年皇帝加利古拉（Caligula）被暗殺，生前並未指定承繼人。元老院因加利古拉生前暴虐，於是就討論恢復舊日名實相符的共和制度的問題。但在元老院雄辯未決的時候，御衛隊已先發動，代他們決定拉克勞底（Claudius）出來為大元帥。元老院無法，只得承認既成的事實，許多天花亂墜的長篇演說都中途打斷。

克勞底的承繼者尼祿（Nero）暴虐無道，激起內亂；同時他又未指定承繼人。西元六八年變亂四起，尼祿自殺。四個武人爭位，都各出軍隊擁護為皇帝。次年韋斯帕申（Vespasian）勝利，由元老院承認為首領。韋斯帕申後來由其子提多（Titus）承繼。這雖實際上等於世襲，但名義上仍為選舉。提多也是先接受至尊權與保民權，在父親死後藉此兩種特權而當然繼位。

提多由其弟多密申（Domitian）承繼。西元九六年多密申被暗殺，無人繼位。至此元老院雖有機會，也不再妄想恢復共和，於是選舉了一個老好先生的尼爾瓦（Nerva）為皇帝。尼爾瓦感覺自己太庸碌無能，就以武人特拉燕（Trajan）為義子，並給他至尊權與保民權。

特拉燕忽略了承繼問題，生前未按慣例指定承繼人，到臨死時纔認亞第盎（Hadrian）為義子（西元一一七年）。元老院與軍隊雖都表示承認，但因亞第盎當初並未被默認為承繼人，也未享有至尊權與保民權，所以另外有武人反對。所幸反對派即被平定，未再引起大規模的內亂。此後六十年間（西元一一七至一八〇年）承繼問題一按慣例解決，歷代皇帝都指定承繼人，並都以承繼人為義子。

西元一八〇年後，羅馬帝國二百年的盛期已經過去，亂時多治時少，承繼的問題也時常發生。但一直到西羅馬帝國亡時（西元四七六年）帝位在理論上始終不是世襲的，在實際上也不都是世襲的，甚至到最後東羅馬帝國亡的西元一四五三年時，帝位在理論上仍非世襲的私產。

由上面的簡表看來，羅馬帝國帝位的承繼法可總論如下：

（1）在理論上帝位不是世襲的，實際上也大多不是世襲的。

（2）最普通的承繼法是由在位的皇帝於生前指定承繼人，承繼人並且在皇帝生前就享有特權，以便將來能不留痕跡而繼位。但這是一種非正式的默認慣例，無人公開的考慮這個方法，大家都只『心照不宣』而已。

（3）皇帝大多以承繼人爲義子。這與政制本身無關，只能算爲一個以人情輔助公事的辦法。

（4）凡不按慣例指定承繼人時，或因故未得指定承繼人時，結果往往是引起內亂或招致軍隊的跋扈干涉。

（5）屋大維以後幾乎無人再相信舊日的共和制度有恢復的可能，所以也很少有人想推翻獨裁皇帝的制度，雖然始終大家不肯承認帝位是一人一家的私產。

二 回教初期教主

亞拉伯人自占就分爲兩種：遊牧人與城居人。遊牧人散居內地沙漠地帶，牧畜爲生，遷移無定，組織極爲散漫。城居人聚住沿海肥地，有城郭，以商業與簡單的農業爲生。城市中最重要的就是西岸的麥迦（Mecca）與麥第那（Medina）。但城市間的距離甚遠，不利於公同的政治組織。無論士著與遊牧政治組織都停頓在部落的階段。已往在半島各地間或有比較廣大的國家出現，但都是暫時的。在回教興起之前，部落組織是常態。

每個部落或城市各有自己的神祇與宗教。但麥迦是全民族所承認的公同聖地，城中有廟名嘎巴(Kaaba)或立體廟。廟中有神像三百六十座，乃全民族在各地所崇拜的神祇的總匯。廟牆中有黑石一塊，尤爲全體亞拉伯人所崇敬。每年一度，全半島的人都到麥迦朝聖，一方面朝拜立體廟中的羣神，而尤其重要的是向神聖的黑石示敬。這種鬆散的宗教儀式，可說是回教興起前亞拉伯人惟一民族意識的表現。

加強民族意識，統一各部落與各城市，使這本來一盤散沙的民族一躍而成爲當時世界最強大的勢力的——就是穆罕莫德。穆罕莫德所創的宗教簡而易行，感人的能力非常之深。他毁掉各地的神像，聖廟中的三百六十座神像也被廢棄。但立體廟本身與牆中的黑石卻仍保留，照舊被奉爲聖地。代替舊日繁複信仰的新宗教非常簡單，信條只有一段，婦孺皆可背誦明瞭：『除惟一眞宰(Allah)外別無他神，穆罕莫德是他的先知(Prophet)』。這一句話的力量不是我們今日的人所能想像的。穆罕莫德用這一句話，在十年之內統一亞拉伯半島。穆罕莫德死後，他的承繼者靠這一句話，在一百年內征服了東至中央亞細亞西至西班牙的一個大帝國。

前此亞拉伯各部落的酋長本由各部落推選。但現在情形大變，全民族在短期間已經統一，實權者的承繼問題甚爲重大。穆罕莫德自己生前對此並未預定計劃；同時他又無子，所以世襲制也談不到。至於一般信徒看穆罕莫德幾同神明，不信他也會如凡人一樣的死去。一旦首領薨逝，大家都無所適從。在穆罕莫德左右地位最爲重要的有阿布伯克（Abu Bekr），歐瑪（Omar），與阿里（Ali）三人。西元六三二年穆罕莫德死，回教中要人遂公選阿布伯克繼位，爲最初創教者的代表或「哈利發」（Caliph）。這個地位是宗教而兼政治的，可說是一個有政權的教主。教主在理論上由全民選舉，選舉後宗教權與政治權都集於一身。但阿布伯克實際是由少數人選出的。阿布伯克德高望重，選舉未成嚴重的問題，但也幾乎引起內部的分裂。許多部落由於習慣的關係，又欲恢復原始分散獨立的狀態。但一切叛亂都被阿布伯克平定，從此半島內部未再發生嚴重的分裂問題。

阿布伯克見到無限制的選擧有引起內亂的危險，所以在生前就向左右指定歐瑪爲最適宜的承繼人。西元六三四年阿布伯克死，左右尊重他的意見，就正式選擧歐瑪爲教主。歐瑪感覺繼位法有固定化的需要，於是生前就指定六位元老爲選擧委員，將來他們由自己內部互選一人爲教主。歐瑪有子，但不肯假公濟私，沒有指定兒子爲承繼人，並且也未派他爲選擧委員之一。西元六四四年歐瑪死，六位選擧委員中的歐斯曼(Osman)被選爲繼位的教主。歐斯曼腐敗，引起反抗，西元六五六年被刺殺而死。他生前並未指定承繼人，也沒有預定選擧法。反對派遂擁阿里爲教主。回教內部的分裂由此開始，西元六六一年阿里亦遭刺殺。從此教主的地位變成陰謀與爭奪的對象，回教共和國無形結束，統一的或各地分立的回教國都成了世襲專制的政體。

回教共和國雖只維持了三四十年，亞拉伯的情形雖與羅馬帝國不一樣，但承繼法卻大同小異。阿布伯克以後兩代的教主都因被預先指定而未成問題。第四代因未指定，又未預定選擧法，內亂於是發生，共和國竟至因而結束。回教不似羅馬，未得演化出一個大家公認的承繼慣例。但阿里以前幾次的蟬聯似乎是正在對著一個固定慣例的方向走去，可惜尚未成功就被世襲制打斷。

三　結論

「歷史不重述自己」—— History does not repeat itself。我們不敢說二十世紀西洋各國的獨裁者也都要用羅馬與回教那種實際指定而名義選舉的方法產生承繼人。但在制度的範圍以內，我們很難想像其他更為妥當或更為自然的方法。西洋又有一句與上面所引正正相反的老話：「天下並無新事」—— There is no new thing under the sun!

參考書

羅馬

Cambridge Ancient History, Vol. X, chap 5; Vol. XI, chap. 10。

Boak, A.E.R. *A History of Rome to 565 A.D.*, chap. 11—19。

Bailey, C. (ed.), *The Legacy of Rome*,—— "The Conception of Empire",

"Administration"。

回教

Cambridge Medieval History, Vol. II, chap. 10—11。

Ameer Ali, *A Short History of the Saracens*, chap. 1—6。

Margoliouth, D. S., *Mohammed and the Rise of Islam*。

Encyclopedia Britannica, ninth edition, —— "Mohammedanism",

Ibid., fourteenth edition, —— "Islamic Institutions"。

中國隱士與中國文化

蔣星煜 著

中華書局

民國三十二年十月初版
民國三十六年一月再版

中國隱士與中國文化（全一冊）

◎定價國幣一元五角
（郵運匯費另加）

著者　蔣星煜

發行人　中華書局股份有限公司代表　顧樹森

印刷者　中華書局永寧印刷廠　上海澳門路四六九號

發行處　各埠中華書局

（一三二八五）（滬印）

序

無論從那一方面說，「隱士」這個名詞和它所代表的一類人物，是中國社會的特產。「隱士」的含義，是清高孤介，潔身自愛，知命達理，視富貴如浮雲。這自然是一種消極的人生觀，但又不同於悲天憫世和佛教的思想，因爲隱士的人生觀，雖不積極，卻是樂觀的。自然更不同於歐美的功利主義，而且截然相反。中國「隱士」的風格和意境，決非歐美人所能瞭解的。

「隱士」是農村社會的產物，在今日全世界的生產方式，顯然從農業經濟轉變到工商經濟的道路中，中國也不是例外。工商經濟的社會，人羣相互依賴較深，一個人在生活上很難自給自足，所以如果陶淵明生於今日，固可不爲五斗米折腰，但決不能遺世而獨立。自然「隱士」這一類人物，在近代社會中少見了。同時「隱士」又是君主時代的產物，在君主時代，所謂「普天之下，莫非王土，率土之濱，莫非王臣」，一個清高自許的人，要不做皇帝的臣妾，決沒有其他的土地或事業容許他寄跡，那就只有做「隱士」了。此所以「義不食周粟」的伯夷叔齊，終於甘食薇蕨而餓死在首陽山，成爲中國「隱士」的典型。

所謂「隱士」，在古代中國人物中，雖然只占極少數，但中國隱士和中國文化，卻有相當的關係。第一，早在先周中國文化發揚之初，隱士人物卽已開始產生，所以可以說「隱士」是與中國文化俱生的。第二，中國文化的本質，尚謙讓，行中庸，薄名利，鄙財富，這些起初都有助於「隱士」思想之形成，後來卻也受了「隱士」思想的影響。第三，即使在現代社會，經濟條件已轉變到不容許「隱士」生活的存在，但這類思想仍未泯滅，這類風格仍爲人所憧憬。在我國社會中，很有不少退居鄉里的士紳，他們沒有職業，毀入仕途，不求聞達，讀書自娛。這些人雖夠不上「隱士」的程度，但多少卻受着隱士思想的潛伏的支配。

今日的政治是全民性的，政治制度民主化，所謂「隱士」這一類思想，自然是不合時代，並且落伍了。但要研究中國文化「的源流」，及其民族國家的影響，對於中國隱士這一種思想的存在，顯然是值得注意的。

民國三十二年雙十節蔣星德序於渝郊小溫泉

目錄

中國隱士與中國文化

中國隱士名稱的研究

自從巢父許由以下，一直到民國初年的哭庵易順鼎輩，中國隱士不下萬餘人，即其中事蹟言行歷歷可考者亦數以千計，而他們的名稱則雜亂紛歧，頗不一致，比較主要的有隱士，高士，處士，逸士，幽人，高人，處人，逸民，遺民，隱者，隱君子等十一種。

舊唐書隱逸傳序：「堅廻隱士之車。」

這是「隱士」見於典籍的開始，「隱士」雖然是現在最習用最通俗的名稱，但它的歷史實短促無久，不過流行了一千年左右而已。「隱」是隱藏的意思，士不見於世，所以稱隱士。

史記魯仲連傳：「吾聞魯仲連先生，齊國之高士也。」

後漢書徐穉傳：「林宗有母憂，穉往弔之，置生芻一束於廬前而去，衆怪不知其故。宗曰：此必南州高士徐孺子也。」

「高士」是根據易經「不事王侯，高尚其事」而定名的。易經注疏說：「不復以世事為心，不係累於職位，故不承事王侯，但自尊高慕，尚其清虛之事，故云高尚其事也。」

孟子：「諸侯放恣，處士橫議。」

史記殷本紀：「伊尹處士，湯使人聘迎之。」

史記信陵君傳：「趙有處士毛公，藏於博徒，薛公藏於賣漿。」

荀子：「古之所謂處士者，德盛者也，能靜者也，知命者也，箸是者也」。這是處士的條件。

後漢書劉寬傳註：「處士，有道藝而在家者」。這是處士的定義。

後漢書逸民列傳：「蓋以講道餘隙，寓乎逸士之篇。」

「逸」的解釋以後在提到逸民的時候要詳細分析。

士農工商兵是中國傳統的社會學的人民分類法，因此，從廣義言之，士是一種智識份子，猶今日之所謂讀書人文化人。狹義言之，則限制頗多，就不是這樣簡單了：孔子說：「推一合十為士」。曾子說：「士不可以不弘毅，任重而道遠。」白虎通：以能通古今辯然否為士。在英文裏面，隱士一作 A retired scholar. 一作 A private gentleman. 和孔子曾子的意思非常脗合。

隱士，高士，處士，逸士四者的範疇問題亦頗有趣味：曾經出仕而退居，固然有稱隱士和逸士的資格，處士則作未嘗出仕之稱謂，一如處女是未出嫁之女子然，宦途蹉跎者，固不得謂之處士，一如嫠婦不得謂之處女也。又高尚本非限於在野之人，官吏之不貪污不倚勢而克盡職守者，「高尚」二字當之無愧。惟高士習用為隱士之稱謂已非一日，久而久之，成了隱士的專稱。皇甫謐的「高士傳」載晉以前九十六人，清高兆的「續高士傳」載晉至明一百四十三人，共計二百九十三人，其中沒有一個不是隱士。

據「能改齋漫錄」稱：政和八年御筆詔命在學中選人，增置士名，分入官品：元士正五品、高士從五品、大士正六品、上士從六品、方士正七品、闕士從七品、居士正八品、逸士從八品、隱士正九品、志士從九品。則高士、逸士與隱士似又各各不同，不知其分類之標準若何。

易經：「幽人貞吉。」

後漢書逸民列傳序：「光武側席幽人，求之若不及。」

續世說：「上好嘉遁，蘇威以幽人見徵，擢居美職。」

駱賓王：「高人儻有誤，興盡詎來還。」

淮南子主術訓：「處人以譽尊。」

論語：「逸民伯夷、叔齊、虞仲、夷逸、朱張、柳下惠、少連。」

論語：「舉逸民而天下之人歸心。」

顏師古註「漢書律曆志，」曾爲逸民試下一定義：「逸民，有德而隱居者也。」又論語何註：「逸民，節行超逸也。」此處逸民略同於逸材，逸品，逸格，逸作超凡不羣解。論語朱註：「逸，遺逸，無位稱。」此處逸民作逸居之民。逸居語見孟子：「逸居而無敎，則近於禽獸。」其實何晏和朱熹的看法並不衝突：節行超逸是逸民的主觀條件，而無位則是逸民的客觀條件。但還是顏師古的定義兼有何晏，朱熹之長，較爲完善。

國朝先正事略徐俟齋先生事略：「先生與宣城沈壽民，嘉興巢鳴盛爲海內三遺民。」

本來界遜朝舊人不仕新代稱遺民。又尚書說：「野無遺賢。」則作一般隱士解，似亦無不可。「人」之範疇極廣，可包括全人類，「民」的範疇有了一種政治的限制，如公民、國民等，較「人」稍爲狹狹，兩者理應皆爲士農工商兵之總稱則無疑義。然用於上列數處時，亦僅意味「士」而已。

論語：「子曰隱者也。」

賈島：「寂寥思隱者，孤獨作秋霖。」

者意爲「的人」，卽英文中 Verb to be 加 er 之語尾變化是，一無其他含意。

史記老萊子傳：「老子，隱君子也。」

蘇軾超然臺記：「南望馬耳常山，出沒隱見，若近若遠，庶幾有隱君子乎。」

鮑當題林和靖隱居詩：「如何隱君子，長嘯掩杜門。」

君子是人格高尚的完人，論語：「聖人吾不得而見之矣，得見君子者，斯可矣。」聖人之次卽是君子，故隱君子爲隱士之最尊稱。

隱士之名稱及名稱之出處已舉列於上，又有以隱君及隱居稱隱士者，均在唐宋以後。又有稱隱逸或逸隱者：

後漢書岑彭傳：「會孫杞，遷魏郡太守，招聘隱逸，與參政事。」

諸葛忠武侯全集：「提拔逸隱，以進賢良。」

嵇康：「山岩多隱逸，輕舉求吾師。」

他如遺逸，類皆是。

又如遯世，高蹈等皆爲動詞之「隱居」，而非名詞之「隱士」也，茲略舉於下：

易經：「君子以獨立不懼，「遯世」無悶。」

顏延之：「「高蹈」獨善。」

後漢書卓茂傳：「抱經「隱遁」林藪。」

杜甫：「行歌非「隱淪」，此意竟蕭條。」

韋應物：「「長棲」白雲表。」

舊唐書蕭瑀傳：「若天假餘年，因此發爲「棲遁」之資耳。」

唐書明皇紀：「有「嘉遯」「幽棲」養高不仕者，州牧各以名薦。」

蘇軾：「年來漸識「幽居」味，思與高人對榻論。」

詞性既然完全兩樣，則當然不能作「隱士」解釋了。

筆者在編寫本書之初即決定用「隱士」這一種名稱，第一是因爲「隱士」在今天是最普遍最習用的名稱，大部份人對之決不會感生疏，反之若用「高人」之類，則說不定會引起讀者的誤解。第二是因爲「隱士」的含意比較明顯，範疇也比較廣泛。

中國隱士形成的因素

隱士在中國歷史上始終扮演一種最受人家喝采拍掌的角色。至於他們爲什麼不願意做國家的領袖？爲什麼不願意做官吏？他們的思想和行爲那一點值得我們喝采和拍掌？却很少有人去硏究。其實隱士之所以形成，從主觀方面來說，完全是由於個人主義或失敗主義，這兩個因素的作祟。凡是隱士，不是個人主義者，便是失敗主義者。現在我們先來硏究隱士的個人主義的因素：

有許多隱士假裝清高，故意漠視國家領袖和官吏對於人民的重要性。因此，他們自騙自地認爲做國家的領袖或者做官吏完全是一種權利，並且是一種享受而不是義務，高興做就做，不高興做就不做。他們絲毫沒有服務的觀念，對於人類全體的生活和宇宙繼起的生命，只是用一種漠不關心的態度去對付。只知道盲目地爲着自己生活着，盲目地珍惜自己的物質生命。

許由巢父是個人主義者。因爲「祿亦弗及」而隱居綿山的介子推當然也是個人主義者。但是個人主義者的隱居理論，要到曾任漆園吏而不敢爲楚相的莊周才有比較具體的說明。史記莊子列傳有如下的記載：

楚威王聞莊周賢，使使厚幣迎之，許以爲相，莊周笑謂楚使曰：千金，重利，卿相，尊位也，子獨不見郊祭之犧牛乎？養食之數歲，衣以文繡，以入太廟。當是之時雖欲爲孤豚豈可得乎？子亟去，無汙我。我寧遊戲汙瀆之中以自快，無爲有國者所羈，終身不仕，以快吾志焉。

莊子達生篇則云：

祝宗人玄端以臨牢筴，說彘，曰汝奚惡死？吾將三月犧汝。十日戒，三日齋，藉白茅，加汝肩尻乎彫俎之上，則汝爲之乎？爲彘謀曰：不如食以糟糠而錯之牢筴中。自爲謀，則苟生有軒冕之尊，死得於腞楯之上，聚僂中，則爲之，爲彘謀，則去之，自爲謀則取之，所異彘者何也。

在山木，秋水，人間世諸篇中這種論調也時常發現。王先謙說：「余觀莊子甘曳尾之辱，卻爲犧之聘，可謂塵埃富貴者也。」章太炎也說：「南面不可以止盜，故辭楚相之祿。」究其實際，莊子又何嘗輕視祿位和富貴，不過照他看來做了大官，難免要被人嫉忌，或是和人家結冤仇，死的機會太多了，以整個的生命換取短時間的富貴並不合算，所以他要辭楚相。「南面」可以不可止盜，並不是他去就的關鍵。

另外一個典型的最狂放的隱士是晉代竹林七賢之一的嵇康，嵇康不願做官吏的原因，是他太看重個人的自由，而忽略了民族國家的自由。做了官有公務在身，要日理萬機，當然不能和老百姓一樣自由。他的「與山巨源絕交書」是一個最好的供狀。

嵇康心目中的世界——最大的大我——是他的家庭。因爲「女年十三，男年八歲，未及成人，況復多疾。」於是他有了「顧此悢悢，如何可言。」的憂鬱。至於當時政治的腐敗，人民在連年兵革之後經濟生活的貧困，他倒能無動於中。在「與山巨源絕交書」中他說：

又聞道士遺言，餌朮黃精，令人久壽，意甚信之；遊山澤，觀魚鳥，心甚樂之。一行作吏，此事便廢，安能舍其所樂而從其所憚哉。

從這幾句話看來，他所以不做官，一半固然是做了官，不得自由。一半又是做了官，沒有功夫吃朮黃精，影響到他長生不老術的修煉。這種觀念可以說已經發展到個人主義的極端。我們無從了解，他這種對社會，對國家，對人類一無裨益的生活有何樂處。

我們要提到梁陶宏景，他是從古至今隱士之中最聰的一個，他一方面極端尊重自己的個人自由，並有服食還仙的志趣。另一方面又有強烈的領袖慾，支配慾和其他慾念，更不能忘情於物質生活。他便生活在這兩種矛盾的不相容的觀念中。他隱居在茅山，武帝下詔書叫他出山，他沒有出山，畫了一幅畫，上面有兩條牛，一條牛很自在地在水草之旁徜徉，另一條則著了金籠頭，有人用繩牽着，後面又有人用杖驅策着。意思很明白，雖然著了金籠頭總沒有自由的舒適，所以他不願出山。但是他如何滿足他的慾念呢？如何充實他的物質生活呢？他便以在野之身，以備武帝諮詢。梁武帝集中有答陶宏景之詔書二，書扎五，可見他們關係密切之一般。他的物質需要的程度及其來源，我們讀了梁武帝，「答陶宏景請解官詔」便可知道：

卿遺累卻粒，尚想清虛，山中閑靜，得性所樂，當善遂嘉志也。若有所須，便可以聞，仍賜帛十疋，燭二十挺。

以上分別舉例檢討了形成隱士的個人主義的因素，現在再來檢討形成隱士的失敗主義的因素。失敗主義的隱士最多出現於某一政權瓦解，另一新政權崛起而代之的時候。隱士是忠實於已瓦解的政權的，他當然不做新政權的官吏。但他又缺乏自信心，懷疑自己的力量，不敢明目張膽地積極地舉起反抗的旗幟，只是用隱居作手段對新政權表示一種消極的抗議。

伯夷和叔齊這兩位賢昆仲是失敗主義的隱士的典型，他們認爲天下是殷的，如今給姓姬的搶去了。姓姬的不對。那末，照理說他們應該起來反抗才是，但是那裏有這股勇氣呢？於是兩位賢昆仲只好隱在首陽山下採薇而歌了，最後覺悟到這薇也不屬於姓殷的，終是饑餓而死。他們的消極行動絲毫沒有爲影響到姓姬的所建立的王朝——周，而周竟綿延到八百年以上才爲秦所滅。

古代的學者十之八九是夷齊的崇拜者。論語「述而」云：「伯夷叔齊何人也？古之賢人也。」「季氏」云：「伯夷叔齊餓於首陽之下，民到于今稱之。」但是崇拜到頂點的要算唐代的韓愈了，他有一篇「伯夷頌」：

士之特立獨行，適於義而已，不顧人之非是；皆豪傑之士，信道篤而自知明者也。一家非之，力行而不惑者寡矣，至於一國一州非之，力行而不惑者蓋天下一人而已矣。若至於舉世非之，力行而不惑者則千百年乃一人而已耳。若伯夷者，窮天地亘萬世而不顧者也，昭乎日月，不足爲明。舉乎泰山，不足爲高。巍乎天地，不足爲容也。……殷既滅矣，天下宗周，彼二子乃獨恥食其粟，餓死而不顧，繇是而言，夫豈有求而爲哉，信道篤而自知明也。……夫聖，萬世之標準也。余故曰：若伯夷者，特立獨行，窮天地亘萬世而不顧者也，雖然微二子，亂臣賊子接跡於後世矣。

韓愈只看到伯夷的消極行動比到一般人投降或屈服的行動要好一點，便過份的誇張起來。他沒有看到這兩種行動所產生的結果雖然不同，卻相差無幾。當然，他更沒有看到積極行動可能發生的力量，和它的可能發生的結果。

此後失敗主義的隱士的大批出現是在王莽篡漢之時。「後漢書逸民列傳」向長傳曰：

王莽大司空王邑辟之，連年乃至。欲薦之於莽，固辭乃止，潛隱於家。

逢萌傳曰：

時王莽殺其子宇。萌謂友人曰：三綱絕矣，不去禍將及人。即解冠掛東都城門歸，將家屬浮海，客於遼東。

周黨傳曰：

及王莽竊位，託疾杜門。

平心而論，向長，逢萌和周黨，不和王莽合作是對的，比寫「劇秦美新」的揚雄人格要高尚得多。但是從另一方面想，假使襄贊光武中興的那一般文武，也只是和向長一樣不合作就算了，不去做積極的活動，那末王莽的統治毫無疑問的要綿延下去。而「後漢」這個名詞是不是仍舊還會在中國的歷史上出現，誰也不知道了。

宋末蒙古人入主中原的時候以及明末滿人入關的時候，失敗主義的隱士更多如牛毛。登高一呼而屬勤王之師的大部份是農民，士大夫階級倒反不多見。

個人主義和失敗主義是形成隱士的主觀因素已如上述。客觀因素在這裏可以綜合的分析一下：

第一是由於傳統的逃避的哲學思想深入了士大夫階級，他們自己不願意做官，更反對別人做官，於是便盡力誇張隱士的清高，而不問國家的領袖及其他官吏之是否愛護人民或虐待人民，一概像吉訶德見了風車一樣，馬上就要挑戰，予以尖酸刻薄的諷刺或譏笑。於是少數有學識有修養的人，本來有救世的熱情，也視做官吏爲畏途了。易經上面有「不事王侯，高尚其事。」的話，又如孔子，自己是「但問耕耘，不問收穫」的實幹主義者，他東西奔走救世的精神當然值得我們欽佩，但是他那一套「天下有道則見，無道則隱。」「賢者辟世，其次辟地……」「隱居以求志……」的違心之論却給予後世一個最深刻的印象。埋藏下了一棵卑視官吏的心理的種子。

第二是由於中國是農業國，社會是農業社會。這一點很値得我們注意，農業社會的經濟基礎是建築在自給自足上，生活簡單而安定。「擊壤歌」：「耕田而食，鑿井而飲……」「老子」：「……雞犬之聲相聞，雖至老死不相往來。」很能表現古代社會生活之一般，而這一種社會生活，就最低限度生活需要而論，可以不必仰求外來物資。就生活環境而論，因爲物質文明尚未發達，人口的密度亦遠遜現在隨處都是充滿自然美的幽靜的地方，無車馬之喧當然不必說，甚且有「松下問童子，言師採藥去，只在此山中，雲深不知處」「羣峭碧摩天，逍遙不記年，撥雲尋古道，倚樹聽流泉，花暖靑牛臥，松高白鶴眠，語來江色暮，獨自下寒煙。」的境界。因此，加強了隱士存在的可能性。

形成中國隱士的主觀因素和客觀因素已經分別地討論過了，我們由此可知像隱士這種自私而叁縮的人生是不合理的病態的人生。就隱士本身而論，離羣索居是賊天之性。對於國家社會以至整個人類更是有百弊而無一利。我們覺得唯一的補救辦法，只有把新的人生觀建立起來，加強我們的服務觀念，提高我們的奮鬥精神，發揚我們的創造能力。那末，我們可以斷定：隱士不會再在中國的歷史上出現。

中國隱士類型的區分

我們要認識中國的隱士，除了必須要分析他們之所以形成的因素而外，其次，我們最感覺到它的重要性和趣味性的，是隱士的類型這一個問題。本來，隱士是一般人生中的一部份，他們之有類型的存在正和一般人生之有類型的存在無二致，應該是無可懷疑的。但是又因爲他們是一般人生之中有着特殊的人格和特殊的生活形態的一部份，所以他們類型區分受到這種特殊性的限制，而和一般人生類型的區分完全異趣了。

現在爲了事實上的必要，應該先提到幾種區分一般人生類型的基準不同的方法：

詹姆斯(H. James)心目中的人生的類型是相對立的軟性的和硬性的兩種，用我們固有的術語來講，就是陰柔和陽剛的兩種。這一種方法的精密程度很成問題，用於一般人生類型，則它有不可否認的普遍性。但用於隱士，這種方法是極端的不適合，因爲中國隱士有着濃厚的道家色彩，所以從一百個中國隱士之中很難找出一個陽剛的隱士來。

斯普蘭格(E. Spranger)則把人生分成理論之型，經濟之型，藝術之型，社會之型，政治之型和宗教之型六種類型。假使我們要仔細地研究每一種類型的特徵和屬性，而和中國隱士的人格，意識形態和生活形態作一個對比，以求出相同之點，那未免越出範圍太遠了。藝術之型和宗教之型是存在於中國隱士之中的，其他四種類型是沒有的並且不可能的。因此，斯普蘭格的方法也無法應用。

比詹姆斯和斯普蘭格的方法更爲學者所習用的是詩的散文的和戲劇的這一種區分的方法，這方法比較來得抽象，我們可以舉出賀麟先生在「德國三大哲人處國難時之態度」一書中的敍述來解釋：最顯著的例如中國則老子的爲人據史記及傳說，便是富於詩意的，他的生活好似一首沖淡閒適的小詩。至於孔子的人品則顯然是散文式的，他的一生是一篇有抑揚頓挫的古文。而墨子的性格與耶穌相同：便是戲劇式的，因爲他的生活富於驚心動魄的情節，有壯闊的波瀾，令人精神爲緊張。

從上文我們可以知道這方法與詹姆斯的相當接近：詩的就是輭性的，而散文的和戲劇的包括硬性的之中，僅有程度上的差別而已。

簡略地檢討了三種一般人生類型區分的方法，我們已經知道用於隱士如何的不適合。隱士應該另有隱士類型的區分方法，任何人不會表示反對罷。

西方的學者慣於用科學的方法來處理一切複雜的材料；如夫賴塔格（Gustau Freytag）在「出欵與進欵」一書中對於商人的類型會有深刻的研究，而裴斯塔洛齊（Pestalozzi）在「瑞士人之力」（Schweizerblott）一書中對農人類型之分析亦頗有價值，或須是由於隱士在西方不像在中國一樣地頻頻出現於歷史，所以很少有人去研究隱士和隱士的類型。

中國學者如孔子、孟子、司馬遷等都是隱士的崇拜者，但他們對於隱士的研究根本談不到，僅有「隱士讚」幾篇內容空泛的讚美詩而已。南朝宋范曄雖然沒有能完全揚棄一般人對隱士的傳統的錯誤觀念，他却在研究上獲得初步的成功，並且在學術界起了發酵的作用。自從范曄著「後漢書」開始，隱士才從中國歷史著作中得到他們的固定地位，范曄在「後漢書」「逸民列傳」的序文中曾對隱士加以類型的區分，他一共歸納成下列六類型：

一、隱居以求其志。

二、曲避以全其道。

三、靜己以鎮其躁。

四、去危以圖其安。

五、垢俗以動其槩。

六、疵物以激其清。

范曄自己沒有明白地指出某隱士屬某類型，我們只能參考唐代顏師古的注釋來研究：

顏師古認爲長沮桀溺第一種「隱居以求其志」的隱士是無法自圓其說的，長沮桀溺曾與孔子有一面之緣，若孔子以爲他們兩人是「隱居以求其志」的人，則斷不會說「隱居以求其志，行義以達其道，吾聞其語矣，未見其人也」的話了。大概孔子以及范曄的所謂「隱居以求其志」，是指以隱居爲手段而求達到伸其志於天下的目的罷，這個假定要是可以成立的話，那麼，姜尚應該是最理想的代表人物。

把薛方列爲第二種「曲避以全其道」的隱士，我們當然同意顏師 的看法，因爲王莽以安車去迎接他的時候，他曾口是心非地說過「堯舜在上，下有巢由，今明主方隆唐之德，小臣欲守箕山之志也」的調皮話。他在西漢哀帝時，曾做丞相司直的官職，等到王莽要用他，他就用調皮話來詭辯，顯然是出避了。

第三種「靜已以鎮其躁」的隱士照我們看法惟有提出春秋間晉文公手下的介之推爲代表人物最適當，因祿不及而與母偕於綿山的史實可以作爲佐證。顏師古提出逢萌是勉強的，逢萌一行的行徑告訴我們他是一個徹頭徹尾的珍惜自已生命的人，此於他的意氣似遠較介之推爲和平。

第四種「去危以圖其安」的隱士占有隱士的大部份，園公、綺里季、夏黃公、甪里等四皓當秦之世，避而入商山深山，以待天下之定，作爲代表人物亦無不可。

申徒狄的確是第五種「垢俗以動其槩」隱士的標準類型，他輕視軒冕和權力的程度，不知多少倍於許由、巢父、池主與北人無擇，所以當湯欲以天下相受之際，他耻以不義聞己，竟激憤到極點而跳到河裏去淹死了。

嚴光和梁鴻作爲第六種「疵物以激其清」的隱士代表，大體上說來沒有錯誤，嚴光非常幽默，漢光武供給他最華貴的享受，要他襄助朝政，他假顛假呆的，說說風涼話，始終不答應，梁鴻則有著名的「五噫之歌」：

陟彼北芒兮，噫！顧覽帝京兮，噫！宮室崔嵬兮，噫！人之劬勞兮，噫！遼遼未央兮，噫！肅宗聽了非常不滿，甚至要下令逮緝他。這兩個人作爲「疵物以激其清」的隱士，我們也有這種種史實可以佐證。

范曄這一種類型區分的方法在他的時代是有價值的，用現在的目光來觀察，卻發現了許多缺點，最主要的是各種類型之間的界限太模糊不清，尤其是第五種和第六種，簡直找不出界限來。

梁阮孝緒是范曄以後對隱士作更進一步研究的人，他蒐集了自炎黃以至天監末年有關隱士的史料，著了一部「高隱傳」，在這部書中，他把隱士分成三種類型，分三篇敘述：

一、言行超逸，名氏弗傳。

二、始終不耗，姓名可錄。

三、掛冠人世，棲心塵表。

阮孝緒自己是一個隱士，每逢到有做了官的親戚來看他，他竟覺得比鬼怪來找他還使他厭惡，便穿籬越牆逃到郊野裏去，絕對不接見。以隱士研究隱士，照理說不難有偉大的成就，然而他的成就僅在史料的蒐集，關於類型的區分，他失敗了，他比范曄失敗得更利害。

這一種類型的區分有下列二大缺點：

第一是太主觀，隱士的名字傳不傳的問題，並不足以表示他們類型的不同，阮孝緒把他自己不知道名氏的隱士另立成一種類型未免太主觀了。隱士之中如漢之野王二老，漢陰老父與陳留老父，宋之杜生，順昌山人與南安生，當然他們自己有自己的名氏，並且姓名不過作為人的標識，譬如說野王二老和梁鴻、韓伯休，又何嘗能單從名字的傳不傳把他們區分為兩個不同的類型呢。

第二是太零亂。即便是主觀的區分，要能有一個基準，尚有可說。阮孝緒却沒有基準，我們知道以名氏傳不傳爲基準的話，可以分成傳的和不傳的二種，分成三種的方法無論如何解釋是不能成立的。

「梁書」作者唐姚思廉說：

> 古之隱者或恥聞禪代，高讓帝王，以萬乘爲垢辱，之死亡而無悔，此則輕身重道，希世間出，隱之上者也。或託仕監門，寄臣柱下，居易而求其志，處汙而不愧其色，此所謂大隱隱於市朝，又其次也。或裸體佯狂，盲瘖絕世，棄禮樂而反道，忍孝慈而不恤，此全身遠害，得大雅之道，又其次也。

姚思廉似乎想從隱居的地域底基準來劃分，第一種是隱於山林的，第二種是隱於市朝的，但第三種列於其間，就顯得有些不倫不類了。

「程氏周易傳」作者宋程伊川說：

> 士之高尙，亦非一道，有懷抱道德不偶於時，而高潔自守者；有知足之道，退而自保者；有量能度分，安於不求知者；有淸介自守，不屑天下之事，獨潔其身者

葉仲圭的註解稱：「懷抱道德，伊尹太公是也。知止足之道，張良疏廣是也。量能度分，徐止中屠蟠是也。淸介自守，嚴光周黨是也。」程伊川舉出四種，實際上只得三種：甲是尙未遇機會出仕者，乙丁是不願出仕者，丙是不能出仕者。葉仲圭所舉的人物，大致上沒有什麽錯誤。

「新唐書」的作者宋祁說：

古之隱者大抵有三槪：上焉者身藏而德不晦，故自放草野，而名往從之，雖飛乘之貴，猶尋軌而委聘也。其次挈治世具弗得伸或持峭行不可屈於俗，雖有所應於爵祿也，汎然受，悠然辭，使人君常有所慕企，怊然如不足，其可貴也。末焉者資槁薄樂山林，內審其材，終不可當世取捨，故逃丘園而不返，使人常高其風而不敢加訾焉。

宋祁的分法也是沒有一個基準，可是他不是隱士的盲目的崇拜者，他看到了隱士的個人主義的思想的一方面。

宋祁之後，以及清末雖然也常有人研究隱士的類型，但是有價值給我們參考的方法却始終不曾有過。

近人姜亮夫曾在「中國文士階級的類型」一文中論及隱士的類型，他的意見可歸納如下：

- 隱士
  - 修士
    - 僧　道……如鳩摩羅什、玄奘大師
    - 準僧道……如郭璞、郭弘、陶宏景、林逋
  - 逸士……如阮籍、嵇康、劉伶、陶潛

這方法比范曄、阮孝緒和宋祁所採用的都要合理一些，缺點是在時間上有了問題。因爲佛教的傳入是在東漢明帝（永平八年——西歷六五年）夜夢金人，派蔡愔等十六人迎摩騰、竺法蘭白馬駝

經像來中土之時，至於道教雖尊老子爲太上老君，張道陵以符水禁咒之法愚民方具雛形，更在佛教傳入中國之後。所以姜亮夫只能舉出漢以後的隱士爲例，對於自軒轅氏（西曆紀元前二六九七年）至漢明帝永平八年（西曆六五年）這二千七百六十二年之間的隱士無法處理，誰爲逸士？誰爲僧道？誰爲準僧道？他都無法區分。

我認爲隱士類型的區分，必須從隱士的生活形態的各方面來觀察，才能普遍地適用於任何時間任何空間。現在我要提出我自己的方法來：

一、從隱士的政治生活來觀察可區分爲：
　1.眞實的隱士……如巢父。
　2.虛僞的隱士……如伯夷。
二、從隱士的經濟生活來觀察可區分爲：
　1.在業的隱士……如臺佟。
　2.無業的隱士……如朱桃椎。
三、從隱士的社會生活來觀察可區分爲：
　1.孤僻的隱士……如林逋。
　2.交遊的隱士……如唐僧淵。
四、從隱士的精神生活來觀察可區分爲：

1.養性的隱士……如陳摶。

2.求知的隱士……如陸龜蒙。

我不敢斷言這一種類型的分法是盡善盡美的，不過作爲一種嘗試能了。

中國隱士的政治生活

我們對於中國歷代隱士作一番系統的研究以後，就可以發現隱士之中始終不變的僅佔到很小的比數，這一個事實非常重要，它說明了隱士的個人主義或失敗主義的思想常常會受到外來的或內在的影響而淡化，而動搖，甚至於消滅。——也就是說明了在某種情形之下，隱士自有其出而從政的可能性。

巢父式的隱士是採取無保留無條件地不從政的態度的：試先分析巢父本身，他生活在唐堯聖賢政治的時代，社會安定而有秩序，假使他的主張是有道則見無道則隱，那末就沒有理由不接受堯以天下相讓的意思。論地位是萬人之上的君主，並不是為人驅策而無一權柄的下級官吏，假使他的主張是遇合（條件適合）而後進，也沒有理由拒絕堯的，然而事實上他竟拒絕了。在「中國隱士類型的區分」一章中，我們說從隱士的政治生活來區分，可分為眞實的隱士與虛偽的隱士，前者就是指巢父一流人物而言。

嚴光行徑亦略同巢父，光武中興後國家政治已入正軌，不可謂無道，而光與光武之交誼殊非淺淺，既同窗共硯於少年時，及光武有國，復與之抵足而眠，謂光取卿相如拾芥並沒有過份誇張之處，然光竟亦不出。

巢父、嚴光是必然地以隱士終其一生的；他們形如槁木，心如死灰，一點事業慾也沒有固然不必說，就是對於任何一個人以及任何一件事物在理智上不分善惡，在感情上亦無愛憎，所以能安心於小我的世界中自我欣賞自我陶醉。

韓愈在「後二十九日復上宰相書」中說：

山林者，士之所獨善自養，而不憂天下者之所能安也；如有憂天下之心，則不能矣。

近人吳經熊在「中國評論週報」發表短文中也論及此點：

祇有對這世界不發生惡感的人纔能過退隱的生活，否則醜惡的幻想會滋擾你的隱居，惱得你雞犬不寧。

這一類的理論都不無事實上的根據，我們不妨一讀林逋的「深居雜興六首小序」，這是隱士赤裸裸的供狀：

諸葛孔明謝安石，蓄經濟之才，雖結廬南陽，携妓東山，未嘗不以平一宇內，躋致生民爲意。鄙夫則不然，胸腹空洞，剪然無所存置，但能行樵坐釣外，寄心於小律詩時或鏖兵景物，衡門情味則倒睨二君，而反有得色。

巢父式的隱士是沒有政治生活的而那些因某種條件——時局、安全、地位、報酬或其他——和他所希望的相差得太遠所以不願從政的隱士雖不一定有政治生活，但具備着這一種可能性的；現以伯夷爲例來說明這一點：伯夷最初棄國以讓叔齊，因爲其父孤竹君的遺命要叔齊做君主，假使孤竹君的遺命要立伯夷，以父命爲重以伯夷不必至棄國而逃。武王興師伐紂，伯夷叔齊叩馬而諫，武王不從，伐紂而滅之，伯夷叔齊乃餓死首陽山，若武王聽從夷齊之勸告，則夷齊必不餓死首陽山下。

隱士的政治生活的內容有三：

一、以在野之身應在朝之命。　這就是說隱士由某種條件的決定而轉變成官吏：「三國志」諸葛亮傳：

時先主屯新野，徐庶見先主，先主器之。謂先主曰：「諸葛孔明者，臥龍也。將軍豈願見之乎？」先主曰：「君與俱來」。庶曰：「此人可就見，不可屈致也，將軍宜枉駕顧之」。由是先主遂詣亮，凡三往，乃見。

「出師表」：

臣本布衣，躬耕南陽，苟全性命於亂世，不求聞達於諸侯，先帝不以臣卑鄙，猥自枉屈，三顧臣於草廬之中，諮臣以當世之事，由是感激，遂許先帝以驅馳……

決定諸葛孔明由臥龍崗散淡之人轉變成蜀漢丞相的條件，是劉備的熱心與誠意，「由是感激」，感激的什麼？當然是劉備的熱心與誠意，假使劉備對諸葛孔明執禮不恭，則孔明必不見，即見，則必不為所用，即為所用，若不重用，則必不能使之鞠躬盡瘁，死而後已。就諸葛孔明本身而論，這個條件僅僅是外來的，另外還有內在的，那就是孔明的內心存着「平一宇內濟致生民」的大志，否則的話即使劉備十顧草廬，孔明儘可不見。孔明一定要劉備去了三次才接見，有兩點可以解釋：第一是試驗對方的誠意。第二是意識的自尊心的表現，使對方感覺到他不是呼之即來揮之即去的等閒人物，並用欲擒故縱的方法，使對方欲見他的心更爲迫切，被重用的可能性由此增強。

與諸葛孔明同時的龐統，明初的開國功臣劉基，都是在同一情形之下轉變成官吏的。

隱士從政大都政績卓著，如諸葛孔明、龐統、劉基是，唐盧藏用爲僅有之例外，登朝後趦趄諂佞，專候權貴，貽笑於世。隱士既一旦從政，卽失去隱士身份，故於此不擬贅述。

二、以在野之名務在朝之實　這就是說隱士者不過表面而已，實際上無異官吏；「續世說」卷五寵禮：

梁陶宏景隱茅山，武帝每有征討吉凶大事，無不前以諮詢，月中嘗有數信，時人謂爲山中宰相。

陶宏景既深得梁武帝之心，一言一語，武帝自必奉之爲圭臬，而當時朝中權臣顯宦，亦不得與之爭寵也。又陶宏景非國家官吏，理不應得國家俸祿，武帝以賞賜之方式出之，以避清議，陶宏景乃得常年不缺燭帛之奉。現存梁武帝及陶宏景之往來書札各五，「月中嘗有數信」或卽指此，惟未有提及征討吉凶大事者，諒因多歷年所散佚掉了，雖「續世說」爲稗官野乘，不足爲據，然無徵不錄，當不致全屬子虛。

元史杜瑛傳：

世祖南伐至相，召見問計，瑛從容對曰：漢唐以還，人君所恃以爲國者，法與兵食三事而已：國無法不立，人無食不生，亂無兵不守，今宋皆蔑之殆將亡矣，興之在聖主，若控襄樊之師，委戈下流，以擣其背，大業可定矣。

又辟遺執政書其略曰……若夫簿書期會文法末節，漢唐猶不屑也，執事者因陋就簡，此焉是務，良可惜哉。夫善始者，未必善終，今不能溯流求源，明法正俗，育材興化，以拯數百千年之禍，僕恐後日之弊，將有不可勝言者矣。

杜瑛雖未接受元朝之官職與俸祿，既獻計於世祖在先，貽書於執政在後，於元朝政治自多裨益，而元朝大官吏，對於元朝之供獻，亦未必皆高過於杜瑛，此爲事實。

一般地說：陶宏景和杜瑛這一類隱士，都是世故極深，而絕頂聰明的人，和朝廷保持一個相當的距離，使朝廷不致於和他們疏得失了本身的聯絡，也不致於和他們親近得引起外來的嫉忌。他們不是君主的僚屬，君主要想博得史官記下一筆「禮賢下士」，不得不對他們謙恭有禮。他們不負任何責任，看到容易解決的事上，一個全盤計劃，遇到困難的事，顧而言他；成功了，他們有份，不成功只處分執行計劃的人，與他們無關。但扮演這種角色是相當困難的，宋代的种放就是因進退失據權變無方而見笑於士林的一個。

三、以在野之法求在朝之位　這就是說的以「在野」爲手段，達「在朝」之目的。粗淺地看來，這句話是不通的，矛盾的，不合邏輯的，其實是通的，不矛盾的，合乎邏輯的，中國君主誤信隱士皆有濟世之才而無利慾之心，故蒲輪安車時發，求幽之詔亦時下，擬於隱士之中選賢與能，是其初意。士人有汲汲求進者，雖十載寒窗未能得意於科第，遂買山歸隱，以欺世人之耳目，實則株守茅庵以靜候安車而已。士人以此種詭隨手段，登榮進之途者，諒必不在少數，做得漂亮，做得不漂亮，則全憑各人的本領，隋代之杜淹與韋嗣昌，就是露了形迹失敗的。「續世說」：

杜淹與韋嗣昌爲莫逆之交，相與謀曰：「上好嘉遁，蘇威以幽人見徵，擢居美職」。遂共入太白山中，揚言隱逸，實欲邀求時譽，隋文帝聞而惡之，謫戍江表。

杜淹與韋嗣昌當然是不幸的，還有許多隱士雖未受到處分。但濟世的目的也始終未能達到，是和杜韋同樣的不幸的。

一般人的見解是不贊成隱士有政治生活的：陸游：「過野人家有感」：

躬耕本是英雄事，老死南陽未必非。

這是指隱士政治生活的第一內容而言，陸游的思想本來相當積極，在這裏却表現得消極而軟弱，農業固然是很好的職業，但我們要知道，社會這一個有機體，是需要各階層協力合作的，否則社會就失掉發展的平衡，不能進步，而陷於停滯狀態，我們沒有理由，沒有必要希望所有的人都從事農業，尤其像諸葛孔明這一種對政治有研究有修養的人，假使不能重用，則我們連惋惜也來不及，陸游反說「老死南陽未必非」，不知他是那一種看法。

在隱士之中，諸葛孔明、龐統、劉基的作風是比較可取的，孔明不求聞達於諸侯，是盡人事以待天命的意思，在野的時候儘量充實自己，一有機會即將自己力量全部供獻給社會。學問原是濟世的，不隱居最好，若隱居的話應該像孔明他們，在必要的時候斷然中止隱居的生活。

章欽「中國通史」：

其名隱而不隱，其事逸而不逸，於是歷史上遂多一閒人之位置。

這是指隱士政治生活的第二內容而言，章嶔的意思是隱則隱，不隱則不隱，不贊成這樣不尷不尬的。「不在其位，不謀其政」。以隱士身份而參政，固然是滑稽的事，然而也要比較有熱情的才能出此，我們覺得是未可厚非的。

李顒「二曲集」「與當事論出處」：

先儒謂士人之辭受出處，非獨其一身之事而已，其出處之得失，乃關風俗之盛衰，故猶不可以不審也，今既以某爲隱逸矣，若是以隱而叨榮，則是美官要職可以隱而坐致也，開天下以飾僞之端，其不得志於科目者，必將退而外假高尙之名，內濟梯榮之實，人人爭以終南作捷徑矣。

這是指隱士政治生活的第三內容而言，隱士以退爲進，近乎一種詭道，固然不足爲法的，但不合理的人事制度，也應分担一部份過失：考試既不能正確地衡量士人的道德文章，銓敘更談不上，很可能一個科目出身的有學問的人，官職反不及一個外表高尙，而敗絮其中，一無所長的出山隱士，在這種情形之下，士人取終南捷徑是值得我們憐憫的。

我們不能用狂儒的目光來非難隱士的政治生活的，曾霽說：「潛遁幽抑之士，其誰不有望於世」。范仲淹說：「居廟堂之高，則憂其民，處江湖之遠，則憂其君」。保衞國家，愛護民族與崇敬領袖，原是人類最優美的天性，隱居才是變態，隱士能中止隱居的生活，或對政治關心，這種現象不能認爲是不好的。

中國隱士的經濟生活

傅有任先生(Victor Frene, Ph. D.)曾經在「文化建設」雜誌發表一篇「中國論」，他認爲中國人對於生理幸福和經濟改善向來漫不注意，這個看法可以說相當正確。本來哲學家老子說過「五色令人目盲；五音令人耳聾；五味令人口爽」的話，中國人的生活偏重精神休養，而鄙視物質享受是自古已然，而其中走極端的，舍僧侶而外，則不能不推隱士。中國隱士絕慾主義者佔其大部份，其次是節慾主義者，因爲他們覺得慾望會妨害「高超底心靈之活動。中國隱士的經濟生活貧乏的程度，幾乎使人不敢置信：顏回困守陋巷，謝世於盛年；陶潛曳杖江村，遊行以乞食；都是悲慘的事實。

現在我們試從住、衣、食三方面來一瞻他們經濟生活的眞相：

高士傳巢父傳：「以樹爲巢，而寢其上，故時人號之曰：巢父。」

高士傳老萊子傳：「莞葭爲牆，蓬蒿爲室，枝木爲床，蓍艾爲席。」

高士傳臺佟傳：「鑿穴而居。」

高士傳焦先傳：「結草爲廬於河之湄，獨止其中。」

晉書孫登傳：「於郡北山爲土窟居之。」

晉書郭瑀傳：「鑿石窟以居。」

晉書郭文傳：「窮谷無人之地，倚木於樹，苫覆其上而居焉。」

世說新語：「唐僧淵，在豫章去郭數十里，立精舍，旁連嶺，帶長川，芳林列於軒庭，淸流激於堂宇。」

世說新語：「郗超每聞欲高尙隱退者輒爲辦百萬資，幷爲造立居宇，在剡爲戴公起宅甚精整，戴始往舊居，與所親書曰：近至剡如官舍。」

宋史种放傳：「結草爲廬，僅庇風雨。」

明史倪瓚傳：「所居有閣曰淸閟，幽迥絕塵，藏書數千卷，皆手自勘定，古鼎法書，名琴奇畫，陳列左右，四時卉木縈繞其外，高木修篁，蔚然深秀。」

國朝先正事略余若水先生事略：「草屋三間不蔽風雨，以龜甲承漏。」

中國隱士住的設備是簡陋不堪的，巢父、老萊子、郭文一無居室床榻，而住樹叢間，和原始人相差無多了。臺佟、孫登鑿穴而居，照情理推測，那種穴一定不會比我們現在的防空洞高明，空氣混濁、光線陰暗、土地潮溼、自不待言，長年生活其中的痛苦，那眞只有形如槁木心如死灰的隱士才能忍受。焦先的草廬造得如何，無法得知，种放的僅庇風雨，不難想見其朽窳之狀，余若水的草廬更等而下之，甚至「不蔽風雨」。唐僧淵的精舍比較舒適，山光水色自是入畫，但與其說是設備的週全精到，還不如說是地段的適中合宜。像郗超那樣不惜巨資援助隱士的人，歷史上不多見，而稍有志氣的隱士，也不會憑空就接受別人的資助。倪瓚的淸閟閣，精緻不減王公大人的別墅，因爲他雖不享高位厚祿，却是一個家道裕如的地主，他的經濟能力允許這樣做。像唐僧淵、戴逵、倪霈那樣住得舒適的隱士極少，而大部份都是和巢父、臺佟相似。

以上是說隱士的住，下面再說衣：

高士傳善卷傳：「冬衣皮毛，夏衣絺綌。」

高士傳披裘公傳：「五月披裘而負薪。」

高士傳林類傳：「春披裘。」

高士傳曾參傳：「正冠而絕纓，捉衿而肘見，納履而踵決。」

高士傳嚴光傳：「披羊裘，釣澤中。」

高士傳袁閎傳：「首不著巾，身無單衣，足著木屐。」

高士傳管寧傳：「常着衣裙貉裘。」

晉書孫登傳：「夏則編草爲裳。」

晉書郭文傳：「鹿裘葛巾。」

晉書楊軻傳：「衣褐縕袍。」

晉書公孫鳳傳：「冬衣單衣。」

晉書張忠傳：「冬則縕袍，夏則帶索。」

晉書石垣傳：「衣必粗弊。」

南史翟法賜傳：「以獸皮及結草爲衣。」

南史張孝秀傳：「常冠穀皮巾，躡蒲履。」

宋史蘇雲卿傳：「布褐草履，終歲不易。」

詩話總龜：「寇萊公鎮洛，暇日寫刺訪魏野，野葛巾布袍。……」

明史張介福傳：「家貧多不能具夾襦。」

國朝先正事略李筠叟先生事略：「方袍角巾，屏跡郊野。」

國朝先正事略八大山人事略：「嘗戴布帽，曳長領袍，履穿踵決，拂袖蹁躚市中。」

中國隱士的衣一般說來是粗弊的，從材料方面說善卷、披裘公、林類、嚴光、管寧、郭文、翟法賜都用獸皮，古代人類稀少而獸類繁衍，獸皮的經濟價值當然低，上品的狐皮雖是達官貴人的專用品，中下品的鹿皮、羊皮、貉皮，隱士尚可享受，此外用棉織品麻織品的亦夥，甚且有用草的，用絲織品的是絕無僅有。從式樣方面說，只穿便服而少穿禮服，無論家居，見客或出遊，總是那一套。又如袁閎「身無單衣」，蓋隱士多神往遠古，渴望着「回到自然去」，以身作則地提倡裸體運動亦極可能。

以上是說隱士的衣，下面再說食：

高士傳接輿傳：「食桂櫨實，服黃菁子。」

高士傳曾參傳：「三日不舉火。」

高士傳閔貢傳：「家貧不能得肉，日買豬肝一片。」

高士傳焦先傳：「或數日一食。」

晉書楊軻傳：「常食粗飲水。」

晉書公孫鳳傳：「夏則并食於器，停令臭敗然後食之。」

晉書石垣傳：「食不求美。」

南史鄧郁傳：「斷穀三十餘載，唯以澗水服雲母屑。」

舊唐書王希夷傳：「嘗餌松柏葉及雜花散。」

舊唐書潘師正傳：「居於嵩山之逍遙谷積二十餘年，但服松葉飲水而已。」

國朝先正事略卷四十五：「南枝貧無隔宿炊。」

中國隱士在食的一方面曾參和焦先是貧乏中之尤者，差不多畢生在和飢餓搏鬥着，戴南枝稍優，與曾參、焦先相較，亦不過五十步之於百步耳。閔貢大概對於食物營養有極深度的研究，因此不去顧及量，而專門注意質，一片豬肝對轆轆飢腸固無異杯水車薪，而其營養價值則不容忽視。至於吃桂櫨實、黃菁子、雲母、松葉、柏葉等物，近於矯揉造作，是隱士自己撒的謊亦有可能性，假使是事實的話，那一定相當於嵇康吃朮黃精的意義，其目的在求輕身斂神延年益壽而已。

綜上所述中國隱士住、衣、食三方面有三個共通點：

第一點是原始化，隱士是唯古論者，神往於無政府狀態的。雖然原始共產社會，認爲現代的一，另外地沒有古代的好，所以思維言行力倘古人，惟恐不及，而社會亦用「節行超逸，無謝古人」的話來讚美隱士。這一種對於「古」的愛好和追求，失去了理上的統取，表現在經濟生活上的便是原始化。原始人在吃的方面是茹毛飲血，住的方面是穴居野處，衣的方面是寒披獸皮著覆樹葉。隱士雖然在農業社會已經具體化以後才開始出現，從那時候起，人類的生活程度已顯著地提高；人類的生活方式已顯著地改進；但隱士仍住在樹上或巖洞中，穿獸皮，食松柏葉，這不是原始化是什麼：

第二點是特殊化，隱士既然自命不凡，爲了要製造這種「不凡」的根據，以欺騙自己以及世人，遂忍痛犧牲生理幸福，以表現經濟生活的特殊化，披裘公的故事適足以說明這一點，高士傳：「披裘公者，吳人也。延陵季子出遊，見道中有遺金，顧披裘公曰：「彼取金」。公投鐮瞋目，拂手而言曰：「子何處之高而視人之卑，五月披裘而負薪，豈取金者哉！」」我們可以有二個假設：第一是那地方天氣特別冷，所以五月要披裘。第二是披裘公有瘧疾或其他疾病，所以五月要披裘。從「五月披裘而負薪，豈取金者哉」這話來研究，以上兩點假設都不能成立，他之所以要在別人穿單衣夾衣的時候披裘，僅不過要表示他不是一個平凡的人罷了。其如公孫鳳，一定要等待食物腐敗發酵以後再吃，也無非是這個道理。

第三點是貧窮化，因爲孔子說過：「賢哉回也，一簞食，一瓢飲，在陋巷，人不堪其憂，回也不改其樂。賢哉回也。」隱士遂以爲非貧窮不足表現其高倘的樂以忘憂的精神，顏回的貧窮是眞實的不得已的，後世隱士的貧窮大半是虛偽的故意做到這般地步的。林放問禮於孔子，孔子說：「禮，與其奢也寧儉」。奢侈是浪費，節儉是美德，這大家都知道，但節儉得有一個分寸，像隱士那樣住所不能庇風雨，衣服不能保溫暖，食物不能供給適量的營養，未免太走極端了。

住、衣、食是隱士經濟生活的消費一方面，至於生產一方面，我們必須從隱士的職業來觀察：

高士傳許由傳：「耕於中岳潁水之陽，箕山之下。」

高士傳善卷傳：「春耕種形足以勞動，秋收斂身足以休養。」

高士傳老萊子傳：「逃世耕於蒙山之陽。」

高士傳接輿傳：「躬耕以為食。」

高士傳陳仲子傳：「相與逃去，為人灌園。」

高士傳安期生傳：「賣藥海邊，老而不仕。」

高士傳宋勝之傳：「遊太原，從郇越牧羊。」

高士傳嚴遵傳：「賣卜於成都市，日得百錢以自給。」

高士傳梁鴻傳：「牧豕於上林苑中。」

「居皋伯通廡下，為人賃舂。」

高士傳臺佟傳：「採藥自給。」

高士傳韓康傳：「常遊名山，採藥賣於長安市中。」

高士傳姜歧傳：「以畜蜂豕爲事，教授者滿於天下。」

高士傳胡昭傳：「隱陸渾山中，躬耕樂道。」

晉書霍原傳；「山居積年，門徒數百。」

晉書楊軻傳：「學業精微，養徒數百。」

晉書宋纖傳：「子弟受業三千餘人。」

南史顧歡傳：「開館聚徒，受業者常近百人。」

南史朱百年傳：「入會稽南山伐樵採若爲業。」

南史范元琰傳：「家貧惟以園蔬爲業。」

舊唐書陽城傳；「遠近慕其德行多從之學。」

元史孫轍傳：「家居教授，門庭蕭然。」

國朝先正事略余若水先生事略：「聚村童五六人，授以三字經。」

國朝先正事略傳青主先生事略：「先生既絕世事，而家傳故有禁方，乃資以自活。」

學而優則仕，士人爲中國歷代官司從出之階，雖在亂世，情形亦復如是。士所學習的以政治哲學爲主體，而以史學文學爲輔助，這是歷代帝王的計劃教育的結果，目的使士缺乏能力自養，而不得不走入仕途，結果士遂對於自然科學，應用科學一無所悉，成了一個十足的門外漢。士在這種情形之下，假使又不願做官，唯一的辦法是把從先生那裏學來的一套子曰詩云再傳授給別人藉以生活。所以隱士的職業，以教育從業員爲多，其原因即在此。

古代的分工制度未臻細密，農民固以事耕作，而士、工、商亦多未能與農事完全斷絕關係，隱士既居窮鄉僻壤，聚集生徒亦不易，把本來的帶有消遣性質的灌園一類工作擴展爲謀生的職業並非意外，技術或不如老農，若天時正常，布衣蔬飯的供給當可無缺。又古代的生產觀念模糊：認爲將原料品製成工藝品的工業不是生產，調節各地有無的商業更不是生產，而只有生產原料品的農業是生產，亦只有從事農業是高尚的，所以隱士躬耕隴畝的也相當多。

教育與農業是隱士兩條最普遍的生活之路，他如安期生、臺佟、韓康等賣藥爲生，史不多見，又如嚴遵賣卜、朱百年、伐樵、傅青主懸壺，則罕有其匹矣。

中國隱士的住、衣、食之所以原始化、特殊化、貧窮化，一方面固然是受絕慾節慾的生活哲學的影響。另一方面和職業也有很有關係，教授生徒是清苦的，不必多說；至於耕作，從投資到獲得利潤的過程是緩慢的，不能和工商業同日而語，再加上隱士從事耕作雖不是傭農，却是自耕農，和阡陌縱橫的大地主富農們相較，又不啻小巫之見大巫了。至於無業的隱士，除非擁有厚產，否則當更爲狼狽。這就是說隱士本身的經濟能力也不允許他們的住、衣、食趨向於潮流化和富麗化。

中國隱士的社會生活

傳記文學家常用「杜門謝客」這個成語來描寫隱士，我們稍加研究，就可以知道這並不是偶然的事，原憲的住所叢生着蒿萊，內外沒有道路相通，張仲蔚的住所則四週的蓬蒿比人還高，從這兩件事實來推斷，不難想見隱士的社會生活是如何地貧乏。又賈島「題隱者居」詩說：「雖有柴門長不關，片雲孤木伴身閑，猶嫌住久人知處，見擬移家更上山。」林和靖「孤山隱居書壁」詩說：「山水未深猿鳥少，此生猶擬別移居，直達天竺溪流上，獨樹爲橋小結廬。」從這兩章詩中，我們更可以看到隱士孤高自賞的劣根性之一般。

隱士對於非隱士的來客，無論其爲鄉親宗族，或是政府官吏，都不願意接見，好像接見了便有失他們「清高」的身份，因此大多數是避不見面，茲將此種事實略舉於下：

晉書翟莊傳：「鄉親中表皆莫得見。」

晉書陶淡傳：「親故有候之者，輙移渡澗水，莫得近之。」

晉書陶潛傳：「刺史王弘以元熙中臨州，甚欽遲之，後自造焉，潛稱疾不見。」

舊唐書朱桃椎傳：「廉每令存問，桃椎見使者輙入林自匿。」

遺史記聞：「眞宗祀汾陰，登山望林麓間有亭檻問曰：何所，乃隱士魏野草堂，遣使往召之，野方鼓琴敎鶴舞，聞使至，抱琴踰垣遁去。」

國朝先正事略徐俟齋先生事略：「湯文正撫吳，屏騶從徒步造門者再，卒不見。」

國朝先正事略李曆園先生事略：「有司慕其高，往訪之，輒踰垣避。」

即使勉強予以延見，接待之間也必定非常倨傲而一無禮貌，如杜茶村就是：

國朝先正事略杜茶村先生事略：「惟故舊或守土吏促步到門，則偶接焉。門內爲竹關，先生午睡，或治事則外鍵之，關外設坐，約客至，視鍵閉，則坐而待，不得叩關，雖大府至，亦然。」

國朝先正事略余若水先生事略：「天錫破帷直入，先生擁衾不起曰：『不幸有狗馬疾，不得與故人爲禮。』天錫執手勞苦，出門未數武，則已與一婢子擔糞灌園矣。」

至於倪雲林的舉動，則我們更無法予以理解：

明元倪雲林傳：「俗客造廬，比去必滌其處。」

這已經越出孤高自賞的範圍，而是一種極無聊的矯揉造作了。

隱士接待賓客的不近人情處略如上述，而人類究屬羣居的動物，假使隱士要過絕對的孤獨生活，而日與鳥獸同羣，精神必痛苦不堪，事實上根本不可能。何況中國始終是一個注重交友之道的國家，如鮑叔之與管仲，呂伯牙之與鍾子期，都是歷史上的佳話，隱士也無法不感受到這一種交友的高尙德性和良好習慣。宋史連庶傳說：「非其人不友」。宋史邢敦傳說：「性介僻，非妄交友」。由此可知隱士並不是不交友，不過交友的條件比較嚴格，並且特殊而已。

道不同不相爲謀，隱士過從最密的朋友還是隱士：漢代的梁鴻和高恢南北朝的顧歡和杜京產，宋代的陳摶和种放等都是，又清初鄧起西曾單身行萬山窮谷中，謁黃太沖於雙瀑書院，亦足見隱士互相欽遲之情。

隱士和道士和尙結方外交的也很多：

舊唐書王龜傳：「於中條山谷中起草堂，與山人道士遊。」

舊唐書司空圖傳：「日與名僧高士游泳其中。」

陸文學自傳：「閉關對書，不雜非類；名僧高士，讌語永日。」

王休傳：「日與名僧野客往還。」

明史陳繼儒傳：「暇則與黃冠老衲窮峯泖之勝。」

國朝先正事略何仲淵先生事略：「與樵翁衲子侶，行歌獨哭。」

國朝先正事略吳野翁先生事略：「徐步隴畝，與山夫畬叟較量晴雨，話桑麻。」

國朝先正事略周德林先生事略：「呼山僧，不問其能飲與否，強酌之。」

隱士之所以和隱士以及方外人結交，彼此同有出世的思想是一個原因，地域也不無關係，因爲山谷之中，寺院宮觀比較多，隱士和方外人接觸的機會也比較多了。在山野裏，碰着農夫樵夫的機會更多，但他們智識程度大都不及方外人，所以隱士和他們比較少結交。至於他們相聚在一起的時候做些什麼玩意呢？大致不外靜坐、清談、吟詩、讀書、誦經、垂釣、酌酒、啜茗、調琴、煉丹、採藥、弈棋、遊覽等等。

「同聲相應，同氣相求」，隱士的社會生活大半限制在他們自己狹小的圈子裏，有的結成無形的組合，有的是有形的集團。中國歷史上曾出現了無數隱士的集團，最著名的有下列幾個：

一、漢　商山四皓　二、晉　竹林七賢　三、南北朝　蓮社十八高賢　四、唐　竹溪六逸

五、五代　華山三高士　六、宋　南山三友　七、明　苕溪五隱　八、海內三遺民

商山四皓見「漢書」卷七十二：「漢興有園公、綺里季、夏黃公、甪里先生，此四人者當秦之世避而入商雒深山，以待天下之定也。」顏師古注曰：「四皓稱號本起於此。」四皓事蹟罕見經傳，惟知高祖欲廢太子時，嘗一至京師。

竹林七賢見晉書嵇康傳：「所與神交者陳留阮籍、河內山濤、豫其流者河內向秀、沛國劉伶、籍兄子咸、瑯邪王戎遂爲竹林之遊，號曰竹林七賢。」他們這個集團非常有趣，山濤和王戎相差達三十餘歲之多，後來嵇康與山濤絕交，其餘諸人也多出山，集團遂無形瓦解了。

蓮社的組織旨趣見劉程之「蓮社誓文」：「維歲在攝提格七月戊辰朔二十八日乙未，法師慧遠貞感幽奧，霜懷特發，乃延命同志息心貞信之士百有二十三人，集於廬山之陰般若臺精舍阿彌陀像前，率以香花敬薦而誓曰：惟斯一會之衆緣化之理既明，則三世之傳顯矣，遷感之數既符，則善惡之報必矣，推交臂之潛淪，悟無常之期切，審三報之相催，知險趣之難拔，此其同志諸賢所以夕惕宵勤仰思攸濟者也。蓋神者，可以感涉而不可以迹求，必感之以有物則幽路咫尺，苟求之無主則渺茫何津，……同人俱避絕域，其警出絕倫，首登神界，則無獨善於雲嶠，忘兼全於幽谷，先進之與

後升，勉思彙征之道，然後妙觀大義，啟心貞照，識以悟新，形由化革，藉芙蓉於中流，蔭瓊柯以詠言。飄雲衣於八極，汎香風以窮年。體安安而彌穆，心超樂以自怡，臨三台而緬謝，傲天宮而長辭，紹衆靈以繼軌，指大息以爲期，究以斯道也豈不弘哉•」蓮社表面是一個佛教組織，實際是一個龐大的隱士俱樂部。這一百二十三人之中，至今可考的僅十八人，世稱十八高賢，其成份如下：

居七七人　陶淵明、劉程之、周續之、宗炳、張野、張詮、雷次宗、

梵僧二人　佛駄跋陀羅、佛駄邪舍、

沙門八人　慧遠、道昺、曇常、惠叡、曇詵、道敬、道生、曇順、

道士一人　陸靜修、

慧遠是一個儒者半途出家的高僧，道昺等都是他的子弟，陶淵明等對慧遠也執子弟禮，他們聚會的地點是慧遠所建築的龍泉精舍•陶淵明「酬劉柴桑」（劉程之曾爲柴桑令）詩說：「山澤久見招，胡事乃躊躇，直爲親舊故，未忍言索居。」「廬阜雜記」說：「遠法師結白蓮社，以書招淵明，淵明曰弟子性嗜酒，法師許飲即往矣，遠許之，遂造焉，因勉以入社，淵明攢眉去。」「蓮社圖記」說：「陶潛時棄官居栗里，每來社中，或時纔至便攢眉去•」則淵明雖爲社員之一，然並不見得熱心。十八高賢之中淵明與劉程之周續之又有潯陽三隱之稱。當時謝康樂以文采風流蓋世才華要求入社，慧遠法師因爲他心太亂而拒絕，則蓮社的嚴格可以想見了。

竹溪六逸見舊唐書李白傳：「與孔巢父、韓準、裴政、張叔明、陶沔、居徂徠山、日沈飲、號

竹溪六逸。」「濟南府志」亦稱：「徂徠山在泰安州代嶽南七十里，嶽之案山下有白鶴灣，唐李白、孔巢父、韓準、裴政、陶沔隱此，號曰竹溪六逸。」六逸以李白之盛名而聞世，其中堅份子則是孔巢父，「舊唐書」孔巢父傳稱其「少力學徂徠。」韓、裴、張、陶湮沒無聞，杜甫有「題張氏隱居」一詩，考其時日與地點，似即指張叔明。六逸除「日沈飲」外，有無其他活動不能斷定。李白之「送韓準、裴政、孔巢父還山詩」爲研究六逸集體生活之唯一資料：「韓生信英彥，裴子含清眞，孔侯復秀出，俱爲雲霞親。」這是李白推崇他們的話。「昨宵夢裏還，云弄竹溪月。」可見竹溪是他們聚會之處無疑。

華山三高士見新五代史鄭遨傳：「與道士李道殷羅隱之友善，世目以爲三高士，遨種田，隱之賣藥以自給，道殷有釣魚術，釣而不餌，又能化石爲金，遨嘗驗其信然而不之求之。」他們三個人常在一起飲酒弈棋，遨並能詩。

南山三友見「宋史」高懌傳：「與同時張蕘、許勃，號南山三友。」

苕溪五隱「明史」孫一元傳：「時劉麟以知府罷歸，龍霓以僉事謝政，並客湖州，與郡人故御史陸崑善，而長興吳珫隱居好客，三人者並主於其家，珫因招一元入社，稱苕溪五隱。」

海內三遺民見「國朝先正事略」徐俟齋先生事略：「先生與宣城沈壽民，嘉興巢鳴盛，稱海內三遺民。」

中國隱士的社會生活之所以如此不豐富，隱士本身須負全部責任，正如近人朱光潛在「談處華」一文中所說：「人人都想抬高自己的身份，覺得社會卑鄙，不屑爲伍，所以跳出來站在一邊，表示自己不與人同。」隱士確實是這樣「癩蝦蟆跳進秤盤」自稱自的，而一般世俗的人，除掉是好事的和假風雅的，假使沒有極重要的事，也就不敢到隱士的門前自討沒趣，在這種情形之下，「雞犬之聲相聞，雖至老死不相往來」也就變成常有的事了。中國社會受了隱士「孤高自賞」的流毒，所以人各行其是，苦難不能共當，歡樂不能同享，這是值得我們猛省的。

中國隱士的地域分佈

中國隱士的分佈有着明顯的偏倚性：從自然地理的角度來觀察，隱士分佈在平原的極少，大部份在山谷和邱陵地；從人文地理的角度來觀察，分佈在城市的極少，大部份在鄉村。所以中國古籍上提起隱士的時候，常用「山林隱逸」和「巖穴上士」這兩個成語。

平原由於可耕作的土地面積廣闊，所佔之百分比大，人口的密度必然地高；而平原的築路工程輕而易舉，平原的河流又平漫徐緩，可通舟楫之利，所以交通也最發達；這些稠密的居民的勞動，以及各種交通工具和它的乘客的往還，結果使平原充滿喧囂而不幽靜。山谷和邱陵地的地力則僅能供給極有限的居民的物質需要，同時築路工程困難，而水速過快斜度過大的急湍旋渦密佈的山澗也難以通航運，不可能經濟地大量輸入平原上的生產品，平原上的生產品，用勞力運至山谷或邱陵地，售價必遠高於原價格，中國交通，近百年來雖有飛速的進步，在山頂上吃一碗麵的錢可以在山脚下吃三碗麵那一種情形現在到處還可發現，古代當更甚於此，因此歷代都有人口向平原集中的趨勢；人口既稀少，交通又阻塞，結果使山谷和邱陵地充滿幽靜而不喧囂。詩人說：「琴靜得古趣，心清聞妙香。」隱士無論做怡情養性的功夫，或是修求知探理的課業，對於喧囂的環境都不合式，這是隱士捨平原而取山谷和邱陵地的第一個原因。

平原受交通的影響，使物質文明的觸鬚最先碰到它，生產的方式進步得快，自然財貨轉變成經濟財貨的過程縮短，一切都趨向於商品化了，具有交易價值的動物植物礦物遂以商品買賣於市場。舉個例來說：當地球上剛出現人類的時候，森林的分佈未必有所軒輊，爲什麼到現在只賸「深山窮谷中有綠色參天的處女林，這是因爲平原的森林給那些稠密的居民砍伐下來，用爲他們的燃料以及土木工程和人工業品的原料，或者藉交通的方便，以有限的運費運到價格更高的地方去，因此平原的自然美給破壞無餘，而只賸下人爲的圖案式的風景線了。山谷和邱陵地的居民的物質生活簡單而樸素，就以森林而論，他們在同一時期所砍伐的很可能比同一時期所增產的爲少，交通又困難，運到平原上去出售不合算，在這一種情形之下，山谷和邱陵地的本來面目不容易被破壞，因而觸目皆是自然美的風景線，隱士是酷愛自然而卑視人爲的，這是隱士捨平原而取山谷和邱陵地的第二個原因。

平原的人口既稠密，產生了意識的宗法禮教和潛意識的風俗習慣，使全體居民毫不懷疑地生活在這一種宗法禮教和風俗習慣中，假使有人標新立異，必然地爲其他人所自不滿，而隱士自視超凡不羣，當然不願意接受這種拘束，同時隱士旁若無人，放浪形骸之外，更不可能接受這種拘束。山谷和邱陵地的人口既少，隱士可不顧宗法禮教和風俗習慣，而在他的茅亭之外或者石窟之中爲所欲爲，卽使做出極荒誕不經的事情，外面也不大有人知道，更沒有人去批評他干涉他。顧況有「山中贈客」一詩：「山中好處無人別，澗梅僞作山中雪，野客相逢夜不眠，山中童子燒松節。」使設想萍水相逢的兩個人，龍門陣一直擺到天亮，世俗能不視爲咄咄怪事。王維有「竹里館」一詩：「獨坐幽篁裏，彈琴復長嘯，深林人不知，明月來相照。」使設想一忽兒彈琴，一忽兒拉起嗓子高聲怪叫，世俗能不視爲神經病大發？可是那時地點是深林裏，除了明月照見他以外，沒有人知道。這是隱士所以捨平原而取山谷和邱陵地的第三個原因。

平原與山谷和邱林地的相異處，就上列三方面來說，也正是城市和鄉村的相異處，所以不同者，城市更必然是政治的中心，隱士之所以爲隱士，關鍵就在對於政治的不滿、冷淡或厭惡，對城市無好感是必然的道理，所以明末清初的隱士如徐俟齋、李屢園、李汲庵、周德林、芮巖尹、沈忠菴輩往往三四十年乃至終身不入城市。隱士逗留在城市里而不參與政治固亦不可，但這裏面就潛伏着兩種可能的轉變：從隱士本身說，看見達官貴人的櫛比華厦和高車駟馬，不免有羨慕之心。說不定由此發生種種的物質的佔有慾。看見國勢不振，受制於人，不免有羞憤之心。看見生民困苦，饑寒載道，不免有惻隱之心，說不定由此發生救國救民的支配慾領袖慾。俗語說：「眼不見爲淨」，假使隱士打算做一個澈頭澈尾的隱士的話，不住城市是非常合理的。據說苦修的僧侶每逢到妙齡的絕色女子到寺廟裏來進香，總是故意眼睛不看，深恐引起慾念而壞了功果，這情形適足以說明城市對於隱士的危險性。從另一方面說：很可能受到政府的勸導或強迫，家屬或親戚朋友的慫恿，被動成份居多地由隱士轉變成官吏，所以大部份隱士不居城市，所以本來住城市的隱士逢到有人勉強他出仕的時候，也要出亡，如晉之戴逵與譙定、唐之杜懷恭都是。茲將隱士分佈情形以地域爲單位，歸納成下列各表：

一、廬山歷代隱士表

姓名	時代	摘要	備註
匡俗	先秦	屢逃徵聘，結廬於此山中。	詳見潯陽志。
陸修靜	晉	早爲道士，隱於廬山。	
劉程之	晉	棄柴桑令入匡廬，與慧遠及雷次宗遊，宋高祖號之曰遺民。	
慧遠(釋)	晉	隱於廬山三十年，未嘗一出。	詳見三藏記，蓮社高隱傳。
陶淵明	晉	往來廬山中，與慧遠甚相契。	詳見晉書、宋書、南史、蓮社高隱傳。
翟湯	晉	篤行純素，不屑世事，徵爲國子博士不起。	詳見廬山舊志。
翟莊	晉	立屋廬山，力耕草食，諸子史記莊竺典墳無所不通，辟主薄，舉秀才並不就。	詳見晉書。
劉凝之	晉	嘗爲穎上令，年四十，即挂冠去，隱廬山。	詳見廬山疏。
周續之	南北朝	入廬山，師事慧遠，布衣蔬食，徵爲太學博士，不就	詳見宋書，續世說。
雷次宗	南北朝	弱冠入廬山事慧遠，宋元帝元嘉十五年徵至京師，除給事中，不就，未幾復還山。	詳見廬山志。
宗炳	南北朝	宋武帝時辟爲主簿及太尉參軍，俱不就，入廬山，與慧遠居。	詳見南史，續世說。

張莘民	南北朝	以散騎常侍徵不就，入蓮社事慧遠，自號東皋老叟。	詳見野人傳。
張詮	南北朝	以散騎常侍徵不就，山水自放，廬於香谷，常帶經而鋤。	詳見十八高賢傳。
張孝秀	南北朝	棄安成王別駕，隱於廬山東林側。	詳見南史。
翟法賜	南北朝	立屋於廬山頂，不食五穀，以獸皮為衣，辟主簿，舉秀才右參軍著作郎，佑員外散騎侍郎，並不就。	詳見宋書。
李渤	唐	隱於廬山東，嘗養一白鹿，今有白鹿洞及白鹿書堂。	詳見唐書。
劉軻	唐	隱廬山萬杉之東。	詳見廬山疏。
苻載	唐	以琴自娛，名其廬曰睡足庵，自號玉洞道人，隱居五老峯下六年。	詳見廬山疏。
陳伯宜	唐	隱於聖治峯，嘗註史記，詔徵不赴，後辟拜著作郎。	詳見太平宮志。
饒子卿	唐	隱居廬山茅茨數椽，不避風雨，危坐其下，終日無悶色。	詳見十三賢共註廬山記。
鄭元素	五代	隱居廬山青牛谷四十餘年，積書千餘卷。	詳見廬山疏。
行因（釋）	五代	住佛手巖，南唐李主三召不起。	
譚紫霄	五代	初事閩王昶，閩亡，隱廬山棲隱洞。	詳見真仙通鑑。
陳貺	五代	與欉阮隱紫霄峯下，力田自食逾三十年，後徵至京師，欲官之，固辭不受，賜帛遣歸。	詳見廬山疏。

薛濈	宋	嘗爲南海書記，秩滿入廬山築室居之，匾曰薛處士草堂，起爲諫議大夫，未幾復歸。	詳見廬山疏。
劉惠斐	宋	構園於東林寺側曰離俗園，自號曰離垢先生。	詳見續世說。
崔誠老	宋	博學高逸，不事進取，廬於玉京之上。	詳見廬山疏。
周茂叔	宋	歸老於匡北蓮花峯之麓。	詳見廬山疏。
蕭存	金	隱於廬山西林寺側。	詳見廬山疏。
陶性中	明	築菴隱居之，匾曰：吾廬。	詳見廬山疏。
郭些菴	清	隱廬山，北京陷，悲憤不食，史可法薦南京操江，不赴，未幾祝髮爲僧。	詳見國朝先正事略。

二、嵩山歷代隱士表

姓名	時代	摘要	備註
許由	先秦	堯欲以天下相讓，遁於中嶽潁水之陽，箕山之下，堯又召爲九州長，不欲聞，洗耳於潁水。	詳見高士傳。
巢父	先秦	巢父謂許由曰：「子若處高岸深谷，人道不通，誰能見子，子故浮游，求其名譽」，汙吾犢口，牽犢上流飲之。	詳見高士傳。
裴衍	南北朝	景明二年，以陰平太守致仕，歸隱嵩山。	詳見魏書。

馮亮	南北朝	博覽羣書，篤好佛理高世宗屢有徵召，皆不就。	詳見魏書，北史。
楊愔	南北朝	性好山水，永初中入隱嵩山，後出山又歸隱，再出山拜驃騎大將軍。	詳見北齊書。
潘師正	唐	師事王遠知，淸淨寡欲，居於嵩山之逍遙谷。	詳見舊唐書。
劉道合	唐	隱嵩山，高宗聞其名，令於隱所置太乙觀以居之。	詳見舊唐書。
武攸緒	唐	武則天兄子，封其爲安平郡王，固辭入嵩山，中宗睿屢有徵辟皆不就。	詳見舊唐書。
武平一	唐	武則天時不與事，隱嵩山，屢召不應，中宗復位方出山。	詳見新唐書。
盧藏用	唐	舉進士不得調與兄偕隱少室，後出爲左拾遺。	詳見舊唐書。
盧鴻	唐	隱於嵩山，開元初遣幣禮徵不至，五年應徵至東都，謁見不拜。	詳見舊唐書。
王希夷	唐	隱於嵩山，師事道士黃頤向四十年，九十六歲拜國子博士，聽還山	詳見舊唐書。
孔述睿	唐	代宗德宗時曾兩度出山，後復歸舊隱。	詳見舊唐書。
李渤	唐	不樂仕進，隱於少室元和初出爲右拾遺。	詳見唐書
孟郊	唐	少隱嵩山，性孤介少諧合。	詳見舊唐書。
鄭遨	五代	唐昭宗時見天下已亂，欲攜妻俱隱，妻不從，乃入少室爲道士	詳見五代史。
种放	宋	晚年居嵩山天封觀側，帝命內侍就製唐觀基起第賜之。	詳見宋史。

萬適	宋	不求仕進，隱於嵩陽，專以著述爲務。	詳見宋史。
田誥	宋	隱嵩山，好著述，聚徒數百人，舉進士至顯達者接踵。	詳見嵩高志
楊璞	宋	不願仕進，自稱東野逸民。	詳見宋史。
聶五經	宋	隱嵩山，爲窮經之士，程子嘗往訪焉。	
張昇	宋	結庵於嵩陽紫虛谷，每日晨起焚香讀華嚴。	詳見野史。
高仲振	金	與妻子偕隱，博覽羣書，安貧自樂，不入城市。	詳見金史。
張潛	金	從仲振學易，年五十始娶，夫婦相敬如賓，負薪拾穗，行歌自樂。	詳見金史。
杜時昇	金	隱嵩之少室山中，從學者甚衆。	詳見金史。
馮歷	元	以集慶軍節度使致仕，居嵩山龍潭寺。	詳見嵩高志。

三、武夷山歷代隱士表

姓名	時代	摘要	備註
顧野王	南北朝	仕於陳，偶入九曲遂卜居焉，嘗出牧平侯景之亂，復返崇安，築室武夷山中。	詳見武夷紀要。
張嶠	宋	南唐末居武夷，與漁樵爲伍，宋藝祖朝始仕。	

劉夔	宋	生平好道家言，築室武夷，號北山居士。	詳見宋史。
詹野先	宋	以賢良應薦後竟不仕，隱居武夷廉江之濱，嘯咏山水間，終日不倦	
游酢	宋	築水雲寮於武夷之五曲，爲講論之所。	詳見宋史。
胡安國	宋	以寶文閣直學士致仕，退居山中，自號武夷翁。	詳見宋史。
胡憲	宋	初兩膺徵召，俱以母老辭，後與劉子翬劉勉之共隱武夷。	詳見宋史。
胡寅	宋	與劉衡建奪秀亭於羅漢巖上，以爲講學之所。	詳見宋史。
胡宏	宋	不慕榮利，與弟寧講學武夷山中三十年。	詳見宋史。
劉子翬	宋	以疾辭承務郎歸，主持武夷冲佑觀，足不出山十七年。	詳見宋史。
劉勉之	宋	紹興中應召詣闕，爲秦檜所忌，乃歸武夷，夷猶於九曲山水之間。	
劉衡	宋	棄官歸武夷，築小隱堂於茶洞。	
蔡元定	宋	居武夷，幽貞自勵，後坐僞學禁，以布衣貶道州。	詳見宋史。
蔡沈	宋	偕兄淵築室虎嘯巖下，匾曰南山草堂，受業晦翁之門。	詳見宋史。
劉甫	宋	隱於武夷山北水簾洞。	詳見宋史。
方士繇	宋	棲止於仁智堂，隨晦翁等講授，退惟靜居室中。	

江贇	宋	居武夷，以遺逸三徵不起。	
熊禾	元	入元不仕，載書入武夷，築洪源書堂，聚生徒講學。	詳見新元史。
俞師文	元	晚歸武夷，隱幔亭峯下。	
熊滌	元	築室於鼓樓岩下，匾曰獨善堂，自號獨善先生。	
趙芳徵	元	登科甲不赴，徜徉於武夷山水間。	
杜本	元	初忽剌木薦其才，召入不果用，即隱武夷，文宗詔起之，不赴。	詳見元史。

四、天台山歷代隱士表

姓名	時代	摘要	備註
顧歡	南北朝	年二十隱居天台山開館授徒，齊高帝累詔不起。	詳見天台縣志。
杜京產	南北朝	顧歡招京產偕隱於天台，今有招隱嶺古蹟。	詳見天台縣志
庾肩吾	南北朝	隱天台，故其子信所著哀江南賦題曰：「少微眞人，天台逸民」。	詳見梁書。
徐則	隋	絕穀養性，雖降冬嚴寒不服綿絮。	詳見隋書。

司馬承禎	唐	睿宗召對後歸天台山。	詳見唐書，天台縣志
甘泉先生	唐	隱於華頂峯，屢召不起。	詳見天台縣志。
馮惟良	唐	元和中入天台修道，憲宗屢召不起。	
陳寡言	唐	隱於玉霄峯，以詩歌自娛。	
徐靈府	唐	居天台雲蓋峯石室，以修煉自樂，會昌初頻召不起。	詳見天台縣志。
夏侯隱	唐	本中末遊天台，獨止一室或宿草樹間，每登山渡水閉目而睡，比至則覺。	詳見仙傳拾遺。
豐干（釋）	唐	居國清寺，形貌寢，被髮布裘，或時歌唱。	詳見天台縣志。
寒山（釋）	唐	容貌枯悴，布襦零落，時來國清寺乞殘羹。	詳見傳燈錄。
拾得（釋）	唐	在國清寺廚房中滌器。	
許仁	宋	初以臨安知府劾黃潛善，汪伯彥，卜居天台之曇湖建思敬堂金波亭	
季思可	宋	居天台山，於雷馬山築讀書堂。	
張無夢	宋	廬於天台之瓊臺，眞宗辟爲著作郎，不受，賜號處士亦不受。	
杜本	元	隱居天台，學者稱清碧先生，脫脫召爲國史編修，稱疾固辭。	詳見元史。
潘和道	明	隱于華頂，築雲山一覽亭，自號竹坡隱者，劉誠意勸之仕，力拒之	

悔遜菴	清	應詔上備邊之策五道，不報，乃揮淚而去，攜書三千卷隱天台。	詳見國朝先正事略。

五、青城山歷代隱士表

姓名	時代	摘要	備註
范長生	晉	隱居青城，晉惠帝時李雄攻成都，長生率千餘家保青城。	詳見晉書。
李堯夫	晉	氣節之士，遊青城不知所終。	詳見青城山記。
趙昱	隋	偕弟冕俱隱青城，煬帝徵召不起。	詳見青城山記。
符載	唐	棲青城山，以王霸自許，恥於常調。	詳見北夢瑣言。
嚴遵美	唐	建別墅於青城山以居之。	詳見北夢瑣言。
張古道	唐	不事王建，賣卜青城。	詳見灌縣志。
杜齯龜	唐	名畫家，隱居青城上淸宮。	詳見益州名畫錄。
杜光庭	唐	隱居青城山，力事著述。	詳見一統志。
孫知微	五代	隱居青城不仕。	詳見宋史。

張愈	宋	爲偉有大志，隱居靑城山。	詳見宋史。
譙定	宋	理學名家，慕靑城大面之勝，隱居其中。	詳見宋史。
姚平仲	宋	爲西陲大将，隱靑城山上淸宮，復入大面山。	詳見宋史，蜀中廣記
箍桶翁	宋	靑城隱者，授二程以易學。	詳見一統志。
古藏用	宋	隱靑城山，嗜酒，祥符中召見賜詩。	詳見輿地記勝。
馮隨	宋	居靑城山，得魏伯陽之遺書。	詳見灌縣志。
馮懷古	宋	隱居靑城山，精通方輿。	詳見茅亭客話。
安世通	宋	靑城山道人。	詳見宋史。
章詧	宋	博學善文，往來靑城間。	詳見東坡志林。
宋汝爲	宋	爲秦檜所忌，入隱靑城。	詳見靑城山記。

六、衡山歷代隱士表

姓名	時代	摘要	備註
劉驎之	晉	採藥衡山，深入不返。	詳見晉書。

劉凝之	晉	禮辟並不受，慕老萊子之爲人，推家財與弟及兄子，攜妻子隱居衡山。	詳見衡岳志。
宗炳	南北朝	武帝辟爲荊州主簿，不就入廬山，晚年結廬衡岳。	詳見宋書。
李泌	唐	至德一年歸衡山，上敕郡縣築室山中，給三品料。	詳見舊唐書。
廖凝	五代	隱居南岳，吟咏自適，李璟初聘之不屈，後爲彭澤令，未幾復歸。	詳見衡岳志。
廖融	五代	不嗜進取，獨耽山水之樂號曰衡山居士。	
狄焕	五代	狄仁傑之後，隱居南岳，以林泉自適。	
范愚叟	五代	原名劉昌嗣，隱帝遇害即入隱衡山，改姓名躬耕終身。	
胡安國	宋	以寶文閣學士隱居衡山。	詳見宋史。
廖倚	宋	始以進士舉於有司不中，絕意仕進，遂隱於衡山。	詳見衡岳志。
劉紹先	明	曾任休寧知縣，刑部郎，樂于恬退，歸耕衡山之下。	
王夫之	清	避世於方廣寺。	
劉倚	清	以翰林隱衡山。	

七、華山歷代隱士表

八、太白山歷代隱士表

姓名	時代	摘要	備註
高恢	漢	與梁鴻善，隱華山，終身不仕。	詳見後漢書，陝西通鑑。
王猛	晉	隱居華山，聞桓溫入關，被褐之，捫蝨談當世之事旁若無人。	詳見前燕錄。
司馬郊	晉	隱居華山四十餘年，養飛禽甚多。	詳見獨異志。
楊伯醜	隋	好讀易，隱華山，徵至京師數年復歸。	詳見仙傳拾遺。
羅隱之	五代	隱華山，與崔士端、鄭遨、鄭隱、合稱華山四高士。	詳見陝西通志。
鄭遨	五代	與道士李道殷、羅隱之稱三高士。	詳見五代史。
陳摶	宋	初隱武當，後遷華山雲台觀。	詳見宋史。
姜善經	元	隱於王刁洞，師事靳貞。	
王汝霖	明	避跡華山之麓，以詩賦自娛，有司薦不起，台府高其節，贈扁旌廬	詳見陝西通志。
魏淵之	明	不言世務，足未出山者三十餘年。	
張雨	明	隱居華山之東峯石洞中。	詳見明史。

姓名	時代	摘要	備註
摯恂	漢	以儒術教授，隱於太白，不應徵聘，名重關西。	詳見後漢書。
蘇則	三國	建安初與吉茂共隱太白山。	詳見郿縣志。
吉茂	三國	隱太白山，好學而不恥惡衣惡食。	詳見郿縣志。
蘇威	隋	入太白山，屏居山寺以諷讀爲娛，前後所授並辭不就，文帝時始出	詳見隋書。
孫思邈	唐	隱於太白，學道煉氣，太宗欲官之不受，高宗召見拜諫議大夫，固辭稱疾還山。	詳見舊唐書。
杜懷恭	唐	婦翁李勣統兵伐高麗欲其偕行以求勳，恭固辭逃入太白山。	詳見舊唐書。
韓思復	唐	入隱太白，就思篤學，未嘗一省其家。	
田遊巖	唐	爲黃冠，居太白山。	詳見舊唐書。
鄭休	唐	有運氣絕粒之術，每於白雲亭邀集賓客看玩山中風物。	詳見開元遺事。
王休	五代	不親勢利居山中日與名僧野客往還。	詳見梁書。
孫一元	明	足跡遍天下，而隱居太白最久，自號太白山人。	詳見明史。

九、中條山歷代隱士表

姓名	時代	摘要	備註
司空圖	唐	乾寧中徵拜兵部，稱足疾不仕，昭宗詔圖入朝以失儀放還山，居王官谷之別墅，頗稱幽棲之趣。	詳見舊唐書，續世說
閻采貞	唐	以河東太守致仕，隱中條山。	詳見平陽府志。
陽城	唐	遠近學者慕其德行皆來從之學。	詳見舊唐書。
智興（釋）	唐	結廬中條山大通嶺，睿宗三召不至。	
李瀆	宋	不親產業，所居木石幽勝，數唐室以來衣冠人歷歷可聽。	詳見宋史。
麻革	宋	有先人業在王官谷樂道不仕，教授生徒，以詩文自娛。	詳見臨晉縣志。
何南卿	宋	無意仕進，卜居中條山水谷，創樂全觀以終老。	詳見芮城縣志。
房居士	明	仕途不得意，入中條山修道，閉關十一年，後往麻衣山姑射山。	

十、洞庭山歷代隱士表

姓名	時代	摘要	備註
甪里	漢	甪里為四皓之一，隱於洞庭西南。	詳見史記正義。

姓名	時代	摘要	備註
葛洪	晉	隱於西洞庭馬稅城南一里綠石山下，立壇煉丹。	詳見葛洪別傳。
呂知	唐	造草舍而居，善星緯，識地理，多術數。	詳見于逖聞奇錄。
葉超元	唐	隱居於今西洞庭仙壇觀之舊址。	
王鵬	元	隱於東洞庭山。	
許藝	元	隱於東洞庭山。	
葉顯	元	隱於東洞庭山麓。	

十一、蘇門山歷代隱士表

姓名	時代	摘要	備註
孫登	晉	爲土窟於山中以居之，好讀易，夏則編草爲裳，冬則被髮自覆。	詳見晉書。
邵雍	宋	結廬百泉之山，布衾蔬食，從李之才學易，以易名世。	詳見輝縣志。
姚樞	元	棄官而入蘇門，鳴琴百泉之上，遁世而樂天。	詳見元史。
許衡	元	講道於蘇門，一時從遊者甚衆。	詳見元史，新元史。

王磐	元	擢進士第，授歸德府錄事判官不赴，避地蘇門，受業者甚衆，稱名儒。	詳見元史，新元史。
竇默	元	與姚樞許衡講學蘇門，倡伊洛理性之道。	
丘處機	元	居蘇門，精通玄學。	詳見元史，新元史。

十二、林慮山歷代隱士表

姓名	時代	摘要	備註
盧子蕎	先秦	隱於棲霞觀。	詳見林縣志。
喬瑋	先秦	偕喬瑞並事盧子蕎於林慮山。	詳見林縣志。
夏馥	漢	入林慮山爲冶工。	詳見高士傳。
庾袞	晉	攜妻子適林慮耕作自給。	詳見晉書。
盧大翼	隋	博綜羣書，初隱白鹿山，後入林慮山，茱萸洞。	詳見林縣志。
王庭筠	金	以罪免館職，居林慮，讀書於黃華山寺。	詳見金史。
李志方	金	棄戶部令史，隱林慮山坐鍊。	詳見林縣志。

十三、終南山歷代隱士表

姓名	時代	摘要	備註
普安(釋)	晉	滅法隱終南山楩梓谷，朝廷廣募遺僧，獨普安自守林壑不應。	詳見長安縣志。
儲光羲	唐	隱居終南，有終南幽居詩。	
孟浩然	唐	隱終南，有「不才明主棄，多病故人疏，」詩。	詳見舊唐書，新唐書
种放	宋	與母俱隱於終南山豹林谷。	詳見宋史，國老談苑，燕翼貽謀錄。
高懌	宋	從种放於終南山，寇準薦之不起，後於京兆講學，席間常滿。	詳見宋史。
范寬	宋	卜居終南，遍觀奇勝，落筆雄偉，與李成並爲山水畫宗師。	詳見圖繪寶鑑。

十四、羅浮山歷代隱士表

姓名	時代	摘要	備註
葛洪	晉	上羅浮山中煉丹。	詳見晉中興書。
單道開	晉	入羅浮山，獨處茅茨，蕭然物外。	詳見晉書。

湛若水	明	致仕後構精舍於朱明洞建書院於青霞谷。	
黃佐才	明	晚歲隱羅浮，撰浮圖經一篇。	
張鐵橋	清	晚歲隱羅浮。	詳見明末民族藝人傳

十五、峨嵋山歷代隱士表

姓名	時代	摘要	備註
賢誼	漢	居蜀峨嵋山，武帝三徵不起。	詳峨嵋山志。
譙秀	晉	李雄徵之不應，逃入峨嵋山中。	詳見晉書。
胡份	唐	初隱廬山，李騰弓旌之逃入峨嵋，隱九老洞。	
陳摶	宋	藝祖即位，召對後遠遁峨嵋山。	詳見宋史。
范文光	明	避亂山中，修淨土業。	詳見明史。

十六、武當山歷代隱士表

姓名	時代	摘要	備註
關尹喜	先秦	得老子道德經後，托疾不仕，至武當山三天門石壁之下隱居。	詳見輿地紀勝。
陳摶	宋	棲武當山九室巖，服食辟穀凡二十年。	詳見宋史。
張士遜	宋	少讀書武當山，後官位至宰相，復歸隱。	詳見宋史。
吉志通	元	博學洽聞，居武當山十年不火食，但餌黃精蒼朮。	
黃明佑	元	抗志煙霞，師事武當張眞人。	

十七、四明山歷代隱士表

姓名	時代	摘要	備註
孔祐	晉	隱四明山，太守王侔虔欲引爲主簿，不爲屈。	詳見寧波府志。
徐浩	唐	隱於鄮，自稱四明山人，後出爲校書郎。	詳見鄞縣志。
許寂	五代	不干時譽，隱於四明，後出爲蜀相。	詳見五代史。
郭維	宋	於四明教授生徒，從者甚衆。	詳見鄞縣志。

陳桱	宋	晚居四明山，著「通鑑續編」二百卷。	詳見奉化縣志。

十八、王屋山歷代隱士表

姓名	時代	摘要	備註
司馬承禎	唐	玄宗詔置壇室於王屋山以居之。	詳見舊唐書，濟源縣志。
許碏	唐	學道王屋山，辟穀養氣十餘年，自稱高陽酒徒。	詳見武夷紀要。
李商隱	唐	少時學道王屋山。	
劉易	宋	隱於王屋，韓琦趙抃狄青皆厚遇之，不能使其屈志仕進。	詳見宋史。

十九、鹿門山歷代隱士表

姓名	時代	摘要	備註
龐公	漢	攜妻子登鹿門山，採藥不及。	詳見後漢書。
龐蘊	唐		

孟浩然	唐	隱鹿門，年四十始至京師，有「夜歸鹿門歌」。	詳見舊唐書，新唐書
皮日休	唐	隱鹿門，著有「鹿門隱書」。	

二十、大滌山歷代隱士表

姓名	時代	摘要	備註
許邁	晉	立精舍於山中，有終焉之志，後遠遊，莫知所終。	詳見杭州府志。
郭文	晉	伐木倚林，苫覆爲舍，獨居十餘年，王導及溫嶠欲其出皆未果。	詳見晉書，餘杭縣志
夏侯子雲	唐	于山中築藥圃種芝朮之屬，常掩戶經日寂坐不語。	詳見杭縣志。
王林	宋	棄家結茅大滌山修眞煉養。	詳見臨安縣志。

現在再根據上列各表作一統計，藉以見中國歷代隱士分佈之大勢：

時代／地域	先秦	漢	三國	晉	南北朝	隋	唐	五代	宋	金	元	明	清	合計
廬山	1			7	7		5	4	4	1		1	1	31

嵩山	2				3		10	1	6	3	1			26
武夷山					1				16		5			22
天台山					3	1	9		3		1	1	1	19
青城山				2		1	5	1	10					19
衡山				2	1		1	4	2			1	2	13
華山		1		2		1		2	1		1	3		11
太白山		1	2			1	5	1				1		11
中條山							4		3			1		8
洞庭山		1		1			2				3			7
蘇門山				1					1		5			7
林慮山	2	1		1		1				2				7
終南山						1	2		3					6
羅浮山				2								2	1	5

峨嵋山	武當山	四明山	王屋山	鹿門山	大滌山	合計
	1					6
1				1		6
						2
1		1			2	22
						15
						6
1		1	3	3	1	52
		1				14
1	2	2	1		1	56
						6
						15
1	2					13
						5
5	5	5	4	4	4	218

視諸上列統計，中國隱士的地域分布以廬山最密，嵩山次之，武夷又次之，天台、青城再次之，餘則衡山、華山、太白、中條、洞庭、林慮、蘇門、終南、羅浮、峨嵋、四明、武當、王屋、鹿門、大滌諸山順次而降；廬山之所以得居首位，實因廬山之環境極適合隱士之理想，自晉湛方生以下，詩人吟咏廬山之詩章迭見，然未曾邀及歷代統治者之重視，故無離宮別館及寢陵，廬山之眞面目得以保存焉。王思任「遊廬山記」說：「星渚潯陽之間，人無幾，奔走城市不暇給，以故予山遊不見髮人，亙古無婦尼之足，亦少覯色，僧亦無處得酒肉，賦命清兀，得遂其高，若生於富鬧之鄉，則辱淫喧嚻，萬丈之尺短矣。吾所絕戀者：無山不峰，無峰不石，無石不泉也。至於彩霞幻生，

白雲面起，朝朝暮暮，其處江湖之界乎，此所謂山澤通氣者矣。」由此可知廬山不但清幽絕人，並一無物質之誘惑，是以隱士多樂居焉。廬山隱士事蹟較著的凡三十一人，而晉末及南北朝即據十四人，佔百分之四五·六六，超過了其他朝代，是因為那時高僧慧遠組織了白蓮社，招徠無意仕進蕭然物外的士人以及學識深奧的僧侶，物以類聚是一定的道理，於是劉程之、周續之、雷次宗、宗炳、張萊民、張詮遂羣集於此了。嵩山地處大江之北，景物平凡無可觀，雄偉或者有之，要說蔚然深秀茂樹藏幽那種細緻含蓄的風味，自然遠不及廬山，且嵩山是五嶽之中的中嶽，自黃帝迄清代，歷朝帝王之巡幸及祭禱，史不絕書，帝王之寢陵則有周昭王陵、五代漢高祖睿陵、宋太祖父昭武皇帝永安陵、宋太祖永昌陵、宋太宗永熙陵、宋真宗永定陵、宋仁宗永昭陵等等，自然風物已多少有些人為化了，不是隱士隱居的理想處所無可懷疑，而嵩山事實上竟為僅次於廬山之隱士集中地，實因寺廟宮觀之衆多，黃冠野客之中自不乏隱逸之士，而一般隱士又樂與方外人結交，這是第一個解釋；又因嵩山和唐的都城長安以及北宋的都城開封都離得不十分遠，對於那些身居山林之中心存魏闕之下的隱士最適合不過了，朝廷恩命一下，立可輕裝以趨，這是第二個解釋。武夷山為閩中最負盛名之勝蹟，王守仁有詩紀之云：「肩輿飛度萬峰雲，回首滄波月下聞，海上真為蒼水使，山中又遇武夷君；溪流九曲粗諳路，精舍十年始及門，稍待還家慰垂白，細探更擬在春分。」讀此詩可知其吸引人之魅力，本來有一句俗話，叫做「親不親！？故鄉人；美不美！？山中水。」山中有水，等於錦上添花，而武夷山中的水又蜿蜒曲折微波蕩漾，宜乎隱士入而不返了。武夷隱士事蹟較著二十二人，屬宋代者十六人，占百分之七二．七二七，良因宋太祖以陳橋兵變有國，武功不彰，北宋之際北方即邊警頻起，及南渡建都臨安，山河僅賸半壁了，人物自始即匯萃在此東南一隅，故隱武夷者獨多。至於天台山，孫綽「遊天台山賦序」中說：「……所以不列於五嶽，闕載於常典者，豈不以所立冥奧，其路幽迥，或倒景於重溟，或匿峰於千嶺，始經魑魅之塗，卒踐無人之境，舉世罕能登陟，王者莫由禋祀……」則其所以與隱士結不解緣，殆亦種因於此山之清靜深邃也。其餘青城諸山，當然也有它們的特殊之點，使隱士對於它們發生興趣，再說某一時期隱士集中得多，某一時期隱士集中得少，也不是偶然的現象，是由於時局等種種因素決定的，這是我們對於隱士的地域分佈應有的認識。

中國隱士與中國繪畫

我們知道藝術家雖然不一定是表現實體的自己，舉個例來說：畫家的作品斷不會每一幅都是自畫像，但一定是表現抽象的自己——自己對於人生和世界的一種看法、解釋以及趣味。隱士之所以爲隱士，對於人生和世界的看法、解釋以及趣味當然與一般人有所不同，則隱士的藝術作品有着特殊的情調自在意中；繪畫是中國藝術之中最普遍最有成就的一個部門，現在請從題材和風格兩方面略論中國隱士和中國繪畫的關係。

中國畫的題材大抵不外山水、人物、釋道、鬼神、宮室、舟車、走獸、魚鳥、林石與花果，釋道固然是人物的一種，但畫家在習慣上並不把他們列入人物之內。再說也許一幅畫有山水也有人物，但其間總有賓主的關係存在着，假使人物作爲山水的點綴，則山水是主人物是賓，假使山水作爲人物的襯托，則人物是主山水是賓，明白了這個道理，下面好展開討論。

中國畫的主流是什麼呢？誰也知道是山水畫罷！

中國畫的萌芽期並無山水畫，甘肅所發掘的彩陶上僅有很單純的人或犬羊馬蛇鳥之屬的圖形，而周末的銅器和漆器上也只有人物圖像以至龍蛇禽獸車馬萬物之狀，秦漢亦然，三國時繪畫的工具——絹、紙、筆——大備，繪畫乃獨立的成爲藝術的一個部門，那時候傳流下來的作品有孫吳曹不興作「玄女御授黃帝兵符圖」和高貴鄉公曹髦作「卞莊子刺虎圖」，山水畫絕未出現。晉顧愷之作

「雪霽望五老峰圖」和「雲臺山圖」才辟山水畫的先河。六朝迄隋畫家之中間作山水畫的亦僅宗炳、王微、梁元帝、蕭賁、江志和展子虔這幾個人。唐代先有吳道玄，張彥遠「歷代名畫記」說他「始創山水之體，自爲一家」。稍後有李思訓，夏文彥「圖繪寶鑑」說他「用金碧輝映，爲一家法，後人畫著色山水往往宗之」。至於準隱士王維王墨，隱士盧鴻項容亦皆以山水畫著稱，但這不過是說山水畫已經成立，那時中國的主流則仍爲人物畫。（這裏所謂人物畫包括釋道在內的）所以朱景玄「唐朝名畫錄序」裏面說：「夫畫者以人物居先，禽獸次之，山水次之，樓臺屋木次之」。唐代繪畫的大本營是寺院，從張彥遠「歷代名畫記」黃休復「益州名畫錄」段成式「酉陽雜俎」李冗「獨異志」和韋述「兩京新記」這幾種文獻來研究，唐代寺院的壁畫取材山水者，遠遜釋道。近人俞劍華「中國繪畫史」記唐代寺院壁畫取材釋道者凡一百七十一寺、禽、獸水族凡十二寺、人物凡七寺、山水樹石合計不過二十二寺，這兩個事實都可以說明唐代山水畫的劣勢。

宋代出了不少天才橫溢的隱士畫家，遂使山水畫放一異彩，蓋隱士隱居之所大抵重巒疊翠，蔚然深秀，山光水色淸幽宜人；隱士生活既與山光水色結不解緣，則其趣味之濃印像之深不難想見，其作品十之八九皆爲山水畫，事實所必至，理 所當然，我們試一讀笪重光的「畫荃」，中國山水畫的題材根本不出隱士的生活與環境。

樵子負薪於危峯，漁父橫舟於野渡。臨津流以策蹇，憩古道以停車。宿客朝餐旅店，行人暮入關城。幅巾杖策於河梁，被褐擁鞍於棧道。賈客江頭夜泊，詩人湖畔春行。樓頭柳颺，陌上花飛。散騎秋原，荷鋤芝嶺。高士幽居，必愛林巒之隱秀；農夫草舍，常依壟畝以棲遲。攤書水檻，須知五月江寒；垂釣沙磯，想見一川風靜。寒潭晒網，曲徑攜琴，放鶴空山，牧牛盤谷。尋泉聲而躡足，戀松色以支頤，濯足清流中，行吟絕壁之下。登高而遠望，臨流以送歸。臥看滄江，醉題紅葉。松根共酒，洞口觀棋。凡丹井而逢羽客，望浮圖而知隱高僧，看瀑觀雲，偶成獨立。尋幽訪友，時見兩人。

假使說五代後梁的隱士畫家荊浩及其徒關同兩個人的山水畫是愉快的引人入勝的前奏，那麼宋代隱士畫家李成和范寬的山水畫應該是雅緻無比的抑揚頓挫的大樂章。尤其李成，我們說他集山水畫之大成領山水畫之正統決不是過甚其辭。「圖繪寶鑑」評述李成如下：

李成字咸熙，唐宗室，避地營丘，遂家焉；世業儒，善文，磊落有大志，因才命不偶，放意詩酒，寓興於畫，師關同，凡煙雲變滅，水石幽閒，樹木蕭森，山川險易，莫不曲盡其妙，議者謂得山之體魄爲古今第一。

郭若虛「圖畫見聞誌」於「高尚其事以畫自娛」項下，首取李成：

李成字咸熙，其先唐宗室，避地營丘因家焉；祖父皆以儒學吏事聞於時，至成志尚沖寂，高謝榮進，博涉經史外，尤善山水寒林，神化精靈，絕人遠甚。開寶中都下王公貴戚屢馳書延請，成多不答，學不爲人，自娛而已，後遊淮陽山，以疾終乾德五年。

范寬爲僅次於李成之大家，「圖繪寶鑑」稱：

范寬，字中立，華原人，性醇厚，嗜酒落魄，有大度，人故以寬名之。畫山水始師李成，又師荊浩，山頂好作密林，水際作突大石，既乃嘆曰：「與其師人，不如師諸造化」。化捨舊習，卜居終南太華，徧觀奇勝，落筆雄偉老硬，眞得山骨，而與關李並驅方駕也。

繼李范之蹤而起之隱士山水畫家則有右北平龐崇穆、長安宋澥、信州僧德正、雍丘邢敦犨、流風所播，凡屬畫家，無論其爲隱士或非隱士，皆有意無意競爲山水畫；山水畫在技巧和數量兩方面既獲空前進步，乃取人物畫代之而爲中國畫的主流。

元代隱士之中有山水大家二人：黃大癡隱於富春山，是經史學術文章游藝的全才，繪畫成就最大，論者謂其畫「峯巒渾厚，草木華滋。」其筆勢雄偉而蒼古，自成一格，倪雲林嘗與漁父野老，泛扁舟而浪蹟五湖，三泖之間，到處作山水，名傳文苑，一時畫家無出其右。張伯雨曾謂「縱橫習氣，即黃子久未斷；幽澹兩言，則趙吳興猶遜」頗爲得體；明末清初如傅青主、八大山人皆痛國變而遁跡巖穴，寄情於畫以自遣，傅青主能極邱壑磊砢雲木深邃之致，八大山人則筆情縱恣，逸氣橫生，皆一代山水畫之宗師。我們特別舉出上列四人，因爲山水畫之所以得保持爲中國畫的主流，多歷年所而不衰，多少是受了這四個人的影響。

附帶要提到一點：就是隱士本身也往往成爲一般畫家的題材，畫家作人物畫總高興選取他們所崇拜的人物，隱士既被目爲「不事王侯，高尚其事。」不免常作畫中人了。歷代取材隱士之繪畫甚爲浩繁，茲舉最負盛名之八幅如下：

時代	作者	圖名	備註
晉代	衛協	高士圖	上爲楚狂接輿下爲伯鸞孟光
六朝	遼僧彌	巢由洗耳圖	
五代	董氏	六隱圖	畫范蠡張志和等六人
宋代	李唐	夷齊採薇圖	
宋代	馬遠	四皓弈棋圖	
元代	趙松雪	淵明歸田圖	
明代	錢玉潭	竹林七賢圖	
淸代	崔靑蚓	倪迂滌桐圖	

這許多畫家之中，有的是頗具苦心的，如李唐即是。宋杞在「夷齊採薇圖題跋」說：「……且意在箴規，表夷齊不臣於周者，爲南渡降臣發也」。以失敗主義的隱士，來箴規世人，我們不能認爲滿意，消極行動雖比投降稍佳，究竟不如積極行動；不見畫家寫臥薪嘗膽的勾踐，中流擊楫的祖逖，乘長風破萬里浪的鄭成功，我們覺得是莫大的遺憾。

中國畫的風格也受到隱士很大的影響：中國畫塗抹上了一層很濃厚的隱士那種出世的色彩，不但不求形似，甚至反對形似，這很明顯的是逃避現實；中國畫的鑑賞家——批評家和收藏家——認爲淡泊、虛無、縹渺是繪畫最理想的境界，因此，全無一點人間煙火氣的作品——離現實最遠的作品——才會被品評爲最上乘。

山水畫和隱士的關係最密切，不求形似的作風當然也表現得最露骨。但除開山水，其他樹木之類也和山水不相上下，秦祖永「繪事津梁」云：

> 須知千樹萬樹，無一筆是樹。千山萬山，無一筆是山。千筆萬筆，無一筆是筆。有處恰是無，無處恰是有。所以爲逸。學者會得此旨，自然擺落筌蹄，方窮至理。

倪雲林之「疏竹圖」題跋則更屬荒謬：

> 以中每愛余畫竹；余之竹，聊以寫胸中逸氣耳。豈復較其是與非，葉之繁與疏，枝之斜與直哉！塗抹久之，他人視以爲如麻如蘆，僕亦不能強辨爲竹，真沒奈覽者何，但不知以中視爲何物耳。

「畫虎不成反類犬」，大家引爲笑柄，但對於「畫竹不成反類麻蘆」，則默無一言，實在是不可理解之事；中國畫家用「匠氣」兩個字抹殺了繪畫的形似藝術價值，少數講形似的畫家如高克明、袁文暟，竟因此受到非難，這是中國畫底一個不幸。因爲這個傾向的發展底結果，西洋畫傳人中國之初，曾被批評得一錢不值，鄒一桂「小山畫譜」說：

> 西洋人善勾股法，故其繪畫於陰陽遠近，不差錙黍。所畫人物屋樹，皆有日影，其所用顏色與筆，與中華絕異。布景由闊而狹，以三角量之，畫宮室於牆，令人幾欲走進。學者能參用一二，亦甚醒目。惟筆法全無，雖工亦匠，故不入畫品。

再說六法之首的氣韻生動，本來是一個極抽象極觀念化的術語，歷來畫家所下定義亦不能相同•荆浩的解釋是「氣者心隨筆運取象不惑，韻者隱跡立形備遺不俗」。不惑不俗的結果必然是我們在上面提到的淡泊、虛無和縹渺，——全無一點人間煙火氣。

圖畫見聞誌說：

謝赫云一曰氣韻生動、二曰骨法用筆、三曰應物像形、四曰隨類賦彩、五曰經營位置、六曰傳模移寫，精論萬古不移，然而骨法用筆以下五者可學，如其氣韻，必在生知，固不可以巧妙得，復不可以歲月到，默契神會，不知然而然也。嘗試論之：自古奇蹟多是軒冕才賢，巖穴上士，依仁游藝，探賾鉤深，高雅之情，一寄於畫，人品既已高矣，氣韻不得不高，氣韻既已高矣，生動不得不至……

這裏特別提出巖穴上士，則氣韻生動和隱士之密切關係可想見，至於「高雅之情，一寄於畫」，等於是說明只有爲藝術而藝術的繪畫可以達到氣韻生動的境界，含有功利意味的繪畫，則缺少可能。

董其昌對於荆浩所說「韻者隱跡立形備遺不俗」復解釋爲「胸中脫去塵濁」即是不俗，這「胸中脫去塵濁」一定不是指不道德或卑鄙的觀念，而是指胸中不存在現實世界，乃至耳不聽現實世界的聲音，目不睹現實世界的現象，假使不是如此，感情比一般人豐富的畫家，斷不會有閒情逸致專寫山林平遠之趣，他們一定會訴說對於這人間世的愛和憎——歌頌光明的、美麗的、強壯的，咒詛暴暗的、醜惡的、病態的，這樣一來，在謝赫、荊浩乃至董其昌輩的心目中，當然是俗不可耐了。

我們當然不能一筆抹煞中國繪畫的優秀傳統，但中國繪畫內容的成就，遠不及技巧上的成就，也是事實，因此除了供給達官貴人作清玩、大公館作陳設、古董商人作商品、求榮進者作禮物以外，中國繪畫絲毫沒有完成它的社會任務，老莊和釋道的出世思想，固然有以致之，隱士和隱士的崇拜者，更不能辭其咎。

爲藝術而藝術和爲人生而藝術兩種主張，自古以來就爭端屢見，平心而論：藝術家躲在藝術之宮，象牙之塔裏，不去表現人生，改造人生，改造社會，而單純地僅把藝術看作一種個人的消遣，未免太冷酷而不嚴肅；現代的中國新繪畫已經在建立了，這是值得欣慰的，讓那種「全無一點人間煙火氣」的繪畫，隨着隱士的幻滅而變成爲陳蹟罷！

中國隱士與中國詩歌

中國殷周之際的詩歌，如三百篇之屬，差不多都是抒情的，而殷周之際的隱士詩歌，也是抒情的，不過在抒情之中，又以感時爲主罷了。魏晋之際的詩歌是由抒情走向寫景的，但一般的詩如曹子建等愛寫城市，而隱士詩人則愛寫山林與田園。隱士既被社會視爲至人，一切的一切自然有人來模倣，寫山林與田園詩既蔚成風氣，遂佔有了魏晋以後的中國詩壇底整個領域。

隱士的「士」，有着智識份子的含義，而文學在魏晋以前直至清季，又意味着一切智識的綜合底象徵，因此中國古代隱士如伯夷叔齊都能文，都是詩人、文學家。近人姜亮夫在「中國文士階級的類型」一文中說：「在漢代以前的隱士，是不以文學家爲號的。以文學爲隱士的是起於魏晋以後，何以呢？因魏晋人喜歡清談，而談的事實，正適合於文學的訓練與涵養。因此，自魏晋以來的隱士都是文學家」。他的前提、推理和論斷都是錯誤的：說漢代以前的隱士不以文學家爲號固然說得通，但不僅是隱士如此，一般人——除孔子曾提出的子游子夏以外——也絕少以文學家爲號的。再說清談：何晏、王弼之流，是清談的典型人物，又何嘗是隱士。其實漢代以前的隱士希望社會能遺忘他們，有所創作自必藏之名山，所以我們僅發現伯夷、叔齊等有數量極少的抒發胸中不平的詩歌。漢代以後，隱士起了質的變化，企圖利用羣衆崇拜他們的心理，以求富貴利達，希望社會抬舉他們，對他們發生興趣，所以要儘量表現自己，作品就流傳日廣了。

中國主要的抒情的隱士詩人有殷末周初的伯夷、叔齊，周末的楚狂接輿，漢梁鴻等：

伯夷叔齊採薇於首陽山，有「採薇歌」：

登彼西山兮，採其薇矣。以暴易暴兮，不知其非矣。神農虞夏忽焉沒兮，我安適歸矣。吁嗟徂兮，命之衰矣。

這是最早的抒情的隱士的詩歌，訴說他們對周室的怨憤，頗具文學價值，世以之與箕子的「麥秀歌」並論，澤田總清中國韻文史稱：「兩首詩都能表現出殷人的意氣，使殷末的遺韻傳於後世。」

楚狂接輿當孔子行將適楚，歌而諷諭其不能隱：

鳳兮，鳳兮，何德之衰。往者不可諫，來者猶可追。已而，已而，今之從政殆而。

「中國韻文史」稱其「表現出楚狂生的一種飄飄然超越世間的神情。」

梁鴻字伯鸞，扶風平陵人，與妻孟光共隱霸陵山中，以耕織自給，東出關過京師，作「五噫之歌」：

陟彼北芒兮！噫。顧覽帝京兮！噫。宮室崔嵬兮！噫。人之劬勞兮！噫。遼遼未央兮！噫。

這是他譏刺肅宗的，此外他的「適吳詩」，也大半是牢騷，「思友詩」是懷念良友高恢而作，他欽羨不事王侯的高士，曾爲四皓以下二十四作頌，可惜已經散失。

晉阮籍是魏丞相阮瑀之子，字嗣宗，性疏懶狂放，好酒，是正始間最負盛名的一個詩人，他的思想可見於詠懷詩中，詠懷詩凡八十二首，今錄其一：

嘉樹下成蹊，東園桃與李。秋風吹飛藿，零落從此始。繁華有憔悴，堂上生荊杞。驅馬舍之去，去上西山趾。一身不自保，何況戀妻子，凝霜被野草，歲暮亦云已。

他親眼看到司馬氏之受魏禪，所以不禁要慨嘆「繁華有憔悴，堂上生荊杞」了。消極思想發展到終極，必然地產生了「千秋萬歲後，榮名安所之」、「布衣可終身，寵祿豈足賴」的詩篇，本來，出仕的人，其心要造福國家人民的原不過少數，大部份是愛榮名和寵祿。阮籍對兩者都少興趣，當然情願以布衣終其身了。鍾嶸許其詩云：「其原出於小雅，無雕蟲之功，而詠懷之作，可以陶性靈；發幽思。言在耳目之內；情寄八荒之表，洋洋乎會乎風雅，使人忘其鄙近，自致遠大，頗多慷慨之詞。厥旨淵放，歸趣難求。」與阮籍同爲竹林七賢的嵇康，思想與籍略同，詩才則稍遜。

晉之末葉由於農業工商業之日益發達，政治機構之日益龐大，發生了人口集中都市的現象，隱士才感覺到江上風清與山間明月那種恬靜的環境，是如何地值得留戀，於是情不自禁地在抒情的詩歌中，加進了很多描寫自然風物的成份。那時代的代表人物是陶潛，他是潯陽柴桑人，初因迫於衣食，於義熙元年出爲彭澤令，未幾，復因不願束帶折腰以迎督郵，乃挂冠歸田。「歸田園居」第一首是以平淡見勝的詩篇：

少無適俗韻，性本愛丘山，誤落塵網中，一去三十年，羈鳥戀舊林，池魚思故淵，開荒南野際，守拙歸田園。方宅十餘畝，草屋八九間，榆柳蔭後簷，桃李羅堂前。曖曖遠人村，依依墟里煙。

狗吠深巷中，雞鳴桑樹巔。戶庭無雜塵，虛室有餘閒。久在樊籠裏，復得返自然。

我們讀到這詩，彷彿看到了一個雞犬相聞，有着讀書人隱居的村落，這一種寫景的傾向和手法，在陶潛以前是很少發現的。「誤落塵網中，一去三十年。」是最眞切的隱士的口吻，他對於丘山愛戀之熱，對於世俗厭棄之深，於此表現無遺了。陶潛五十六歲時晉室傾覆，緬懷故國，終老丘山之志彌堅，「停雲」「詠三良」「詠二疏」「詠荊軻」「詠史述」諸詩，均足以見志。隱士往往是內心充滿着矛盾的，他亦未能例外，不合理的典章制度，卑污的權貴，喧囂的市廛，構成了他對世俗的離心力，愛國愛民的天性，則是他對世俗的向心力，一讀「雜詩」第二首，又可見其未斷然忘情於濟世：

白日淪西阿，素月出東嶺。遙遙萬里輝，蕩蕩空中景。風來入房戶，夜中枕席冷。氣變悟時易，不眠知夕永。欲言予無和，揮杯對孤影。日月擲人去，有志不得騁。念此懷悲悽，終曉不能靜。

鍾嶸「詩品」評云：「陶潛詩原出於應璩，又協左思風力。文體省靜，殆無長語，篤意眞古，辭興婉愜，每觀其文，想其人德，世嘆其質直。至如歡言酌春酒，日暮天無雲，風華清靡，豈直爲田家語耶。古今隱逸詩人之宗也。」這所謂「隱逸詩人之宗」，祇少有兩種含義：一是說隱逸詩人之中，陶潛最有成就，一是說陶潛以後的隱逸詩人，咸以陶詩爲其寫作之藍本。

唐代詩歌達到空前發達的程度，其題材則不外邊塞、戰爭、宮闈及山林等，山林詩更在量方面佔絕對多數，這可以說完全是受了隱士的影響，胡適在「白話文學史」中證明了這一點：他認爲唐時尊重隱士，善於取巧的人便不再辛辛苦苦去考科第，而買山築屋隱居起來，名氣一大，自然有州郡的推薦，朝廷的徵辟，在這種客觀環境之下，必然地產生了隱逸的文學，來歌頌山水田園的清幽，鼓吹陶潛式的人生觀。蘇雪林在「唐詩概論」中說得更明白：「隱逸既成為社會的風氣，那不想做官成功成名的，也都以隱居為時髦了。八世紀以後的文士詩人，大都在山中隱居一度或數度……他們既多與自然接觸，對自然更易欣賞和了解。建安以來的宮庭都市文學，到了這時變為山林田園文學，其關鍵在此。」

唐代隱逸詩人，初有王績、寒山子等，名家則首推孟浩然，他是襄陽人，一個陶詩的崇拜者和模擬者，隱居在鹿門山中，年四十始至京師，應進士試既不第，又以「不才明主棄，多病故人疎」兩句失歡於玄宗，一生遂坎坷不堪了。他的詩一如他的人格和行徑，淡泊而清遠。「宿來公石房期丁大不至」是隱居生活的實錄，並且很能表現出特有的風格：

夕陽度西嶺，羣壑倏已暝。松月生夜涼，風泉滿清聽，樵人歸欲盡，煙鳥棲初定。之子期宿來，孤琴候蘿徑。

我們一讀李白的「贈孟浩然」，不難對他有更深切的認識：

吾愛孟夫子，風流天下聞。紅顏棄軒冕，白首臥松雲。醉月頻中聖，迷花不事君。高山安可仰，徒此揖清芬。

儲光羲，兗州人，中年後方出仕，初嘗親自耕作，所以吟咏田園能有獨到處，他從樸實着手，竭力學習陶潛，其「田家雜興」，酷似「歸田園居」之風味：

種桑百餘樹，種麥三十畝，衣食既有餘，時時會親友；夏來菰米飯，秋至菊花酒，孺人喜逢迎，稚子解趨走。日暮閑園裏，團團蔭榆柳，酩酊乘夜歸，涼風吹戶牖，清淺望河漢，低昂看北斗。數甕猶未開，明朝能飲否？

其七絕如「送孫山人」等亦皆樸素可愛。

孟儲而外之隱逸詩人如吳筠隱於嵩山及剡中，孔巢義隱於徂徠山，顧況隱於茅山，孟郊隱於嵩山，盧仝隱於少室山，李商隱隱於王屋山，皮日休隱於鹿門山，陸龜蒙隱於松江甫里，張祜隱於丹陽曲阿，均有作品爲世所傳誦。卽以浪漫主義詩人見稱的李白，猶曾數度隱居，初從東嚴子隱於岷山之陽，後與孔巢義等隱於徂徠山，天寶初，與吳筠共隱於剡中，天寶十四年，復入隱廬山，他的「山中答俗人」「山中與幽人對酌」「送裴政韓準孔巢父還山」諸詩，當爲隱居期間作品。王維雖歷太樂丞、右拾遺，但晚年得輞川之藍田別墅，遂與世絕，五古如「渭川田家」，頗得陶潛之神髓。

宋之隱逸詩人初有林逋，繼西崑體諸子之後獨步詩壇。逋爲杭州錢塘人，初遊江淮間，終身不娶，相與者亦僅王禹偁、潘閬、梅堯臣而已，則又較陶潛更爲孤僻寡合，詩作幾全部爲吟詠山水或田園景物者，今舉其「湖上隱居」，稍見風格之一般：

湖水入籬山遶舍，隱居應與世相違；閉門自掩蒼苔色，來客時驚白鳥飛。賣藥比嘗嫌有價，灌園終亦愛無機，如何天竺林間路，猶到秋深夢翠微。

又「山園小梅」，歐陽修、蘇東坡均目為古今咏梅絕唱：

衆芳搖落獨暄妍，占盡風情向小園。疏影橫斜水清淺，暗香浮動月黄昏。霜禽欲下先偷眼，粉蝶如知合斷魂。幸有微吟可相狎，不須檀板共金樽。

與林逋同時之魏野，陝州人，極幽默。隱居不仕，怡然自得，才氣似稍遜，詩名則遠播北至契丹，有「草堂集」十卷。

宋之末葉，詩壇巨子，幾全為隱士，此一時期之詩歌較過去之隱逸詩歌不無變質，因身經國變，較有熱情者悲不自勝，不復有專寫山月林風之心緒也。陳延傑「宋詩之派別」中云：「及端宗播遷，宋室淪亡，一二英特之士，感宗社邱墟，往往發為淒厲之調，以寫其悲憤，使人讀之，輒唏噓感慨不自已。此又為亡國之音哀以思矣。」亦即此謂。

謝翱，號晞髮，長溪人，嘗於文天祥幕中參贊戎機，宋亡遂不復出，他的詩遠宗屈原、宋玉，近法孟郊、賈島，憂憤傷感之情充溢其間，「重過」即使人興故國之思：

隔江風雨動諸陵，無主園池草自春，聞說就中誰最泣，女冠猶有舊宮人。

林景熙與謝翱風格互異，「宋詩鈔」云：「大概悽愴故舊之作，與謝翱相表裏。翱詩奇崛，熙詩幽婉。」今舉其「寄周計院」：

海桑變紛紛，秀色見孤嶼。山林華髮簪，黨遂深衣古。獨餘鈎天夢，翛然在巖戶。翳翳桂魄灰，沉沉槐夢雨。江濤豈不，修鱗掛網罟。不知義井船，秋風繫何許。

他如爲黃冠而遊於匡廬彭蠡間之汪元量，退居吳溪立月泉吟社之吳渭，絕食於武夷山之謝枋得以及許月卿、俞德鄰、鄭思肖、眞山民，皆以隱逸詩人見稱。

元之隱逸詩人僅倪瓚，瓚爲元山水畫四大家之一，詩書相扶，其名益彰。所居有閣曰淸閟，故有「淸閟閣集」傳世焉，其詩素樸而平淡，如「己卯正月十八日與申屠彥德遊虎丘得客字」：

余適偶入城，本是山中客，舟經二王宅，弔古覽陳迹。松陰始亭午，嵐氣忽斂夕，欲去仍徘徊，題詩滿苔石。

明之隱逸詩人有劉績，字孟熙，山陰人，不仕，著「嵩陽集。」孫一元則不詳里居，或云爲安化王之宗人，足跡遍齊魯江淮吳越，後隱杭州南屏山，詩宗黃庭堅，氣魄絕壯。明之末葉，無錫高攀龍，家居三十年，講學東林書院，崑山歸子慕亦以講學鄉里以終身，二人皆法陶潛，前者四言詩有魏晉遺音，今舉其「水居」：

薄暮登樓，四望遠矚。時雨既降，農人作休；乳燕來止，鯈魚出遊；萬族有樂，吾亦何憂。

後者「對客」靜寂寡趣，酷似佛家語：

默然對客坐，竟坐無一語，亦欲通殷勤，尋思了無取，好言不關情，諒非君所與，與君兩相忘，何害我與汝。

淸之隱逸詩人，類皆明之遺民，有查伊璜、呂晚村、歸恒軒（普明頭陀）、呂半隱、范仲闇、羅飯牛、鐵獅旃、屈大均（今種），以屈大均最負盛名。

如上所述中國隱士與中國詩歌的關係不可謂不密，中國隱士底大部份是冷酷而無情的人物，並且於變態心理而自視超凡不羣，結果有意無意地逃避現實，所以他們自始至終沒有寫出過一篇像「石壕吏」「新豐折臂翁」和「宿紫閣北山村」那樣具有社會意義的作品。他們吟咏田園的作品觀點既不正確，觀察也欠深切，陶淵明、儲光羲雖以田園詩見長，但和聶夷中的「鋤禾日當午，汗滴禾下土，誰知盤中餐，粒粒皆辛苦」。比較起來，只不過僅有修辭學上的價值罷了。宋末元初及明末清初的隱逸詩人雖寫了不少愴懷故國的詩，但總嫌流露着過多的絕望而消極的氣息，遠不如陸放翁的詩那樣沉痛而悲壯，因之令人唏噓感慨則有餘，激發愛國思想民族意識則不足。中國隱逸詩人的傳統作風是使中國詩歌和現實脫離開來，而走上爲詩歌而詩歌的歧路上去，使這個惡劣的傾向受到約束的是杜甫、白居易、陸游那一批思想正確生活豐富的大詩人。自唐經五代、宋、元、明以至清末，中國詩歌由於桎梏的形式和貧乏的內容，使它的前途趨向沒落。五四前後新詩之所以出現，一方面固然是對舊詩的形式予以否定，一方面更意味着山林氣息過濃的舊詩，已不能適合這個嶄新的時代和進步的社會底需要。

中國學者怎樣批判中國隱士

中國學者對於隱士——這裏指一般的隱士，而非某一特定之個人——的讚美詩式的批判本不勝縷述，現在僅選錄其中比較正確的一部份，也可以說是比較採　否定態度的一部份：

「論語」：

長沮桀溺耦而耕，孔子過之，使子路問津焉，長沮曰：「夫執輿者爲誰？」子路曰：「爲孔丘。」曰：「是魯孔丘與？」曰：「是也。」曰：「是知津矣！」問於桀溺，桀溺曰：「子爲誰？」曰：「爲仲由。」曰「是魯孔丘之徒歟？」對曰：「然。」曰滔滔者天下皆是也，而誰以易之且而與其從辟人之士也。豈若從辟世之士哉？耰而不輟。子路行以告，夫子憮然曰：「鳥獸不可與同羣，吾非斯人之徒而誰與，天下有道，丘不與易也。」

孔子認爲因天下無道而絕人逃世，與鳥獸同羣，絕對不是辦法，而使無道妣變成有道，才是最迫切的任務。

北齊劉晝「惜時論」：

……鬱聲於窮岫之陰，無聞於修明之世……生爲無聞之人，沒成一棺之土，亦何異草木之自生自死者哉……

劉晝視乎「人之短生，猶如石火，炯然以過」，深感隱居爲悖理，而在此短促之人生歷程中。

須爲人羣社會立德、立功、立言，揚名於世，方爲無憾。他的理論基礎建築在惜時間和愛榮譽上。惜時間固無可非議，愛榮譽亦人之常情，正如羅家倫先生在「新人生觀」一書中所說：「人生是需要有榮譽的，不榮譽的人生，是黑漆漆的，無聲無臭的。有榮譽的人生，是高貴向上的；無榮譽的人生，是卑汚低下的。禽獸才祇要生存，不要榮譽，也無榮譽的觀念。人應該是理智感情和品格發展到最高程度的動物；人不祇要生存，而且要榮譽。」

清沙張白「市聲說」：

鳥之聲聚於林，獸之聲聚於山，人之聲聚於市，是聲也蓋無在無之，而當其所聚，則尤爲龐雜沸騰，令聽者難以爲聽焉，今人入山林者，聞鳥獸之聲以爲是天籟適然，鳴其自得之致而已，由市聲推之，烏知彼羽毛之族，非多求多冀嘵嘵焉衒其所有，急其所無，以求濟夫旦夕之欲者乎！……苟謂鳥之呼於林，獸之呼於山者，皆怡然自得，一無所求，而人者獨否，是人之恩勤羣類，予以自然之樂，反豐於物而嗇於人，此亦理之不可信者也。……若曰厭苦人聲而欲逃之山林，聽夫無所求而自然之鳴焉，是與鳥獸同羣而嫌斯人之謂也。」

沙張白認爲山林與市朝之間並無優劣可分，而市朝的囂聲與山林的鳥獸之聲意義亦略同。他之論證鳥獸之聲並非天籟適然，而爲欲望之冀求，是非常合乎科學，並且合乎邏輯的。固然在我們看來，即使山林是盡善盡美的，隱士也沒有理由蟄居其中而不問世事。他的理論的缺陷是忽略了美的主觀性；美有主觀性是眞實不過的，往往某一事物甲認爲醜惡不堪，乙認爲美好無比，中國俗語云

「情人眼內出西施」，正這個意思，隱士近山林而遠市朝，是因爲鳥獸之聲在他感覺上的反應是愉快，至於鳥獸之聲在本質上是否比市聲美，他們根本沒有考慮的必要。

清劉鐵雲「老殘遊記」：

「至於出來的原故，並不是肥遯鳴高的意思，因爲深知自己才疏學淺，不稱揄揚。至『高尙』二字，兄弟不但不敢當，且亦不屑爲。天地生才有數，若下愚蠢的人，高尙點也好借此藏拙，若眞有點濟世之才，竟自遯世，豈不辜負天地生才之心嗎？」

這是老殘（即劉鐵雲）背着莊宮保，從濟南府溜到曹州，碰到老朋友申東造所說的話。劉鐵雲一刀戳破了隱士的「高尙」的紙老虎，眞是再痛快不過了。他的人生哲學頗爲積極而進步，並且也是主張人生以服務爲目的的。後三十年，集中國思想大成的 孫逸仙先生在「民權主義」中更具體地說明了這一點：「人人應該以服務爲目的，不當以奪取爲目的。聰明才力愈大的人，當盡其能力而服千萬人之務，造千萬人之福，聰明才力略小的人，當盡其能力以服十百人之務，造十百人之福，所謂巧者拙之奴，就是這個道理。」

章嶔「中華通史」釋民篇：

漢世人主，非無重士者，顧行之無效，而士貴王不貴之論無自而萌；士之貴賤隆替，遂視夫施治者待遇之如何，而爲士者，卽不能自伸其勢力。彼矯激者，或因是而擇一塗以自處，相約不爲世用，而世主或反高其矯激，不惜奉以尊重之名，東漢之逸民，兩晉之隱逸，南北朝之逸士處士，其人固習與一代之儒林文學齊聲，其名隱而不隱，其事逸而不逸，於是歷史上遂多一閒人之位置。中世以降，沿而勿易，斯留其名譽若日衆……

章嶔看出隱士之中有虛僞的，這是高明之處，不過他詞意之間對隱士所表示的不滿之處是非常晦澀的，中國歷史上之所以有隱士出現——人未能盡其才，誰應負其咎？是執政當局？是士人本身？他企圖解答這一個問題，結果沒有成功。

朱光潛「談修養」：

道家隱士思想起源於周秦社會混亂的時代，是老於世故者逃避世故的一套想法。他們眼見許多建設作爲徒滋紛擾，遂懷疑到社會與文化，主張歸眞返樸，人各獨善其身……這種心理分析起來，很有些近代心理學家所說的「卑鄙意識」在內。人人都想抬高自己的身份，覺得社會卑鄙，不屑爲伍，所以跳出來站在一邊，表示自己不與人同。

道家思想與隱士思想有相同處亦有相異處，未可混爲一談，起源於周秦社會混亂的時代更屬武斷，壤父之「擊壤歌」等，已不無隱士思想之線索可尋，至周秦則更爲具體化而已。他對於隱士本身的心理分析尙稱精到扼要，是比較可取的。

「人生最大難關——錢與死」：

處在國家危急的時候，巢父許由隱士的人生觀，我們是不贊同的，然而他們能夠擺脫物質的欲望，至少比較投機牟利陰險奸詐的人，高尙得多。至於抱入世思想的聖賢豪傑，看輕物質上的一切，精神達到一種超脫的境界，那更是我們馨香禱祝的人。

這是陳銓主編的「民族文學」創刊號裏一篇短論底一節，原作者未具名。這種論調，嚴格說來，仍舊是不健全的：我們認爲無論國家承平或國家危急的時候，隱士和隱士的人生觀都要不得，假使每一個國民都是獨善其身的許由巢父，國家安得不危急!?隱士和投機牟利陰險奸詐的人雖然在思想和行爲上的表現各有不同，對於國家有害無利這一點則並沒有兩樣，抱入世思想的聖賢豪傑固値得馨香禱祝，又何必要求其看輕物質上的一切，隱士能夠擺脫物質的欲望又有什麼足取？盲目地鄙視物質是錯誤的，人類物質的慾望是由生理條件決定的，人類要保存個體，必須要滿足衣、食、住、行的慾望；人類要保存種族，必須要滿足性慾和生殖慾。因此，物質的慾望無可非議，奢侈和淫蕩之所以不道德，是因爲衣、食、住、行的慾望和性慾生殖慾底過度的滿足。隱士擺脫物質的慾望，在我們看來是所謂「賊天之性」，既不高尚，也不道德。

以上各種理論，因爲出發點各不相同，而且都是片段的零星的，所以也無法詳細比較其優劣。一般說來。理想的人生應該樂觀、前進、仁愛、謙和、堅忍、強壯、勤勉、敏捷、精細，而隱士剛巧完全相反地是悲觀、保守、冷酷、倨傲、浮躁、衰弱、懶惰、滯鈍、疏忽，隱士既然不是理想的人生，我們當然沒有理由逃避現實而去做隱士，更沒有理由贊成別人家這樣去做。我們要大聲疾呼：

勇敢地生活，不做隱士。